COLLECTION FOLIO

Roberto Bolaño

Le Troisième Reich

Traduit de l'espagnol (Chili)
par Robert Amutio

Gallimard

Titre original :

EL TERCER REICH

La traduction française du texte de Goethe
p. 392-393 est de Bernard Muracciole.

Roberto Bolaño est né à Santiago du Chili en 1953 mais vit l'essentiel de son enfance au Mexique. Après un bref retour dans son pays natal qu'il quitte à cause du coup d'État de 1973, il commence à publier des poèmes. Il s'installe en Espagne en 1977 où il se marie et exerce divers métiers, de plongeur à gardien de camping. S'il ne délaissera jamais la poésie, il se fait connaître par ses romans et nouvelles, dont *La littérature nazie en Amérique, Nocturne du Chili, Les détectives sauvages* et le posthume *2666*. Il reçoit le prix espagnol le plus important, le prix Herralde, en 1998, et le prix Romulo Gallegos, le plus prestigieux d'Amérique latine, en 1999. Héritier hétérodoxe de Borges, de Cortázar, d'Arlt et d'Onetti, il saisit à bras-le-corps la littérature et l'histoire de sa génération et est passé maître du brassage des registres, situations et personnages. Roberto Bolaño est décédé en juillet 2003 à Barcelone à l'âge de cinquante ans. La majorité de son œuvre est disponible en France aux Éditions Christian Bourgois.

Pour Carolina López

Ce jeu, nous le menons avec les invités de notre hôte comme accusés. Ce sont des gens de passage : voyageurs de commerce ou touristes. Et c'est ainsi que nous avons pu, voilà deux mois, condamner un général allemand à vingt ans de détention. Il passait par ici, en vacances, avec son épouse, et c'est à mon seul talent qu'il doit d'avoir échappé à la peine capitale.

FRIEDRICH DÜRRENMATT,
La Panne
(traduction Armel Guerne)

20 août

Par la fenêtre pénètrent la rumeur de la mer mêlée aux rires des derniers noctambules, un bruit qui est peut-être celui que font les serveurs en rangeant les tables de la terrasse, de temps à autre celui d'une voiture roulant au pas sur le Paseo Maritimo et des bourdonnements sourds et inidentifiables provenant des autres chambres de l'hôtel. Ingeborg dort ; son visage est pareil à celui d'un ange dont rien ne trouble le sommeil ; sur la table de nuit, il y a un verre de lait auquel elle n'a pas touché et qui maintenant doit être tiède et, à côté de son oreiller, à demi recouvert par le drap, un livre de l'enquêteur Florian Linden dont elle n'a lu que deux pages avant de sombrer dans le sommeil. À moi, il m'arrive tout le contraire : la chaleur et la fatigue m'ôtent le sommeil. En général, je dors bien, entre sept et huit heures par jour, de onze heures du soir à sept heures du matin, même s'il est rare que je me couche fatigué. Le matin, je me réveille frais comme un gardon, avec une énergie qui ne faiblit pas au bout de huit ou dix heures d'activité. Autant qu'il me souvienne, il en a toujours été ainsi et c'est dans ma nature. Personne ne me l'a inculqué, tout simplement c'est ainsi que je suis et, en disant cela, je ne veux pas dire que je sois meilleur ou pire que d'autres ; qu'Ingeborg, par exemple, qui ne se lève pas avant midi le samedi et le dimanche et qui a besoin, pendant la semaine, d'une deuxième tasse de café — et d'une cigarette — pour parvenir à complètement se réveiller et à mettre le cap sur le travail. Cette nuit, cependant, la fatigue et la chaleur m'ôtent le sommeil. La volonté d'écrire, aussi, de consigner les événements de la journée, m'empêche de m'étendre sur le lit et d'éteindre la lumière.

Le voyage s'est déroulé sans incident notable. Nous nous sommes arrêtés à Strasbourg, une jolie ville, mais je la connaissais déjà. Nous avons déjeuné dans une espèce de supermarché au bord de l'autoroute. À la frontière, contrairement à ce que l'on nous avait prédit, nous n'avons pas été obligés de faire la queue ni d'attendre plus de dix minutes pour passer de l'autre côté. Tout a été rapide et efficace. C'est moi qui ai conduit à partir de ce moment-là, parce que Ingeborg ne fait guère confiance aux conducteurs locaux, à cause, je crois, d'une mauvaise expérience sur une route espagnole, il y a des années, quand elle était encore gamine et venait en vacances avec ses parents. Et puis, comme c'est naturel, elle était fatiguée.

Une fille très jeune, qui se débrouille assez bien en allemand, s'est occupée de nous à la réception et il n'y a pas eu de problème avec nos réservations. Tout était en ordre et, alors que nous étions déjà en train de monter, j'ai aperçu dans la salle à manger Frau Else ; je l'ai reconnue immédiatement. Elle dressait une table et expliquait quelque chose à un serveur qui, à côté d'elle, tenait un plateau entier de salières. Elle portait une robe verte et avait sur la poitrine, épinglé, un badge métallique avec l'emblème de l'hôtel.

C'est à peine si les ans l'avaient effleurée.

La vision de Frau Else m'a remémoré les jours de mon adolescence avec ses heures sombres et ses heures lumineuses ; mes parents et mon frère prenant le petit déjeuner sur la terrasse de l'hôtel, la musique que les haut-parleurs du restaurant commençaient à répandre, à partir de sept heures du soir, au rez-de-chaussée, les rires sans raison des serveurs et les sorties qui s'organisaient entre garçons de mon âge pour aller nager la nuit ou danser en boîte. En ce temps-là, quelle était ma chanson préférée ? Chaque été, il y en avait une nouvelle, qui ressemblait d'une manière ou d'une autre à celle de l'année précédente, chantonnée et sifflotée à satiété, avec laquelle toutes les discothèques de la ville avaient l'habitude de clore la nuit. Mon frère, qui a toujours été exigeant question musique, sélectionnait avec grand soin, avant de commencer les vacances, les cassettes qui allaient l'accompagner ; moi, au contraire, je préférais que le hasard me glisse dans les oreilles une nouvelle mélodie, la chanson de l'été, fatalement. Il me suffisait de l'entendre deux ou trois fois, complètement par hasard, pour que ses notes me poursuivent à travers les jours ensoleillés et les nouvelles amitiés qui allaient festonner nos vacances. Des amitiés éphémères, envisagées de mon point de vue actuel, conçues seulement pour chasser le plus infime soupçon d'ennui. De tous ces visages, seuls quelques-uns perdurent dans ma mémoire. En premier lieu, Frau Else, dont la sympathie me conquit dès le premier instant, ce qui me valut d'être la cible des plaisanteries et des blagues de mes parents, qui en arrivèrent même à se moquer de moi devant Frau Else elle-même et son mari, un Espagnol dont le nom m'échappe, en faisant des allusions à une prétendue jalousie et à la précocité des jeunes gens, allusions qui parvinrent à me faire rougir jusqu'à la racine des cheveux et suscitèrent chez Frau Else un affectueux sentiment de camaraderie. À partir de ce moment, je crus percevoir dans son rapport avec moi une chaleur plus vive que celle qu'elle dispensait au reste de ma famille. Et aussi, mais à un niveau différent, José (est-ce qu'il s'appelait comme ça ?), un garçon de mon âge qui travaillait à l'hôtel et nous emmena, mon frère et moi, dans des coins où sans lui nous n'aurions jamais mis les pieds. Lorsque nous nous séparâmes, pressentant peut-être que nous ne passerions pas le prochain été à l'hôtel Del Mar, mon frère lui fit cadeau de deux cassettes de rock et moi je lui offris mon vieux blue-jean. Dix ans ont passé et je me souviens encore que José eut soudain les larmes aux yeux, le jean plié dans une main, les cassettes dans l'autre, sans qu'il sût que faire ou dire, murmurant dans un anglais dont mon frère se moquait sans cesse : adieu, chers amis, adieu, chers amis, etc., tandis que nous, nous lui disions en espagnol — une langue que nous parlions avec une certaine fluidité, ce n'est pas en vain que nos parents passaient leurs vacances depuis des années en Espagne — qu'il ne s'inquiète pas, qu'il cesse de pleurer, que l'été prochain nous serions de nouveau ensemble comme les Trois Mousquetaires. Nous reçûmes deux cartes postales de José. La première, j'y répondis, en mon nom et en celui de mon frère.

Ensuite, on l'oublia et on n'eut plus jamais de ses nouvelles. Il y eut aussi un jeune type de Heilbronn, appelé Erich, le meilleur nageur de la saison, et une certaine Charlotte, qui préférait prendre le soleil avec moi, alors que mon frère était raide dingue d'elle. Dans un registre complètement différent, il y a ma pauvre tante Giselle, la sœur cadette de ma mère, qui nous accompagna l'avant-dernier été que nous passâmes à l'hôtel Del Mar. Tante Giselle aimait par-dessus tout les courses de taureaux et son avidité pour ce genre de spectacle ne connaissait pas de limites. Souvenir inoubliable : mon frère conduisant la voiture de mon père entièrement à sa guise, moi, à son côté, fumant sans que personne me dise quoi que ce soit, et tante Giselle assise à l'arrière, contemplant ravie les falaises couvertes d'écume en bas de la route et la couleur verte de la mer, avec un sourire de satisfaction sur ses lèvres si pâles, et trois affiches, trois trésors, sur sa poitrine, preuves qu'elle, mon frère et moi avions côtoyé de grandes figures de la tauromachie dans la Plaza de Toros de Barcelone. Mes parents, évidemment, désapprouvaient quantité d'occupations auxquelles tante Giselle s'adonnait avec tant de ferveur, comme ils ne trouvaient pas bonne la liberté qu'elle nous accordait, excessive pour des enfants, d'après leur manière de voir les choses, même si, à cette époque-là, j'allais sur mes quatorze ans. D'autre part, j'ai toujours soupçonné que c'était nous qui veillions sur tante Giselle, tâche que notre mère nous imposait sans que personne s'en soit rendu compte, d'une manière subtile et pleine d'appréhension. Quoi qu'il en soit, tante Giselle ne vint avec nous qu'un été, notre avant-dernier à l'hôtel Del Mar.

Je n'ai pas gardé beaucoup plus de souvenirs. Je n'ai pas oublié les rires aux tables de la terrasse, les énormes fûts de bière qui se vidaient sous mon regard stupéfait, les serveurs suants et sombres, tapis à une extrémité du comptoir, parlant à voix basse. Des images isolées. Le sourire heureux et les signes d'accord répétés sur le visage de mon père, un garage où on louait des bicyclettes, la plage à neuf heures et demie du soir, dans le peu de lumière solaire qui subsistait. La chambre que nous occupions alors était différente de celle que nous occupons à présent ; je ne sais pas si elle était meilleure ou pire, différente, un étage plus bas, plus grande, suffisamment pour que quatre lits y tiennent, avec un vaste balcon faisant face à la mer, où mes parents avaient l'habitude de s'installer les après-midi, après déjeuner, pour d'interminables parties de cartes. Je ne suis pas sûr que nous ayons eu une salle de bains particulière. Probablement certains étés oui et d'autres non. Notre chambre actuelle, elle, possède une salle de bains et, en plus, un grand et beau placard, un énorme lit à deux places, des tapis, une table en métal et marbre sur le balcon, deux séries de rideaux, les uns intérieurs en tissu vert, très fin au toucher, et les autres, extérieurs, en lattes de bois blanches, très modernes, des éclairages directs et indirects, et des baffles bien cachés d'où, par une simple pression sur un bouton, coule de la musique en modulation de fréquence... Il n'y a pas de doute, le Del Mar a fait des progrès. Les concurrents, à en juger par un rapide coup d'œil que j'ai pu jeter de la voiture pendant que nous suivions le

Paseo Maritimo, eux non plus, ne sont pas restés à la traîne. Il y a des hôtels dont je ne me souvenais pas et les immeubles d'appartements ont poussé sur les vieux terrains vagues. Mais tout ceci, ce ne sont que spéculations. Demain, je tâcherai de parler avec Frau Else et j'irai faire un tour dans la ville.

Est-ce que, moi aussi, j'ai fait des progrès ? Bien sûr : en ce temps-là je ne connaissais pas Ingeborg et maintenant je suis avec elle ; mes amitiés sont plus intéressantes et plus profondes, par exemple Conrad, qui est comme un autre frère pour moi et qui lira ces pages ; je sais ce que je veux et je vise plus grand ; je suis économiquement autonome ; contrairement à ce qui arrivait souvent pendant les années d'adolescence aujourd'hui je ne m'ennuie jamais. L'absence d'ennui, selon Conrad, constitue la preuve incontestable de la santé. Ma santé, alors, doit être excellente. Je ne voudrais pas pécher par exagération, mais je crois bien me trouver dans la meilleure période de ma vie.

La responsable de cette situation est, dans une large mesure, Ingeborg. La rencontrer est la meilleure chose qui me soit arrivée. Sa douceur, sa grâce, la tendresse avec laquelle elle me regarde font que le reste, mes efforts quotidiens et les croche-pieds des envieux, acquiert une autre proportion, la proportion juste qui me permet de faire face aux événements et de les surmonter. Comment notre relation finira-t-elle ? Je dis ça parce que les relations au sein d'un jeune couple sont si fragiles de nos jours. Je ne veux pas trop y penser. Je préfère l'attention amoureuse ; prendre soin d'elle, la chérir. Bien sûr, si nous finissions par nous marier, tant mieux. Une vie entière au côté d'Ingeborg, est-ce que je pourrais demander mieux, sur le plan sentimental ?

Le temps le dira. Pour le moment, son amour est… Mais ne faisons pas de poésie. Ces jours de vacances seront aussi des jours de travail. Il faut que je demande à Frau Else une table plus grande, ou deux petites tables, pour déplier les plateaux. Rien que de penser aux possibilités qu'offre ma nouvelle ouverture et aux différents développements alternatifs qui peuvent s'ensuivre, l'envie me prend de déplier le jeu tout de suite et de me mettre à vérifier. Mais je ne le ferai pas. J'ai juste assez d'énergie pour écrire encore un moment ; le voyage a été long et hier j'ai à peine dormi, d'une part parce que c'était la première fois qu'Ingeborg et moi allions nous lancer dans des vacances ensemble, et d'autre part parce que j'allais remettre les pieds à l'hôtel Del Mar après dix ans d'absence.

Demain, nous prendrons le petit déjeuner sur la terrasse. À quelle heure ? J'imagine qu'Ingeborg se lèvera tard. Est-ce qu'il y avait un créneau horaire pour les petits déjeuners ? Je ne m'en souviens pas ; je crois que non ; de toute façon, nous pouvons aussi prendre le petit déjeuner dans un café en ville, un vieux bar qui était toujours plein de pêcheurs et de touristes. Mes parents et moi, nous avions l'habitude de prendre tous les repas au Del Mar et dans ce café. Est-ce qu'on l'aura fermé ? En dix ans, bien des choses se passent. J'espère qu'il est encore ouvert.

21 août

J'ai parlé deux fois avec Frau Else. Nos rencontres n'ont pas été aussi satisfaisantes que je l'aurais souhaité. La première rencontre a eu lieu sur le coup de onze heures du matin ; un peu auparavant j'avais laissé Ingeborg sur la plage et je suis retourné à l'hôtel pour régler quelques affaires. J'ai trouvé Frau Else à la réception, elle était occupée avec des Danois qui s'en allaient, d'après ce que l'on pouvait déduire de leurs valises et de leur bronzage parfait exhibé avec fierté. Leurs enfants traînaient dans le couloir de la réception d'énormes chapeaux mexicains en paille. Une fois qu'ils eurent pris congé avec des promesses de se retrouver sans faute l'an prochain, je me suis présenté. Je suis Udo Berger, ai-je dit en tendant la main et souriant avec admiration ; et c'était le moins que je pouvais éprouver : en cet instant, vue de près, Frau Else m'apparaissait beaucoup plus belle et au moins aussi énigmatique que dans mes souvenirs d'adolescent. Elle, cependant, ne m'a pas reconnu. J'ai dû lui expliquer pendant cinq minutes qui j'étais, qui étaient mes parents, combien d'étés nous avions passés dans son hôtel et même rappeler des anecdotes oubliées, assez descriptives, que j'aurais préféré taire. Tout cela debout à la réception tandis que des clients en maillot de bain allaient et venaient (moi-même, je ne portais qu'un short et des sandales), interrompant sans cesse les efforts que je faisais pour qu'elle se souvienne de moi. Finalement, elle dit que oui : la famille Berger, de Munich ? Non, de Reutlingen, ai-je corrigé, mais à présent j'habite Stuttgart. Bien sûr, a-t-elle dit, ma mère était une personne charmante, elle se souvenait aussi de mon père et même de tante Giselle. Vous avez beaucoup grandi, vous êtes devenu un vrai homme, a-t-elle dit d'un ton où j'ai cru percevoir une certaine timidité qui, sans que je puisse me l'expliquer de manière raisonnable, a réussi à me troubler. Elle m'a demandé combien de temps je comptais passer dans la ville, et si j'avais remarqué beaucoup de changements. Je lui ai répondu que j'étais arrivé hier soir, assez tard, et que je projetais de rester quinze jours, ici, au Del Mar, bien sûr. Elle a souri et c'est là-dessus que nous avons considéré la conversation comme terminée. Je suis monté dans ma chambre tout de suite après, un peu remué, sans savoir exactement pourquoi ; une fois dans la chambre, j'ai appelé la réception et demandé que l'on me monte une table ; j'ai fait bien comprendre qu'elle devait avoir au moins un mètre cinquante de long. Pendant que j'attendais, j'ai lu les premières pages de ce journal, elles n'étaient pas mal, surtout pour un débutant. Je crois que Conrad a raison, l'exercice quotidien, obligatoire ou presque obligatoire, qui consiste à consigner dans un journal les idées et les événements de chaque jour, est utile à un autodidacte virtuel comme moi pour apprendre à réfléchir, à exercer sa mémoire en examinant les images sans négligence, avec attention, et surtout à cultiver certains aspects de sa sensibilité que j'ai tendance à croire déjà à maturité, et qui ne sont en réalité que des graines susceptibles de germer ou de ne pas germer dans un caractère. Le but initial du journal, cependant, obéit à des fins beaucoup plus pratiques : exercer ma prose pour que, dorénavant, les tournures incorrectes et une syntaxe défectueuse ne ternissent pas les apports que peuvent offrir mes articles, publiés dans un nombre de plus en plus important de revues spécialisées, et qui ont fait l'objet de diverses critiques dernièrement, soit sous la forme de lettres dans la section Courrier des lecteurs, soit sous la forme de ratures et de corrections faites par les responsables des revues. Et j'ai eu beau protester, j'ai beau être un champion, il n'y a rien eu à faire contre cette censure qui ne prenait même pas la peine de se cacher et dont mes déficiences grammaticales constituent l'unique raison (comme si eux-mêmes savaient très bien écrire). Je dois à la vérité de dire que, heureusement, il n'en est pas toujours ainsi ; il y a des revues qui, après avoir reçu l'un de mes travaux, répondent courtoisement par un petit mot, dans lequel se glissent parfois deux ou trois phrases respectueuses, et, au bout d'un certain temps, mon texte paraît imprimé sans aucune coupure. D'autres revues se répandent en éloges, ce sont ce que Conrad appelle des publications bergeriennes. Les problèmes, en réalité, je ne les ai qu'avec une fraction du groupe de Stuttgart et quelques types suffisants de Cologne, qu'il m'est arrivé de battre de manière spectaculaire et qui m'en veulent encore. À Stuttgart, il existe trois revues, et j'ai publié dans les trois ; là, mes problèmes sont, pourrait-on dire, familiaux. À Cologne, il n'y en qu'une, mais de meilleure qualité graphique, distribuée sur tout le territoire national et, ce qui n'est pas dénué d'importance, avec des collaborations rétribuées. La revue s'offre même le luxe d'avoir un comité de rédaction, restreint mais professionnalisé, dont les membres perçoivent un salaire mensuel pas négligeable pour faire justement ce qui leur plaît. Qu'ils le fassent bien ou mal — moi, je suis d'avis qu'ils le font mal — est une autre question. À Cologne, j'ai publié deux essais, le premier, « Comment l'emporter dans le Bulge », a été traduit en italien et publié dans une revue milanaise, ce qui m'a valu des éloges dans le cercle de mes amis et l'établissement d'une communication directe avec les amateurs de Milan. Les deux essais, comme je disais, ont été publiés, bien que j'aie tout de même remarqué, dans les deux cas, de légères modifications, de petits changements, quand ce ne sont pas des phrases entières qui étaient supprimées, sous prétexte de manque d'espace — et ce alors que toutes les illustrations que j'avais demandées avaient été incluses ! — ou de correction de style ; de cette dernière tâche était chargé un obscur personnage avec qui je n'ai pas eu le plaisir de m'entretenir, pas même par téléphone, et sur l'existence réelle duquel j'ai de sérieux doutes. (Son nom n'apparaît pas dans la revue. Je suis sûr que ce sont les types du comité de rédaction qui se retranchent derrière ce correcteur apocryphe pour malmener les auteurs.) On a touché le fond avec le troisième travail présenté : ils ont carrément refusé de le publier bien qu'il ait été écrit sur commande expresse de leur part. Ma patience avait des limites ; j'ai téléphoné au rédacteur en chef, quelques heures à peine après avoir reçu la lettre de refus, pour lui dire de vive voix ma stupéfaction devant la décision prise, et ma colère à cause des heures qu'eux, les types du comité, m'avaient fait perdre inutilement — mais sur ce dernier point j'ai menti ; je ne considère jamais comme perdues les heures passées à élucider des problèmes relatifs à ce genre de jeu, et encore moins celles pendant lesquelles je réfléchis et écris sur des aspects déterminés d'une campagne qui m'intéresse tout particulièrement. À ma grande surprise, le rédacteur en chef m'a répondu par un flot d'insultes et de menaces que quelques minutes auparavant je n'aurais jamais cru pouvoir sortir de son mignon museau dégoûté. Avant de raccrocher — de fait, c'est lui qui a raccroché finalement — je lui ai promis de lui casser la figure le jour où je le croiserais. Parmi les nombreuses insultes que j'ai dû entendre, celle qui m'a peut-être le plus affecté concernait ma prétendue balourdise littéraire. Si j'y réfléchis avec sérénité, il est évident que ce pauvre type se trompait, sinon pourquoi est-ce que les revues d'Allemagne et quelques-unes de l'étranger continueraient à publier mes travaux ? Pour quelle raison est-ce que je recevrais des lettres de Rex Douglas, de Nicky Palmer et de Dave Rossi ? Uniquement parce que je suis le champion ? Parvenu à ce point, je me refuse à le nommer crise, Conrad a prononcé la phrase décisive : il m'a conseillé d'oublier les types de Cologne (le seul vraiment qui ait de l'intérêt, c'est Heimito, et il n'a rien à voir avec la revue) et d'écrire un journal, ce n'est jamais peine perdue que d'avoir un lieu où consigner les événements de la journée et de mettre en ordre les idées qui me traversent l'esprit pour préparer de futurs travaux, et c'est ce que justement j'ai l'intention de faire.

J'étais plongé dans ces pensées lorsqu'on a frappé à la porte et qu'une femme de chambre, quasiment une gamine, dans un allemand imaginaire — en réalité, la seule expression allemande a été l'adverbe non —, a bredouillé quelques mots, dont j'ai compris, après réflexion, qu'ils signifiaient qu'il n'y aurait pas de table. Je lui ai expliqué, en castillan, qu'il était absolument nécessaire que j'aie une table, et pas une table quelconque : il fallait qu'elle mesure un mètre et demi de long, minimum, ou alors deux tables de soixante-quinze centimètres, et que je la voulais maintenant.

La gamine est partie en disant qu'elle allait faire tout le possible. Au bout d'un moment, elle est réapparue, accompagnée par un homme d'une quarantaine d'années, habillé d'un pantalon marron froissé, comme s'il dormait la nuit sans l'enlever, et d'une chemise blanche au col sale. L'homme, sans se présenter ni solliciter la permission, a pénétré dans la chambre et a demandé pourquoi je voulais la table ; il a indiqué, d'un mouvement de menton, celle dont la chambre était déjà dotée, trop basse et trop petite pour ce que je voulais en faire. J'ai préféré ne pas répondre. Face à mon silence, il s'est décidé à expliquer qu'il ne pouvait pas mettre deux tables dans une seule chambre. Il ne semblait pas très sûr que je comprenne sa langue et, de temps en temps, il faisait des gestes avec les mains comme s'il décrivait une femme enceinte.

J'en ai eu finalement assez de tant de pantomime, j'ai balancé sur le lit tout ce qu'il y avait sur la table et je lui ai ordonné de l'emporter et de revenir avec un meuble qui aurait les caractéristiques que je demandais. L'homme n'a pas fait mine de bouger ; il avait l'air effrayé ; la gamine, au contraire, m'a souri avec sympathie. Séance tenante, je me suis emparé de la table et je l'ai sortie dans le couloir. L'homme a quitté la chambre en acquiesçant l'air perplexe, sans comprendre ce qui était arrivé. Avant de partir, il a dit que ça n'allait pas être facile de trouver une table du genre que je voulais. Je l'ai encouragé d'un sourire : tout était possible à qui insistait.

Quelques instants après, j'ai reçu un appel de la réception. Une voix non identifiable a dit en allemand que l'on n'avait pas de tables comme j'en exigeais, est-ce que je voulais qu'on remonte celle qui était à l'origine dans la chambre ? J'ai demandé avec qui j'avais le plaisir de parler. Avec la réceptionniste, a dit la voix, Mlle Nuria. En usant du ton le plus persuasif, j'ai expliqué à Mlle Nuria que, pour mon travail, oui, moi je travaillais pendant les vacances, la table était absolument nécessaire, mais pas comme celle qui se trouvait déjà dans la chambre, du genre standard, dont toutes les chambres de l'hôtel, je supposais, disposaient, mais une table plus haute et surtout plus longue, si ce n'était pas trop demander. Quel est votre travail, monsieur Berger ? a questionné Mlle Nuria. Et en quoi cela vous regarde-t-il ? Contentez-vous d'ordonner que l'on me monte une table comme je l'ai demandé, et ça suffira bien. La réceptionniste a bégayé, ensuite, avec un filet de voix, elle a dit qu'elle allait voir ce qu'elle pouvait faire et a raccroché précipitamment. J'ai retrouvé ma bonne humeur à cet instant précis, je me suis laissé tomber sur le lit et j'ai ri de bon cœur.

La voix de Frau Else m'a réveillé. Elle se trouvait debout à côté du lit et ses yeux, d'une intensité peu commune, m'observaient avec inquiétude. J'ai immédiatement compris que je m'étais assoupi et je me suis senti honteux. J'ai agité mes mains à la recherche de quoi me couvrir — mais d'une manière très lente, comme si j'étais encore au beau milieu d'un rêve — car, malgré le short que je portais, la sensation de nudité était complète. Comment avait-elle pu entrer sans que je l'entende ? Est-ce qu'elle avait un passe pour toutes les chambres de l'hôtel et s'en servait quand bon lui semblait ?

J'ai pensé que vous étiez malade, a-t-elle dit. Savez-vous que vous avez fait peur à notre réceptionniste ? Elle se contente d'obéir au règlement de l'hôtel, elle n'a pas à supporter les impertinences des clients.

— Dans n'importe quel hôtel, cela est inévitable, ai-je dit.

— Prétendriez-vous en savoir plus long que moi sur mon affaire ?

— Non, évidemment.

— Alors ?

J'ai murmuré quelques paroles d'excuse sans pouvoir détacher mon regard de l'ovale parfait que dessinait le visage de Frau Else, sur lequel j'ai cru voir un très léger sourire ironique, comme si elle trouvait drôle la situation que j'avais créée.

Derrière elle, il y avait la table.

Je me suis redressé peu à peu, et j'ai fini par être à genoux sur le lit ; Frau Else n'a pas fait le moindre geste pour que je puisse observer la table à ma guise ; mais, même malgré cela, je me suis rendu compte qu'elle était comme je l'avais désirée, mieux même. J'espère qu'elle vous convient, j'ai dû descendre à la cave la chercher, elle a appartenu à la mère de mon mari. Dans sa voix persistait un accent moqueur : est-ce qu'elle fera l'affaire pour votre travail ? mais est-ce que vous avez l'intention de travailler tout l'été ? si j'étais aussi pâle que vous, moi, je passerais toute la journée à la plage. J'ai promis que je ferais les deux, un peu de travail et un peu de plage, dans de justes proportions. Et vous n'irez pas en boîte le soir ? Votre amie, elle n'aime pas les boîtes de nuit ? et, au fait, où est-elle ? Sur la plage, ai-je dit. Ce doit être une fille intelligente, elle ne perd pas son temps, a dit Frau Else. Je vous la présenterai cet après-midi, si vous n'y voyez pas d'inconvénients, ai-je dit. Eh bien si, des inconvénients, j'en vois plusieurs, il est probable que je passe toute la journée au bureau, ce sera pour une autre fois, a dit Frau Else. J'ai souri. Je la trouvais de plus en plus intéressante.

— Vous aussi, vous troquez la plage contre le travail, ai-je dit.

Avant de s'en aller, elle m'a demandé de traiter les employés avec plus de délicatesse.

J'ai installé la table à côté de la fenêtre, en la disposant de façon à recevoir le plus de lumière naturelle. Ensuite, je suis sorti sur le balcon et, pendant un long moment, je suis resté à regarder la plage en essayant de distinguer Ingeborg parmi les corps à moitié nus exposés au soleil.

Nous avons mangé à l'hôtel. La peau d'Ingeborg était rouge, elle est très blonde et prendre autant de soleil d'un coup ne lui convient pas. J'espère qu'elle n'a pas attrapé une insolation, ce serait terrible. Lorsque nous sommes montés à la chambre, elle m'a demandé d'où sortait cette table et j'ai dû lui expliquer, dans une atmosphère de paix absolue, moi assis à côté de la table, elle étendue sur le lit, que j'avais demandé à la direction qu'on échange la vieille contre une plus grande parce que je pensais poser les plateaux du jeu. Ingeborg m'a regardé sans rien dire, mais dans ses yeux j'ai aperçu une lueur de désapprobation.

Je ne pourrais pas dire à quel moment elle s'est endormie. Ingeborg dort avec les yeux entrouverts. J'ai pris le journal en faisant attention et j'ai commencé à écrire.

Nous sommes allés à Antiguo Egipto, une boîte de nuit. Nous avons dîné à l'hôtel. Durant la sieste (comme on adopte rapidement les coutumes espagnoles !), Ingeborg a rêvé et parlé. Des mots isolés, comme lit, maman, autoroute, glace… Lorsqu'elle s'est réveillée, nous sommes allés faire un tour sur le Paseo Maritimo, sans nous enfoncer à l'intérieur de la ville, enveloppés par le flux des promeneurs qui allaient et venaient. Ensuite, nous nous sommes assis sur le parapet de la Promenade et nous avons bavardé.

Nous avons dîné légèrement. Ingeborg s'est changée. Une robe blanche, des chaussures blanches à talons aiguilles, un collier de nacre et les cheveux ramassés en un chignon soigneusement mal fait. Quoique moins élégant qu'elle, moi aussi je me suis habillé en blanc.

La boîte de nuit se trouvait dans la zone des campings, qui est aussi la zone des boîtes, des fast-foods et des restaurants. Dix ans auparavant, il n'y avait là que deux campings et un bois de pins qui s'étendait jusqu'à la voie ferrée ; à présent, d'après ce que je vois, c'est le plus important conglomérat touristique de la ville. L'animation de son unique avenue, qui longe en parallèle la mer, est comparable à celle d'une grande ville à une heure de pointe. À la différence près qu'ici les heures de pointe commencent à neuf heures du soir et ne prennent fin qu'à trois heures du matin passées. La multitude qui s'agglutine sur les trottoirs est bigarrée et cosmopolite ; des Blancs, des Noirs, des Jaunes, des Indiens, des métis, on aurait dit que toutes les races s'étaient mises d'accord pour passer leurs vacances dans ce coin, même si, bien sûr, ces gens ne sont pas tous en vacances.

Ingeborg était rayonnante et notre entrée dans la boîte a suscité des regards subreptices d'admiration. D'admiration pour elle, et d'envie pour moi. Moi, l'envie, je la capte tout de suite. De toute façon, nous ne pensions pas rester très longtemps. Fatalement, un couple d'Allemands n'a pas tardé à s'asseoir à notre table.

Je vais expliquer comment c'est arrivé : je ne suis pas fou de danse ; il m'arrive de danser, surtout depuis que je connais Ingeborg, mais avant je dois me mettre au diapason en buvant un ou deux verres et digérer, pour le dire d'une manière ou d'une autre, la sensation d'étrangeté que font naître en moi tant de visages inconnus dans une salle qui, en général, n'est pas bien éclairée ; Ingeborg, au contraire, n'éprouve aucune gêne à aller danser seule. Elle peut rester sur la piste le temps que durent deux morceaux, revenir à la table, boire une gorgée de sa boisson, retourner sur la piste, et passer toute la soirée comme ça, jusqu'à n'en plus pouvoir de fatigue. Moi, j'en ai déjà pris l'habitude. Pendant ses absences, je pense à mon travail et à des trucs sans signification, ou alors je fredonne à voix très basse la mélodie qui jaillit des haut-parleurs, ou encore je médite sur les destins obscurs de la masse amorphe et des vagues visages qui m'environnent. De temps en temps, Ingeborg, étrangère à mes préoccupations, s'approche et me donne un baiser. Ou elle arrive avec une nouvelle amie et un nouvel ami, comme ce soir, le couple d'Allemands, avec qui elle a à peine échangé quelques paroles dans la cohue de la piste de danse. Des paroles qui, jointes à notre commun état de vacanciers, suffisent à établir quelque chose de semblable à l'amitié.

Karl — quoiqu'il préfère qu'on l'appelle Charly — et Hanna sont d'Oberhausen ; elle travaille comme secrétaire dans l'entreprise où il est mécanicien ; tous deux ont vingt-cinq ans. Hanna est divorcée. Elle a un enfant de trois ans et pense se marier avec Charly dès que cela sera possible ; tout ce qui précède, elle l'a dit à Ingeborg dans les toilettes de la boîte de nuit et cette dernière me l'a raconté à notre retour à l'hôtel. Charly aime le football, le sport en général, et la planche à voile : il a apporté d'Oberhausen sa planche, dont il dit monts et merveilles ; en aparté, pendant qu'Ingeborg et Hanna étaient sur la piste, il m'a demandé quel était mon sport favori. Je lui ai dit que j'aimais courir. Courir tout seul.

Tous les deux ont beaucoup bu. À vrai dire, Ingeborg aussi. Dans ces conditions, nous nous sommes facilement engagés pour le lendemain. Ils logent à l'hôtel Costa Brava, qui est à quelques pas du nôtre. Nous sommes convenus de nous retrouver vers midi, sur la plage, à côté de l'endroit où on loue les pédalos.

Vers deux heures du matin, nous avons quitté la boîte. Auparavant, Charly a payé une dernière tournée ; il était aux anges ; il m'a raconté que cela faisait dix jours qu'ils étaient là, et qu'ils n'avaient encore entamé de relations amicales avec personne, le Costa Brava était plein d'Anglais et les quelques Allemands qu'il rencontrait dans les bars étaient des gens peu sociables ou faisaient partie de groupes exclusivement composés d'hommes, ce qui écartait Hanna.

Sur le chemin de retour, Charly s'est mis à chanter des chansons que je n'avais jamais entendues auparavant. La plupart d'entre elles étaient lestes ; certaines faisaient allusion à ce qu'il allait faire à Hanna, dès qu'ils seraient arrivés dans leur chambre, ce qui m'a fait déduire que les paroles, au moins, étaient inventées. Hanna, qui marchait au bras d'Ingeborg quelques pas devant nous, accueillait ces propos avec des éclats de rire sporadiques. Mon Ingeborg à moi riait *aussi*. Un instant, je l'ai imaginée dans les bras de Charly et j'ai frissonné. J'ai senti mon estomac se rétrécir jusqu'à ne plus être qu'un poing.

Sur le Paseo Maritimo courait une brise fraîche, qui a contribué à me dégriser. On ne voyait que très peu de gens, les touristes retournaient à leurs hôtels en titubant ou en chantant, et les voitures, rares, roulaient avec lenteur dans un sens ou dans l'autre, comme si tout le monde, d'un coup, était épuisé, ou malade, et que les efforts étaient maintenant tendus en direction des lits et des chambres fermées.

Une fois que nous sommes parvenus à l'hôtel Costa Brava, Charly s'est mis en tête de me montrer sa planche. Il l'avait attachée avec un entrecroisement de tendeurs au porte-bagages de la voiture, sur le parking à l'air libre de l'hôtel. Qu'est-ce que tu en dis ? a-t-il demandé. Elle n'avait rien d'extraordinaire, c'était une planche comme il y en a des millions. Je lui ai avoué que je n'y connaissais rien aux planches à voile. Si tu veux, je peux t'apprendre, a-t-il dit. On verra, ai-je répondu sans m'engager à quoi que ce soit.

Ingeborg et moi avons refusé, et, sur ce point, nous avons été fermement appuyés par Hanna, qu'ils nous raccompagnent à notre hôtel. Les adieux se sont de toute façon prolongés quelques moments de plus. Charly était beaucoup plus soûl que je ne croyais et il a insisté pour que nous montions voir leur chambre. Hanna et Ingeborg riaient des sottises qu'il disait, mais moi je suis resté inébranlable. Lorsque, enfin, nous sommes parvenus à le convaincre que ce qu'il avait de mieux à faire c'était d'aller se coucher, il a montré de la main un point sur la plage, s'est mis à courir dans sa direction et s'est perdu dans l'obscurité. D'abord Hanna — qui devait sûrement être habituée à ce genre de numéro —, puis Ingeborg et, à la suite d'Ingeborg et à contrecœur, moi, nous l'avons suivi ; les lumières du Paseo Maritimo se sont rapidement éloignées derrière nous. Sur la plage, on n'entendait que la rumeur de la mer. Au loin, à gauche, j'ai distingué les lueurs du port où mon père et moi avions été très tôt, un matin, pour tenter sans succès d'acheter du poisson : la vente, du moins au cours de ces années-là, se faisait l'après-midi.

Nous nous sommes mis à l'appeler. On n'entendait que nos cris dans la nuit. Hanna, dans un instant d'inattention, s'est avancée dans l'eau et a mouillé son pantalon jusqu'aux genoux. C'est plus ou moins à ce moment-là, pendant que nous écoutions les imprécations de Hanna, le pantalon était en satin et l'eau de mer allait le bousiller, que Charly a répondu à nos appels : il se trouvait entre nous et le Paseo Maritimo. Où est-ce que tu es, Charly ? a crié Hanna. Ici, ici, suivez ma voix, a dit Charly. Nous nous sommes mis à marcher de nouveau vers les lumières des hôtels.

— Faites attention aux pédalos, a prévenu Charly.

Pareils à des bêtes des abysses, les pédalos formaient une île noire au milieu de la pénombre uniforme qui s'étendait sur toute la longueur de la plage. Assis sur le flotteur de l'un de ces étranges véhicules, chemise ouverte et cheveux en désordre, Charly nous attendait.

— Je voulais seulement montrer à Udo l'endroit exact où on se verra demain, a-t-il dit devant les reproches de Hanna et d'Ingeborg qui lui en voulaient de son comportement infantile et de la peur qu'il nous avait faite.

Pendant que les femmes aidaient Charly à se mettre debout, j'ai scruté l'ensemble des pédalos. Je ne pourrais pas dire ce qui a attiré mon attention. Peut-être quelque chose d'étrange dans la manière dont les embarcations à flotteurs avaient été rangées, différente de toutes celles que j'avais vues en Espagne, pourtant pas un pays méthodique. Leur disposition était pour le moins irrégulière et peu pratique. Ce qui est normal, même compte tenu de l'anormalité capricieuse d'un quelconque préposé aux pédalos, c'est de les laisser le dos tourné à la mer, rangés par trois, ou par quatre. Bien sûr, il y en a qui les laissent face à la mer, ou sur une seule et longue file, ou qui ne les mettent pas en ligne, ou encore qui les traînent jusqu'au parapet qui sépare la plage du Paseo Maritimo. La disposition de ceux-ci, cependant, échappait à toutes ces catégories. Certains pédalos faisaient face à la mer et d'autres au Paseo, même si la plupart, de biais, pointaient en direction du port ou de la zone des campings, dans une sorte d'alignement en épi ; mais plus curieux encore était le fait que certains d'entre eux avaient été dressés et tenaient en équilibre uniquement sur un flotteur, et il y en avait même un qui était complètement à l'envers, les flotteurs et les pales tournés vers le haut et les sièges enterrés dans le sable, une disposition qui n'était pas seulement insolite mais nécessitait une force physique considérable et que j'aurais prise, si n'avaient pas existé l'étrange symétrie, la volonté qui émanait de l'ensemble à moitié recouvert par de vieilles bâches, pour l'œuvre d'une bande de voyous, de ceux qui parcourent les plages en pleine nuit.

Évidemment, ni Charly, ni Hanna, ni même Ingeborg n'ont rien remarqué d'anormal à propos des pédalos.

Lorsque nous sommes arrivés à l'hôtel, j'ai demandé à Ingeborg quelle impression lui avaient faite Charly et Hanna.

— Ce sont des personnes sympas, a-t-elle dit.

Moi, avec quelques réserves, j'ai été d'accord.

22 août

Nous avons déjeuné au bar La Sirena. Ingeborg a pris un *english breakfast* : une tasse de thé au lait, une assiette avec un œuf frit, deux tranches de bacon, une portion de haricots blancs et une tomate à la plancha, le tout pour 350 pesetas, assez nettement moins cher qu'à l'hôtel. Sur le mur, derrière le comptoir, il y a une sirène en bois à la chevelure rouge et à la peau dorée. Du plafond pendent encore quelques vieux filets de pêche. Quant au reste, tout est différent. Le serveur et la femme qui tient le comptoir sont jeunes. Dix ans plus tôt, un vieux et une vieille travaillaient ici, ils étaient basanés et ridés, et avaient l'habitude de bavarder avec mes parents. Je n'ai pas osé demander de leurs nouvelles. À quoi bon ? Ceux-ci parlaient catalan.

Nous avons trouvé Charly et Hanna à l'endroit convenu, pas loin des pédalos. Ils dormaient. Après avoir étalé nos nattes à côté d'eux, nous les avons réveillés. Hanna a ouvert les yeux tout de suite, mais Charly a grogné quelque chose d'inintelligible et a continué à dormir. Hanna a expliqué qu'il avait passé une très mauvaise nuit. Lorsque Charly buvait, d'après Hanna, il ne connaissait pas de limites et abusait de sa résistance physique et de sa santé. Elle nous a raconté qu'à huit heures du matin, sans avoir quasiment dormi, il est sorti faire de la planche à voile. La planche, en effet, était là, contre les côtes de Charly. Ensuite Hanna a comparé sa crème bronzante avec celle d'Ingeborg et, au bout d'un moment, toutes deux étendues le dos tourné au soleil, la conversation a dévié vers un type d'Oberhausen, un employé qui, semblait-il, avait des intentions sérieuses envers Hanna, même si celle-ci « l'aimait bien en tant qu'ami » seulement. Je me suis désintéressé de ce qu'elles disaient et j'ai passé les minutes suivantes à observer les pédalos qui avaient provoqué en moi tant d'inquiétude la nuit précédente.

Ils étaient peu nombreux à être restés sur la plage ; la plupart, déjà loués, glissaient lents et hésitants sur une mer calme, d'un bleu intense. Inutile de dire qu'il n'y avait rien d'inquiétant dans les embarcations à flotteurs qui n'avaient pas encore été louées ; elles étaient vieilles, d'un modèle dépassé même par les pédalos d'autres loueurs, le soleil paraissait rebondir sur leurs superficies crevassées où la peinture s'écaillait inexorablement. Une corde, soutenue par quelques bâtons fichés dans le sable, séparait les baigneurs de la zone réservée aux pédalos ; la corde s'élevait à peine à une trentaine de centimètres du sol et, en certains endroits, les morceaux de bois étaient inclinés et sur le point de complètement tomber. J'ai aperçu le type chargé de la location au bord de l'eau, il aidait un groupe de clients à s'éloigner du bord en faisant attention à ce que le pédalo ne heurte la tête d'aucun des innombrables enfants qui barbotaient tout autour ; les clients, ils devaient être une demi-douzaine, tous hissés sur le pédalo, avec des sachets en plastique contenant très certainement des sandwichs et des canettes de bière, faisaient des gestes d'adieu en direction de la plage ou battaient des mains d'excitation. Lorsque le pédalo a dépassé la frange d'enfants, le plagiste est sorti de l'eau et a commencé à marcher vers nous.

— Le pauvre, ai-je entendu dire à Hanna.

J'ai demandé à qui elle faisait allusion ; Ingeborg et Hanna m'ont fait signe d'observer l'air de rien. Le plagiste avait la peau brune, les cheveux longs et une complexion musculeuse, mais le plus notable en lui, et de loin, c'étaient les brûlures — je veux dire des brûlures faites par du feu, non par une exposition au soleil — qui recouvraient la plus grande partie du visage, du cou et de la poitrine, et qui s'exhibaient ouvertement, sombres et rugueuses, pareilles à de la viande à la plancha ou aux plaques de tôle d'un avion accidenté.

Pendant quelques secondes, je dois l'admettre, je me suis senti comme hypnotisé, jusqu'à ce que je m'aperçoive que lui aussi nous regardait et que dans son expression dominait l'indifférence, une sorte de froideur qui m'a semblé immédiatement repoussante.

À partir de cet instant, j'ai évité de le regarder.

Hanna a dit qu'elle se suiciderait, si elle se retrouvait comme ça, abîmée par le feu. Hanna est une jolie fille, elle a des yeux bleus, les cheveux châtain clair et sa poitrine — ni Hanna ni Ingeborg ne portent le haut du bikini — est bien opulente et formée, mais je n'ai pas dû faire trop d'efforts pour l'imaginer brûlée, poussant des cris et tournant en rond dans sa chambre d'hôtel. (Pourquoi, justement, dans la chambre de l'hôtel ?)

— Peut-être que c'est des taches de naissance, a dit Ingeborg.

— C'est possible, on voit des choses très bizarres, a dit Hanna. Charly a connu en Italie une femme qui était née sans mains.

— C'est vrai ?

— Je te le jure. Demande-le-lui. Ils ont couché ensemble.

Hanna et Ingeborg ont éclaté de rire. Quelquefois, je ne comprends pas comment Ingeborg peut trouver amusantes de pareilles affirmations.

— Peut-être que sa mère avait pris je ne sais pas quoi de chimique pendant sa grossesse.

Je n'ai pas saisi si Ingeborg parlait de la femme sans mains ou du plagiste. De toute façon, j'ai essayé de lui montrer son erreur. Personne ne naît comme ça, avec une peau aussi martyrisée. Certes, les brûlures n'avaient pas été faites hier, il n'y avait pas de doute. Elles dataient probablement d'environ cinq ans, peut-être plus, à en juger par l'attitude du pauvre garçon (je ne le regardais pas), habitué à exciter la curiosité et l'intérêt que suscitent les monstres et les mutilés, la répulsion involontaire dans les regards, la pitié pour le grand malheur. Perdre un bras ou une jambe, c'est perdre une partie de soi-même, mais endurer de telles brûlures, c'est se transformer, devenir un autre.

Lorsque Charly s'est enfin réveillé, Hanna a dit qu'elle trouvait le plagiste attirant. Musclé ! Charly s'est mis à rire et nous sommes tous allés dans l'eau.

L'après-midi, après déjeuner, j'ai ouvert le jeu. Ingeborg, Hanna et Charly sont allés faire des courses dans la vieille ville. Pendant le repas, Frau Else s'est approchée de notre table pour demander comment tout se passait. Elle a salué Ingeborg d'un sourire franc et ouvert, même si, lorsqu'elle s'est adressée à moi, j'ai cru remarquer une certaine ironie, comme si elle me disait : tu vois, je m'inquiète de ton confort, je ne t'oublie pas. Ingeborg a trouvé que c'était une femme magnifique. Elle m'a demandé quel âge elle avait. Je lui ai dit que je n'en savais rien.

Quel âge peut avoir Frau Else ? Je me souviens que selon mes parents elle s'était mariée très jeune, avec l'Espagnol, que d'ailleurs je n'ai pas encore vu. Lors de notre dernier séjour ici, elle devait avoir dans les vingt-cinq ans, l'âge de Hanna, de Charly, mon âge. Maintenant elle doit avoir environ trente-cinq ans.

Après le déjeuner, l'hôtel sombre dans une étrange torpeur ; ceux qui ne vont pas à la plage ou ne sortent pas faire un tour dans les environs vont piquer un somme, accablés par la chaleur. Les employés, sauf ceux qui tiennent stoïquement le comptoir du bar, disparaissent et on ne les voit plus circuler dans les parages de l'hôtel jusqu'à six heures passées. Un silence poisseux règne à tous les étages, de temps à autre interrompu par des voix enfantines, étouffées, et par le bourdonnement de l'ascenseur. À certains instants, on a l'impression qu'un groupe d'enfants s'est perdu, mais ce n'est pas vrai ; la seule chose qui se passe, c'est que les parents préfèrent ne pas parler.

N'était cette chaleur, à peine atténuée par l'air conditionné, ce serait le meilleur moment pour travailler. Il y a de la lumière naturelle, les enthousiasmes de la matinée se sont assagis et l'on a encore beaucoup d'heures devant soi. Conrad, mon cher Conrad, préfère la nuit, et c'est pourquoi il arbore ces cernes, cette extrême pâleur, qui le caractérisent et qui parfois nous inquiètent, lorsque nous prenons pour une maladie ce qui n'est purement et simplement qu'un manque de sommeil. Mais il ne peut pas travailler, il ne peut pas penser, il ne peut pas dormir, et cependant il nous a offert une bonne partie des meilleures variantes de certaines campagnes, sans parler d'une infinité de travaux analytiques, historiques, méthodologiques, et même de simples introductions et comptes rendus de nouveaux jeux. Sans lui, le cercle des passionnés de Stuttgart serait différent, plus restreint et de moindre qualité. D'une certaine manière, il a été notre protecteur — le mien, celui d'Alfred, de Franz —, nous faisant découvrir des livres que nous n'aurions autrement sans doute jamais lus, nous parlant des sujets les plus divers avec intérêt et véhémence. Ce qui le perd, c'est son manque d'ambition. Depuis que je le connais — et d'après ce que je sais, depuis bien avant cela — Conrad travaille dans une entreprise du bâtiment de petite importance, à l'un des pires postes, au-dessous de presque tous les employés et ouvriers, occupant les fonctions qui jadis étaient dévolues aux garçons de bureau, les coursiers-sans-moto, appellation par laquelle il aime se désigner. Avec ce qu'il gagne, il paie sa chambre, mange dans une modeste pension, où on le considère comme faisant quasiment partie de la famille, et, de loin en loin, s'achète de quoi s'habiller ; le reste passe en jeux, en souscriptions à des revues européennes et nord-américaines, en cotisations du club, en quelques livres (peu nombreux, parce que, d'habitude, il va en bibliothèque, économisant de l'argent qu'il consacre à acheter d'autres jeux), en contributions volontaires aux fanzines de la ville auxquels il collabore, pratiquement à tous, sans exception. Il n'est pas besoin de dire que beaucoup de ces fanzines de la ville disparaîtraient sans la générosité de Conrad, et en cela on peut également voir son manque d'ambition : dans le meilleur des cas, certains d'entre eux méritent de sombrer sans que l'on verse une larme, de minables feuilles pourries photocopiées, pondues par des adolescents plus amateurs de jeux de rôle, quand ce n'est pas de jeux d'ordinateur, que passionnés par la rigueur d'un plateau à hexagones. Mais de ça, Conrad a l'air de se ficher et il les soutient. Beaucoup de ses meilleurs articles, y compris le Gambit ukrainien — que Conrad appelle le Rêve du général Marcks — n'ont pas seulement été publiés mais ont même été écrits tout exprès pour ce genre de revues.

Paradoxalement, c'est lui qui m'a encouragé à écrire dans des publications de plus grand tirage et qui a même insisté et m'a convaincu de devenir un semi-professionnel. Les premiers contacts avec *Front Line, Jeux de simulation*[1], *Stockade, Casus Belli, The General*, etc., c'est à lui que je les dois. D'après Conrad — et nous passâmes tout un après-midi à faire des calculs à ce sujet — si je collaborais de manière régulière à dix revues, quelques-unes mensuelles, la plupart bimestrielles et d'autres trimestrielles, je pourrais abandonner mon travail actuel de manière profitable, pour me consacrer uniquement à l'écriture. Lorsque je lui demandai pourquoi lui, qui avait un boulot pire que le mien

1. En français dans le texte. (*N. d. T.*)

et savait écrire aussi bien ou mieux que moi, ne le faisait pas, il répondit qu'à cause de sa nature timide il trouvait très difficile, pour ne pas dire impossible, d'établir des relations commerciales avec des inconnus, sans compter que, pour de telles tâches, la maîtrise de l'anglais, langue qu'il se contentait de déchiffrer, était indispensable.

Ce jour mémorable, nous établîmes les objectifs de nos rêves et nous nous mîmes immédiatement au travail. Notre amitié en fut renforcée.

Puis arriva le tournoi de Stuttgart, qui précédait le tournoi interzones (l'équivalent du championnat d'Allemagne) qui fut organisé quelques mois plus tard à Cologne. Nous nous présentâmes tous les deux avec la promesse, faite à moitié sérieusement et à moitié en plaisantant, que si le hasard nous faisait nous affronter, malgré notre inébranlable amitié, nous ne nous ferions pas quartier. À cette époque, Conrad venait de publier son Gambit ukrainien dans le fanzine *Totenkopf*.

Au début, les parties se déroulèrent correctement, nous franchîmes tous les deux la première éliminatoire sans nous casser excessivement la tête ; au cours de la deuxième éliminatoire, Conrad dut jouer contre Mathias Müller, l'enfant prodige de Stuttgart, dix-huit ans, éditeur du fanzine *Marches forcées* et l'un des joueurs les plus rapides que nous connaissions. La partie fut acharnée, l'une des plus acharnées de ce championnat, et finalement Conrad fut vaincu. Mais sa passion n'en diminua pas pour autant : avec l'enthousiasme d'un savant qui, après un éclatant échec, parvient enfin à y voir clair, il m'expliqua les erreurs de départ du Gambit ukrainien et ses qualités secrètes, la façon d'employer initialement les corps blindés et les chasseurs alpins, les lieux où l'on pouvait et où l'on ne pouvait pas appliquer le Schwerpunkt, etc. En un mot, il se transforma en mon assesseur.

Je dus affronter Mathias Müller pendant les demi-finales et je l'éliminai. Je disputai la finale contre Franz Grabowski, du club de modélisme, un bon ami à Conrad et à moi. C'est comme ça que j'obtins le droit de représenter Stuttgart. Ensuite, je me rendis à Cologne où je jouai contre des gens de la stature de Paul Huchel ou de Heimito Gerhardt, ce dernier étant le plus vieux des joueurs de *wargames* d'Allemagne, soixante-cinq ans, un exemple pour les passionnés. Conrad, qui vint avec moi, passa son temps à affubler de surnoms tous les participants de ces jours-là à Cologne, mais, devant Heimito Gerhardt, il se sentait paralysé, son ingéniosité et sa bonne humeur s'évanouissaient ; lorsqu'il parlait de lui, il l'appelait le Vieux ou M. Gerhardt ; face à Heimito, c'est à peine s'il ouvrait la bouche. De toute évidence, il faisait attention à ne pas dire de sottises.

Un jour, je lui ai demandé pourquoi il respectait *autant* Heimito. Il me répondit que pour lui c'était un homme de fer. C'était tout. De fer oxydé, dit-il après avoir souri, mais de fer au bout du compte. Je pensai qu'il faisait allusion au passé militaire de Heimito et je le lui dis. Non, dit Conrad, je fais allusion au courage qu'il met à jouer. Les vieux, d'habitude, passent leur temps à regarder la télévision ou à se promener avec leurs épouses. Heimito, au contraire, osait entrer dans une salle bondée de jeunes gens, osait s'asseoir à une table devant un jeu compliqué et ignorer les regards moqueurs avec lesquels bon nombre de ces jeunes gens l'accueillaient. Des vieux de cette trempe, cette pureté, d'après Conrad, c'est seulement en Allemagne qu'il était possible d'en rencontrer. Et ils étaient en voie d'extinction. Peut-être bien que oui, peut-être bien que non. En tout cas, comme j'en ai fait l'expérience plus tard, Heimito était un excellent joueur. Nous nous affrontâmes peu avant la fin du championnat, dans un tour spécialement dur, avec un jeu déséquilibré où le hasard me fit tomber sur le plus mauvais camp. Il s'agissait de Fortress Europa et je jouai avec la Wehrmacht. À la surprise de presque tous ceux qui étaient autour de notre table, je remportai la victoire.

Après la partie, Heimito invita chez lui certains d'entre nous. Sa femme prépara des sandwichs et de la bière, et la soirée, qui se prolongea tard dans la nuit, fut agréable et emplie d'anecdotes pittoresques. Heimito avait servi dans la 352e division d'infanterie, 915e régiment, 2e bataillon, mais, selon ses dires, son général n'avait pas su manœuvrer aussi bien que je l'avais fait avec le pion qui la représentait dans le jeu. Bien que flatté, je me vis dans l'obligation de lui faire remarquer que la clé de la partie tenait aux positions de mes divisions mobiles. Nous portâmes un toast au général Marcks, au général Eberbach et à la 5e Panzer Division. Vers la fin de la soirée, Heimito assura que le prochain champion d'Allemagne, ce serait moi. Je crois que les gars de Cologne commencèrent à me haïr à partir de ce moment-là. Moi, de mon côté, je me sentis heureux, surtout parce que je compris que j'avais gagné un ami.

Et puis, de plus, je remportai aussi le championnat. Les demi-finales et la finale furent disputées avec un *Blitzkrieg* de tournoi, un jeu assez équilibré où aussi bien la carte que les puissances qui s'affrontent sont imaginaires (Great Blue et Big Red), ce qui entraîne, si les deux adversaires sont bons, des parties extrêmement longues et une certaine tendance à l'enlisement. Ce ne fut pas mon cas. Je me débarrassai de Paul Huchel en six heures et, dans le dernier jeu, il me suffit de trois heures et demie, chronométrées par Conrad, pour que mon adversaire se déclare vice-champion et se rende sans combat.

Nous restâmes un jour de plus à Cologne ; les gars de la revue me proposèrent d'écrire un article et Conrad passa son temps à faire du tourisme en photographiant des rues et des églises. Je ne connaissais pas encore Ingeborg et, à ce moment-là, je trouvais belle la vie, sans soupçonner que la véritable beauté se ferait attendre un peu plus longtemps. Mais, à l'époque, tout me paraissait magnifique. La fédération de joueurs de *wargames* était peut-être la plus petite fédération sportive d'Allemagne, mais j'en étais le champion et personne ne pouvait le mettre en doute. Le soleil brillait pour moi.

Ce dernier jour à Cologne nous réserva encore quelque chose qui, par la suite, allait avoir des conséquences importantes. Alors qu'il nous accompagnait à la station d'autocars, Heimito Gerhardt, grand amateur du jeu par correspondance, nous fit cadeau, à Conrad et à moi, d'un Play-by-Mail kit chacun. Il se trouva que Heimito correspondait avec Rex Douglas (l'une des idoles de Conrad), le grand joueur nord-américain et rédacteur star de la plus prestigieuse des revues spécialisées : *The General*. Après nous avoir avoué qu'il n'avait jamais pu le vaincre (ils avaient joué en six ans trois parties par correspondance), Heimito finit par me suggérer d'écrire à Rex et de me mettre d'accord avec lui pour une partie. Je dois confesser qu'au début l'idée ne m'intéressa pas beaucoup. Quitte à jouer par correspondance, je préférais le faire avec des personnes comme Heimito ou des membres de mon cercle ; cependant, avant que l'autocar parvienne à Stuttgart, Conrad m'avait déjà convaincu de l'importance d'écrire à Rex Douglas et de jouer contre lui.

Ingeborg est en train de dormir maintenant. Auparavant, elle m'a prié de ne pas la laisser seule dans le lit, de la serrer entre mes bras toute la nuit. Je lui ai demandé si elle avait peur. C'est venu naturellement, ça n'avait rien de prémédité, je lui ai simplement dit : tu as peur ? et elle a répondu oui. Pourquoi ? De quoi ? Elle ne le savait pas. Je suis à côté de toi, lui ai-je dit, tu ne dois pas avoir peur.

Ensuite, elle s'est endormie et je me suis levé. À l'exception de la petite lampe que j'ai installée à côté du jeu, sur la table, toutes les lumières sont éteintes. Ce soir, j'ai à peine travaillé. Ingeborg a acheté en ville un collier de pierres tirant sur le jaune, qu'ici on appelle collier philippin et que mettent les jeunes sur la plage et dans les boîtes de nuit. Nous avons dîné, avec Hanna et Charly, dans un restaurant chinois de la zone des campings. Lorsque Charly a commencé à se soûler, nous sommes partis. En réalité, une soirée insignifiante ; le restaurant, évidemment, était plein à craquer et il faisait chaud ; le serveur était en nage ; le repas, bon, mais rien d'extraordinaire ; la conversation a tourné autour des sujets de prédilection de Hanna et de Charly, c'est-à-dire respectivement l'amour et le sexe. Hanna est, selon ses propres dires, une femme toute disposée à l'amour, bien que, lorsqu'elle parle d'amour, son interlocuteur ait l'étrange sensation qu'elle parle de sécurité, mieux encore, de marques de voitures et d'électroménager. Charly, quant à lui, parle de jambes, de fesses, de seins, de poils pubiens, de cous, de nombrils, de sphincters, etc., pour la plus grande joie de Hanna et d'Ingeborg chez qui il provoque sans cesse des éclats de rire. À la vérité, je ne sais pas ce qu'elles trouvent drôle. Ce sont peut-être des rires nerveux. Quant à moi, je peux dire que j'ai mangé en silence, l'esprit ailleurs.

Une fois de retour à l'hôtel, nous avons vu Frau Else. Elle se tenait à l'extrémité de la salle à manger, transformée le soir en salle de bal, parlant, à côté de l'estrade de l'orchestre, avec deux hommes habillés en blanc. Ingeborg se sentait barbouillée, peut-être la cuisine chinoise, et nous avons commandé une infusion de camomille au comptoir du bar. C'est de là que nous avons vu Frau Else. Elle gesticulait comme une Espagnole et bougeait la tête. Les hommes en blanc, en revanche, ne remuaient même pas le petit doigt. Ce sont les musiciens, a dit Ingeborg, elle est en train de les engueuler. En réalité, je me fichais de leur identité, même si, bien sûr, je savais que ce n'étaient pas les musiciens, parce que, la veille au soir, j'avais eu l'occasion de les voir et ils étaient plus jeunes. Lorsque nous avons quitté les lieux, Frau Else était toujours là : une silhouette parfaite enveloppée dans une jupe verte et une blouse noire. Les hommes en blanc, impassibles, avaient seulement incliné la tête.

23 août

Une journée relativement paisible. Le matin, après le petit déjeuner, Ingeborg est partie à la plage et moi je me suis enfermé dans la chambre, prêt à commencer à travailler sérieusement. La chaleur aidant, peu de temps après, j'ai été obligé d'enfiler le maillot de bain et de sortir sur le balcon où il y a deux chaises longues assez confortables. La plage, malgré l'heure, était déjà noire de monde. Lorsque je suis retourné dans la chambre, je me suis aperçu que le lit venait tout juste d'être fait et du bruit, provenant de la salle de bains, m'a fait comprendre que la femme de ménage était encore là. C'était la même à qui j'avais demandé la table. Cette fois-ci, elle ne m'a pas paru aussi jeune. La fatigue transparaissait sur son visage et ses yeux, ensommeillés, ressemblaient à ceux d'un animal peu accoutumé à la lumière du jour. De toute évidence, elle ne s'attendait pas à me voir. Pendant quelques secondes, j'ai eu l'impression qu'elle aurait aimé filer à toute vitesse. Avant qu'elle ne le fasse, je lui ai demandé son nom. Elle a dit s'appeler Clarita, et elle a souri d'une manière que j'ai trouvée pour le moins inquiétante. Je crois que c'était la première fois que je voyais quelqu'un sourire comme ça.

Je lui ai demandé, peut-être un peu trop brusquement, d'attendre, ensuite, j'ai cherché un billet de mille pesetas et je le lui ai mis dans la main. La pauvre jeune fille m'a regardé d'un air perplexe, sans savoir si elle devait accepter l'argent, ni pour quelle raison je le lui donnais. C'est un pourboire, lui ai-je dit. C'est alors qu'est arrivé le plus étonnant : dans un premier temps, elle s'est mordu la lèvre inférieure, comme une collégienne nerveuse, et ensuite elle s'est inclinée en une petite révérence, sans doute imitée d'un film de cape et d'épée. Je n'ai su que faire, comment interpréter ce geste ; je l'ai remerciée et lui ai dit qu'elle pouvait quitter la chambre à présent, non pas en espagnol, comme auparavant, mais en allemand. La jeune fille m'a obéi immédiatement. Elle s'en est allée aussi silencieusement qu'elle était venue.

J'ai passé le reste de la matinée à noter sur ce que Conrad appelle Cahier de campagne, les lignes initiales de ma variante.

À midi, j'ai retrouvé Ingeborg sur la plage. J'étais, je dois l'admettre, dans un état d'exaltation produit par ces heures profitables passées devant le plateau, ce qui explique que, contrairement à mes habitudes, j'ai raconté en détail mon ouverture, avant d'être interrompu par Ingeborg, disant qu'on était en train de nous écouter.

J'ai objecté que ce n'était guère difficile, puisque, sur la plage, et pratiquement flanc contre flanc, s'entassaient des milliers de personnes.

C'est ensuite que j'ai compris qu'Ingeborg avait eu *honte* de moi, des paroles que je prononçais (corps d'infanterie, groupes blindés, facteurs de combats aériens, facteurs de combats navals, invasion préventive de la Norvège, possibilités d'entreprendre une action offensive contre l'Union soviétique pendant l'hiver 39, possibilité de défaire complètement la France pendant le printemps 40) et ça a été comme si un abîme s'ouvrait sous mes pieds.

Nous avons déjeuné à l'hôtel. Après le dessert, Ingeborg a proposé une promenade en bateau ; à la réception, on lui avait fourni les horaires des petites embarcations qui effectuent le parcours entre notre station balnéaire et deux villes voisines. J'ai refusé d'y aller, prétextant du travail en cours. Lorsque je lui ai dit que je pensais laisser ébauchés cet après-midi les deux premiers tours, elle m'a regardé avec la même expression que je lui avais déjà vue sur la plage.

Un après-midi, d'ailleurs, ennuyeux. Dans l'hôtel, on ne voit presque plus de clients pâles. Tous, même ceux qui ne sont là que depuis deux jours, exhibent un bronzage parfait, résultat des nombreuses heures passées à la plage et des crèmes solaires et bronzantes que notre technologie produit en abondance. De fait, le seul client qui ait conservé sa teinte naturelle, c'est moi. Il faut dire aussi que je suis le client qui passe le plus de temps à l'hôtel. Moi et une vieille dame qui ne quitte quasiment pas la terrasse. Comportement semblant éveiller la curiosité du personnel qui commence à m'observer avec un intérêt de plus en plus marqué, bien qu'à une distance prudente, et avec quelque chose que, au risque d'exagérer, j'appellerai de la crainte. Je crois que l'incident de la table s'est répandu à une vitesse prodigieuse.

La différence entre la vieille dame et moi, c'est qu'elle reste immobile sur la terrasse et que moi j'abandonne à tout bout de champ la chambre, comme un somnambule, pour aller à la plage voir Ingeborg ou pour prendre une bière au comptoir de l'hôtel.

C'est curieux, j'ai parfois la certitude que la vieille dame était déjà là à l'époque où je venais avec mes parents à l'hôtel Del Mar. Mais dix années, c'est bien long, du moins dans ce cas, et je n'arrive pas à me remémorer précisément son visage. Peut-être si j'allais la voir et lui demandais si elle se souvenait de moi…

Peu probable. De toute façon, je ne sais pas si je serais capable de l'aborder. Il y a en elle je ne sais quoi qui me répugne. Et pourtant, à la regarder comme ça, c'est une vieille comme tant d'autres : plutôt maigre que grosse, couverte de rides, habillée en blanc, avec des lunettes de soleil et un petit chapeau de paille. Cet après-midi, après le départ d'Ingeborg, j'ai passé un certain temps à l'observer depuis le balcon. Sa place sur la terrasse est invariablement la même, dans l'un des angles, à côté du trottoir. Et là, à moitié cachée par un énorme parasol bleu et blanc, elle laisse s'écouler les heures en regardant les rares voitures défiler sur le Paseo Maritimo, comme une poupée articulée, heureuse. Et, chose curieuse, nécessaire à mon propre bonheur : lorsque je ne pouvais plus supporter l'atmosphère raréfiée de la chambre, je sortais sur le balcon et elle était là, une sorte de source d'énergie qui m'insufflait le courage suffisant pour aller me rasseoir à la table et poursuivre le travail.

Et si elle, de son côté, m'avait vu chaque fois

que je me suis montré sur le balcon ? Que pourrait-elle penser de moi ? Qui croirait-elle que je suis ? À aucun moment elle n'a relevé la tête, mais avec ces lunettes de soleil qui sait lorsqu'il est observé et lorsqu'il ne l'est pas ? Elle a pu voir mon ombre sur le sol dallé de la terrasse, il y avait peu de gens dans l'hôtel et elle a dû sans doute trouver incongru qu'un jeune homme apparaisse et disparaisse à intervalles plus ou moins réguliers. La dernière fois que je suis sorti, elle était en train d'écrire une carte postale. Est-il possible qu'elle fasse allusion à moi ? Je ne sais pas. Mais si elle l'a fait, en quels termes, sous quel angle ? Un jeune homme pâle, le front dégagé. Ou un jeune type nerveux, sans doute amoureux. Ou alors un jeune tout ce qu'il y a d'ordinaire, qui a des problèmes de peau.

Je ne sais pas. Ce que je sais en revanche c'est que je divague, je me perds en suppositions inutiles qui ne réussissent qu'à me perturber. Je n'arrive pas à comprendre comment mon brave Conrad a pu me dire une fois que j'écris comme Karl Bröger. Je ne demanderais pas mieux.

Grâce à Conrad, j'ai connu le groupe littéraire Ouvriers de la maison Nyland. C'est lui qui m'a mis entre les mains le livre *Soldaten der Erde*, de Karl Bröger, et m'a poussé, une fois la lecture achevée, à rechercher dans les bibliothèques de Stuttgart, dans une course de plus en plus vertigineuse et ardue, *Bunker 17*, du même Bröger, *Hammerschläge*, de Heinrich Lersch, *Das vergitterte Land*, de Max Barthel, *Rhythmus des neuen Europa*, de Gerrit Engelke, *Mensch im Eisen*, de Lersch, etc.

Conrad connaît la littérature de notre patrie. Un soir, dans sa chambre, il m'a récité comme si de rien n'était deux cents noms d'écrivains allemands. Je lui ai demandé s'il les avait tous lus. Il m'a répondu que oui. Il aimait particulièrement Goethe et, parmi les modernes, Ernst Jünger. De ce dernier, il avait deux livres qu'il relisait sans cesse : *La Guerre comme expérience intérieure* et *Feu et Sang*. Il ne dédaignait pas, cependant, les oubliés, de là sa ferveur, que nous avons été vite deux à partager, pour le cercle Nyland.

Combien de soirs, à partir de cette époque-là, je me suis couché tard, occupé non plus seulement à déchiffrer les épineux règlements de nouveaux jeux, mais plongé dans la joie et le malheur, sur les abîmes et les cimes de la littérature allemande !

Évidemment, je fais allusion à la littérature qui s'écrit avec du sang et pas aux livres de Florian Linden, lesquels, si j'en crois ce que m'en dit Ingeborg, sont de plus en plus absurdes. À ce sujet, il n'est sans doute pas inutile de consigner ici une injustice : Ingeborg a été agacée ou honteuse les rares fois où j'ai parlé, en public et avec plus ou moins de détails, des développements d'un jeu ; elle, cependant, un nombre incalculable de fois et à de nombreux moments, par exemple pendant le petit déjeuner, en boîte de nuit, dans la voiture, au lit, pendant le dîner et même par téléphone, m'a fait le récit des énigmes que Florian Linden doit résoudre. Et moi, je ne me suis pas fâché, je n'ai pas eu honte que quelqu'un écoute ce qu'elle avait à me dire ; au contraire, j'ai essayé de comprendre l'affaire de manière globale et objective (vain effort) et, ensuite, j'ai suggéré diverses solutions logiques aux casse-tête de son détective.

Il y a un mois, c'est pour dire, j'ai rêvé de Florian Linden. Ça a été le comble. J'en ai gardé un souvenir vif : j'étais couché car j'avais très froid et Ingeborg me disait : « La chambre est hermétiquement fermée » ; alors, depuis le couloir, nous entendions la voix de l'enquêteur Florian Linden qui nous avertissait de la présence dans la chambre d'une araignée venimeuse, une araignée qui pourrait nous piquer et ensuite s'éclipser, même si la chambre était « hermétiquement fermée ». Ingeborg se mettait à pleurer et je la serrais dans mes bras. Au bout d'un moment, elle disait : « C'est impossible, comment Florian a pu s'y prendre cette fois-ci ? » Je me levais et parcourais la chambre, fouillais dans les tiroirs à la recherche de l'araignée, mais je ne trouvais rien, même si, c'est évident, il y avait beaucoup de recoins où elle pouvait se cacher. Ingeborg criait : Florian, Florian, Florian, qu'est-ce qu'on doit faire ?, sans que personne réponde. Je crois que nous savions tous les deux que nous étions seuls.

C'était tout. C'était plutôt un cauchemar qu'un rêve. Si cela avait une signification, je l'ignore. D'habitude, je ne fais pas de cauchemars. Au cours de mon adolescence, j'en faisais ; les cauchemars étaient nombreux et leurs intrigues et leurs décors très variés. Mais rien qui aurait pu inquiéter mes parents ou le psychologue scolaire. En réalité, j'ai toujours été une personne équilibrée.

Ce serait intéressant de me souvenir des rêves que j'avais faits ici, au Del Mar, il y a plus de dix ans. Je devais sûrement rêver de jeunes filles et de punitions, comme tous les adolescents. Mon frère m'*a raconté* un rêve, une fois. Je ne sais pas si nous étions seuls tous les deux ou si mes parents étaient là aussi. Moi, je n'ai jamais rien fait de pareil. Lorsque Ingeborg était petite, elle se réveillait souvent en pleurs, et il fallait que quelqu'un la console. C'est-à-dire qu'elle se réveillait effrayée, avec un énorme sentiment de solitude. Ce genre de choses, ça ne m'est jamais arrivé, ou alors, ça m'est arrivé si peu de fois que je les ai déjà oubliées.

Depuis deux ans, je fais des rêves de jeux. Je me couche, je ferme les yeux et un plateau couvert de pions incompréhensibles s'éclaire, et comme ça, peu à peu, je me berce jusqu'à ce que le sommeil me prenne. Mais le rêve véritable doit être différent parce que je ne m'en souviens pas.

Je n'ai pas souvent rêvé d'Ingeborg, mais, malgré cela, elle est le personnage principal de l'un de mes rêves les plus intenses. C'est un rêve que l'on peut raconter en peu de mots, apparemment bref, et c'est peut-être là sa principale qualité. Elle est assise sur un banc en pierre, en train de se coiffer avec une brosse en verre ; les cheveux, d'une couleur dorée extrêmement pure, lui arrivent jusqu'à la ceinture. Le soir commence à tomber. Au fond, très loin encore, on devine un tourbillon de poussière. Soudain, je m'aperçois qu'à côté d'elle se trouve un énorme chien en bois et je me réveille. Je crois que j'ai fait ce rêve quelque temps après que nous nous sommes connus. Lorsque je le lui ai raconté, elle a dit que le tourbillon de poussière signifiait la rencontre de l'amour. Je lui ai dit que je croyais la même chose. Nous nous sentions tous les deux heureux. Tout ceci s'est produit dans une boîte qui s'appelle Detroit, à Stuttgart, et il est possible que je me souvienne de ce rêve parce que je le lui ai raconté et qu'elle l'a compris.

Parfois Ingeborg me téléphone très tard la nuit. Elle avoue que c'est l'une des raisons pour lesquelles elle m'aime. Certains de ses ex-fiancés ne pouvaient pas supporter ces appels téléphoniques. Un certain Erich avait rompu avec elle justement parce qu'elle le réveillait à trois heures du matin. Au bout d'une semaine, il avait voulu se réconcilier avec elle, mais Ingeborg l'avait repoussé. Aucun d'entre eux n'avait compris qu'elle a besoin de parler avec quelqu'un après s'être réveillée d'un cauchemar, surtout si elle est seule et que le cauchemar a été particulièrement effrayant. Pour cela, je suis la personne idéale : j'ai le sommeil léger ; je peux me mettre à parler à l'instant comme si l'appel était fait à cinq heures de l'après-midi (ce qui est improbable, car à cette heure-là je suis en train de travailler) ; ça ne me dérange pas que l'on m'appelle la nuit ; finalement, lorsque le téléphone sonne, il m'arrive parfois de n'être même pas en train de dormir.

Est-il besoin de dire que ces appels m'emplissent de bonheur ? Un bonheur serein qui ne m'empêche pas de m'endormir aussi facilement que je me suis réveillé. Et avec les paroles d'Ingeborg résonnant à mes oreilles : « Rêve de ce que tu aimes le plus, mon cher Udo. »

Chère Ingeborg. Je n'ai aimé personne autant qu'elle. Pourquoi, alors, ces regards de méfiance réciproque ? Pourquoi ne pas nous aimer sans plus, comme des enfants, en nous acceptant totalement ?

Lorsqu'elle reviendra, je lui dirai que je l'aime, qu'elle m'a manqué, qu'elle me pardonne.

C'est la première fois que nous partons ensemble, que nous partageons des vacances et, comme c'est naturel, cela nous coûte de nous adapter l'un à l'autre. Je dois éviter de parler de jeux, en particulier de jeux de guerre, et m'occuper davantage d'elle. Si j'ai le temps, dès que j'aurai terminé ces lignes, je descendrai à la boutique de souvenirs de l'hôtel et lui achèterai quelque chose, un petit cadeau qui la fasse sourire et me pardonner. Je ne supporte pas l'idée de la perdre. Je ne supporte pas l'idée de lui faire du mal.

J'ai acheté un collier d'argent avec des incrustations de nacre. Quatre mille pesetas. J'espère qu'il lui plaira. J'ai aussi fait l'acquisition d'un personnage en argile, très petit, d'un paysan avec un chapeau rouge, accroupi, en train de déféquer ; d'après ce qu'a expliqué la vendeuse, c'est une statuette typique de la région ou quelque chose comme ça. Je suis sûr qu'Ingeborg la trouvera amusante.

J'ai vu Frau Else à la réception. Je me suis approché discrètement et, avant de lui dire bonsoir, j'ai pu voir par-dessus son épaule un livre de comptabilité où abondent les zéros. Quelque chose devait la préoccuper car, en s'apercevant de ma présence, elle a fait plutôt preuve de mauvaise humeur. J'ai voulu lui montrer le collier, mais elle ne m'en a pas laissé le loisir. Appuyée sur le comptoir de la réception, les cheveux éclairés par les dernières lueurs qui pénétraient par la vaste baie du couloir, elle m'a demandé des nouvelles d'Ingeborg et de « mes amis ». Je lui ai menti en disant que je n'avais pas la moindre idée de qui étaient les amis en question. Le couple de jeunes Allemands, a dit Frau Else. J'ai répondu que ce n'étaient pas des amis, mais des connaissances, des amitiés d'été ; et puis, ai-je dit, ce sont des clients de la concurrence. Frau Else n'a pas semblé goûter mon ironie. Comme de toute évidence elle n'avait pas l'intention d'en dire plus et que je ne désirais pas monter dans ma chambre, j'ai déballé précipitamment la statuette d'argile et la lui ai montrée. Frau Else a souri et a dit :

— Vous êtes un gamin, Udo.

Je ne sais pas pourquoi, mais cette simple phrase, prononcée d'un ton parfait, a suffi à me faire rougir. Ensuite, elle m'a fait comprendre qu'elle avait du travail et besoin d'être seule. Avant de m'en aller, je lui ai demandé à quelle heure tombait la nuit en ce moment. À dix heures du soir, a dit Frau Else.

Depuis le balcon, je peux voir les petites embarcations qui effectuent le parcours touristique ; elles sortent toutes les heures du vieux port de pêche, mettent le cap vers l'est, ensuite bifurquent vers le nord et se perdent derrière un gros rocher que les gens d'ici appellent Punta de la Virgen. Il est neuf heures et à l'instant la nuit commence à envahir le paysage de manière calme et lumineuse.

La plage est presque vide. On n'aperçoit que des enfants et des chiens traversant le sable jaune sombre. Les chiens, au début isolés, se regroupent rapidement en meute et courent en direction de la zone des pinèdes et des campings, puis reviennent et, peu à peu, la meute se désagrège. Les enfants jouent sans bouger. À l'autre extrémité de la ville, du côté des quartiers anciens et des rochers, apparaît un petit bateau blanc. Voilà Ingeborg qui revient, j'en suis sûr. Mais la petite embarcation donne l'impression de se déplacer à peine. Sur la plage, entre les hôtels Del Mar et Costa Brava, le type qui s'occupe des pédalos commence à retirer ceux-ci du rivage. Le travail a beau être pénible, personne ne l'aide. Cependant, à voir la facilité avec laquelle il transporte les énormes objets, qui laissent un sillon profond dans le sable, il se suffit d'évidence à lui-même. À cette distance, personne ne pourrait deviner qu'une grande partie de son corps est horriblement brûlée. Il porte seulement un short et le vent qui souffle sur la plage emmêle ses cheveux, trop longs. On ne peut nier que c'est un personnage original. Et ce n'est pas à cause des brûlures que je le dis, mais à cause de la curieuse manière qu'il a de ranger les pédalos. Ce que j'avais déjà découvert le soir où Charly nous avait échappé sur la plage, je le revois à nouveau, mais à partir du début, et l'opération, comme je l'ai imaginé ce soir-là, est lente, compliquée, sans utilité pratique, absurde. Elle consiste à rassembler les pédalos, tournés vers différentes directions, les coincer les uns avec les autres, jusqu'à constituer non pas la rangée traditionnelle ou double rangée, mais un cercle, ou mieux : une étoile aux pointes imprécises. Travail ardu qui fait que, lorsqu'il en est à mi-chemin de sa tâche, les autres loueurs de pédalos ont déjà fini. Mais lui, il a l'air de s'en ficher. Il doit se sentir bien à cette heure de la journée, rafraîchi par la brise du crépuscule, avec la plage vide, où seuls quelques rares enfants jouent sur le sable, sans s'approcher des pédalos. En fait, si j'étais un enfant, je crois que je ne m'en approcherais pas non plus.

C'est étrange : l'espace d'une seconde, j'ai eu l'impression qu'il était en train de bâtir une forteresse avec les pédalos. Une forteresse comme celles que construisent, justement, les enfants. La différence réside en ce que ce pauvre malheureux n'est pas un enfant. Admettons, construire une forteresse, mais dans quel but ? Je crois que c'est évident : pour passer la nuit là-dedans.

La petite embarcation d'Ingeborg est amarrée au port. Ingeborg doit maintenant se diriger vers l'hôtel ; j'imagine sa peau douce, sa chevelure fraîche et odorante, son allure décidée quand elle traverse le quartier ancien. Bientôt l'obscurité sera complète.

Le type des pédalos n'a pas encore fini de construire son étoile. Je me demande comment il se fait que personne ne lui ait fait de remarque ; ces pédalos, comme un vulgaire taudis, rompent tout le charme de la plage ; quoique j'imagine que la faute n'en revient pas à ce malheureux, et que, peut-être, le mauvais effet, la profonde sensation que cela ressemble trop à un taudis ou à une tanière sont uniquement perceptibles depuis cette perspective. Personne ne perçoit donc depuis le Paseo le désordre que ces pédalos infligent à la plage ?

J'ai fermé la fenêtre du balcon. Pourquoi Ingeborg tarde-t-elle autant à arriver ?

24 août

J'ai beaucoup à écrire. J'ai fait la connaissance du Brûlé. Je vais essayer de résumer ce qui est arrivé au cours de ces dernières heures.

Ingeborg est arrivée hier soir resplendissante et pleine d'entrain. La promenade avait été une réussite et nous n'avons pas eu besoin de nous dire quoi que ce soit pour parvenir à une réconciliation qui, cela va de soi, a été encore plus belle. Nous avons dîné à l'hôtel puis nous avons retrouvé Hanna et Charly au Rincón de los Andaluces, un bar à côté du Paseo Maritimo. Dans le fond, j'aurais préféré passer le reste de la soirée en tête à tête avec Ingeborg, mais je n'ai pas pu refuser, sous peine de risquer de troubler notre toute récente paix.

Charly était content et nerveux, et je n'ai pas mis longtemps à en découvrir la raison : ce soir-là on retransmettait à la télévision le match de football entre les sélections espagnole et allemande, et il voulait que nous le suivions, tous les quatre, à l'intérieur du bar, mêlés aux nombreux Espagnols qui attendaient le début de la rencontre. Lorsque je lui ai fait remarquer que nous serions plus à l'aise à l'hôtel, il a répondu que ce n'était pas la même chose ; à l'hôtel, il en était quasiment certain, il n'y aurait que des Allemands ; dans le bar, nous serions entourés d'« ennemis », ce qui décuplait l'émotion du match. De manière surprenante, Ingeborg et Hanna ont abondé dans son sens.

Quoique en désaccord, je n'ai pas insisté et peu après nous avons abandonné la terrasse et nous sommes installés à côté de l'appareil de télévision.

C'est comme ça que nous avons fait la connaissance du Loup et de l'Agneau.

Je ne ferai pas la description de l'intérieur du Rincón de los Andaluces ; je dirai seulement que c'était grand, que ça sentait mauvais, et qu'un simple coup d'œil a suffi pour confirmer mes craintes : nous étions les seuls étrangers.

Le public, réparti de manière anarchique en une sorte de croissant devant le téléviseur, était essentiellement composé de jeunes gens, la plupart des hommes, tous avec des têtes de travailleurs qui viennent de finir la journée de labeur et n'ont pas encore eu le temps d'aller se doucher. En hiver, sans doute, la scène n'aurait rien d'étonnant ; en été, c'était désagréable.

Pour accroître la différence entre eux et nous, ceux qui étaient là avaient l'air de se connaître depuis la plus tendre enfance et le prouvaient en se donnant des claques dans le dos, en criant d'un coin à l'autre de la salle, en faisant des plaisanteries peu à peu de plus en plus grossières. Le bruit était assourdissant. Les tables étaient couvertes de bouteilles de bière. Une poignée de jeunes gens jouaient avec un baby-foot délabré et le bruit qu'il produisait, de métal heurté, se détachait sur un fond de brouhaha, comme les coups de feu d'un franc-tireur au milieu d'une bataille rangée d'épées et de couteaux. Notre présence provoquait d'évidence une attente curieuse, qui n'avait que peu ou même rien à voir avec le match. Les regards, avec une plus ou moins grande dissimulation, convergeaient vers Ingeborg et Hanna qui, nul besoin de le dire, avaient l'air, par contraste, de deux princesses de contes de fées, surtout Ingeborg

Charly était aux anges. En réalité, c'était là son univers, il aimait les cris, les plaisanteries de mauvais goût, l'atmosphère lourde de fumée et d'odeurs nauséabondes ; si en plus il pouvait voir jouer notre sélection, c'était mieux encore Mais rien n'est parfait. Juste au moment où l'on nous servait de la sangria pour quatre, nous avons découvert que l'équipe en question était celle d'Allemagne de l'Est. Charly a réagi comme s'il avait reçu un coup de poing au ventre, et son humeur, à partir de ce moment-là, est devenue de plus en plus instable. Sur le moment, il a voulu qu'on parte tout de suite. J'ai eu l'occasion plus tard de vérifier que ses craintes, sans exagération, étaient énormes et absurdes. Parmi ces craintes, celle qui dominait était la suivante : que les Espagnols nous prennent pour des Allemands de l'Est.

Nous avons finalement décidé de partir sitôt après être venus à bout de la sangria. Inutile de dire que nous ne prêtions pas la moindre attention au match, tout occupés que nous étions à rire et à boire. C'est alors que le Loup et l'Agneau se sont installés à notre table.

Comment c'est arrivé, je ne saurais pas le dire.

Simplement, sans aucun prétexte, ils se sont assis avec nous et se sont mis à parler. Ils savaient quelques mots d'anglais, insuffisants à tout point de vue, même s'ils arrivaient à pallier leur carence idiomatique par une énorme capacité mimique. Au début la conversation a suivi les sentiers battus habituels (le travail, le climat, les salaires, etc.) et j'ai servi de traducteur. Ils étaient, ce que j'ai cru comprendre, des guides natifs par vocation, certainement une blague. Ensuite, plus avant dans la soirée et la familiarité aidant, mes connaissances n'ont plus été requises qu'à des moments difficiles. L'alcool opère vraiment des miracles.

Nous avons tous quitté le Rincón de los Andaluces dans la voiture de Charly pour une boîte de nuit en rase campagne, dans les environs de la ville, pas très loin de la route de Barcelone. Les prix étaient assez nettement plus bas que dans la zone touristique, la clientèle était majoritairement constituée de personnes du genre de nos nouveaux amis, et l'atmosphère était festive, teintée de camaraderie, avec cependant un je-ne-sais-quoi de trouble et de sombre, qui n'existe qu'en Espagne et, paradoxalement, n'inspire pas la méfiance. Charly, comme toujours, n'a pas mis longtemps à se soûler. À un certain moment de la nuit, j'ignore comment, nous avons appris que la sélection d'Allemagne de l'Est avait perdu deux à zéro. Je me le rappelle comme quelque chose d'étrange parce que le football ne m'intéresse pas et que le résultat du match a été pour moi comme une inflexion dans la nuit, comme si, à partir de ce moment-là, toute la fête de la boîte avait pu revêtir un aspect différent, devenir un spectacle d'horreur.

Nous sommes revenus à quatre heures du matin.

C'était l'un des Espagnols qui conduisait parce que Charly, sur le siège arrière, la tête hors de la voiture, a passé le trajet à vomir. Et, il faut bien le dire, son état était pitoyable. Une fois que nous sommes arrivés, il m'a pris à part et s'est mis à pleurer. Ingeborg, Hanna et les deux Espagnols nous observaient avec curiosité malgré les signes que j'ai faits pour les éloigner. Charly, entre deux hoquets, m'a avoué qu'il avait peur de mourir ; son discours, de manière générale, est resté inintelligible, même s'il était clair qu'il n'avait aucune raison qui aurait justifié de telles appréhensions. Ensuite, sans transition, il a commencé à rire et à boxer avec l'Agneau. Celui-ci, nettement plus petit et maigre, se contentait de l'esquiver, mais Charly était trop soûl et a perdu l'équilibre, ou s'est laissé tomber exprès. Alors que nous le relevions, l'un des Espagnols a suggéré d'aller prendre un café au Rincón de los Andaluces.

La terrasse du bar, vue depuis le Paseo Maritimo, était enveloppée d'un halo de grotte de voleurs, avait une vague apparence de taverne assoupie au milieu de l'humidité et de la brume du matin. Le Loup a expliqué que, même si ça avait l'air fermé, à l'intérieur, le patron avait l'habitude de regarder des films sur son nouvel appareil vidéo jusqu'au lever du jour. Nous avons décidé de tenter notre chance. Au bout d'un moment, un homme au visage rougeâtre, avec une barbe d'une semaine, a ouvert la porte.

C'est le Loup lui-même qui nous a préparé les cafés. Dans la partie occupée par les tables, il n'y avait que deux personnes en train de regarder la télé, le patron et quelqu'un d'autre, assis à des tables séparées. J'ai mis un moment à reconnaître l'autre individu. C'était le type qui s'occupait des pédalos. Je crois que le plus impressionnant pour moi, lorsque j'ai été totalement certain que c'était bien lui, ça a été la sensation de normalité que donnait la vision de son dos à un spectateur non prévenu.

Sans doute est-ce un je-ne-sais-quoi d'obscur qui m'a poussé à m'asseoir à côté de lui. Sans doute étais-je moi aussi un peu ivre. Le fait est que j'ai pris mon café et me suis installé à sa table. Je n'ai eu le temps que d'échanger deux phrases conventionnelles (je me suis senti soudain gauche et nerveux), avant l'arrivée des autres. Le Loup et l'Agneau, évidemment, le connaissaient. Les présentations ont été faites tout à fait dans les formes.

— Voici Ingeborg, Hanna, Charly et Udo, des amis allemands.

— Voici notre collègue le Brûlé.

J'ai traduit la présentation pour Hanna.

— Comment est-ce qu'ils peuvent l'appeler le Brûlé ? a-t-elle demandé.

— Parce que c'est ce qu'il est. Et puis, on ne l'appelle pas seulement comme ça. Tu peux l'appeler le Baraqué ; les deux surnoms lui vont bien.

— Je crois que c'est un manque atroce de délicatesse, a dit Ingeborg.

Charly, jusqu'alors balbutiant, a dit :

— Ou alors un excès de franchise. Ils n'évitent pas le problème. Pendant la guerre, c'était comme ça, les camarades se disaient les choses telles qu'elles étaient, en toute simplicité, et ça ne signifiait ni mépris ni manque de délicatesse, quoique, bien sûr…

— C'est horrible, a coupé Ingeborg en me regardant d'un air fâché.

Le Loup et l'Agneau ont à peine fait attention à notre échange, occupés qu'ils étaient à expliquer à Hanna qu'un verre de cognac pouvait difficilement aggraver la cuite de Charly. Hanna, entre les deux, avait l'air tantôt dans un état d'extrême excitation et tantôt plongée dans l'angoisse, prise d'une envie de ficher le camp en courant, même si, d'après moi, dans le fond elle ne souhaitait pas beaucoup retourner à l'hôtel. Du moins pas avec Charly, qui en était arrivé au point où il ne pouvait plus que balbutier des paroles incohérentes. Le seul à être sobre était le Brûlé et il nous a regardés comme s'il comprenait l'allemand. Ingeborg, comme moi, l'a remarqué et est devenue nerveuse. C'est une réaction typique d'elle, elle ne supporte pas de faire du mal à quelqu'un involontairement. Mais, en réalité, quel mal pouvait-on lui avoir fait avec notre conversation ?

Plus tard, je lui ai demandé s'il connaissait notre langue, et il a dit que non.

À sept heures du matin, le soleil déjà haut, nous sommes allés nous coucher. La chambre était froide et nous avons fait l'amour. Ensuite, nous nous sommes endormis avec les fenêtres ouvertes et les rideaux tirés. Mais auparavant... nous avons dû traîner jusqu'à l'hôtel Costa Brava Charly qui s'entêtait à reprendre des chansons susurrées par le Loup et l'Agneau (ces derniers riaient comme des fous et tapaient dans leurs mains) ; ensuite, pendant le trajet vers son hôtel, il s'est mis en tête de nager un moment. Contre l'avis de Hanna et le mien, les Espagnols ont été d'accord avec lui et tous les trois ont plongé dans l'eau. La pauvre Hanna a hésité un moment à se tremper elle aussi ou bien à attendre sur le rivage avec nous ; finalement, elle a décidé de rester à nos côtés.

Le Brûlé, qui avait quitté le bar sans que nous nous rendions compte, est arrivé en marchant sur la plage et s'est arrêté à une cinquantaine de mètres de l'endroit où nous étions. Il est resté là, accroupi, à regarder la mer.

Hanna a expliqué qu'elle avait peur qu'il arrive quelque chose de mauvais à Charly. C'était une très bonne nageuse et c'est pourquoi elle pensait que son devoir était de l'accompagner, mais, a-t-elle dit avec un sourire de travers, elle n'avait pas voulu se déshabiller devant nos nouveaux amis.

La mer était lisse comme un tapis. Les trois nageurs s'éloignaient de plus en plus. Bientôt nous n'avons plus été capables de reconnaître qui était qui ; nous ne pouvions plus distinguer les cheveux blonds de Charly des cheveux noirs des Espagnols.

— Celui qui est le plus loin, c'est Charly, a dit Hanna.

Deux des têtes ont commencé à revenir vers la plage. La troisième a continué à avancer vers la haute mer.

— C'est Charly, a dit Hanna

Nous avons dû la dissuader de se déshabiller et d'aller le chercher. Ingeborg m'a lancé un regard comme si j'étais le type le plus qualifié pour une telle entreprise, mais elle n'a rien dit. Je lui en ai su gré. La natation n'est pas mon fort et il était trop loin pour que je puisse le rattraper. Ceux qui revenaient le faisaient avec une extrême lenteur. L'un d'eux se retournait systématiquement après un certain nombre de brassées, comme pour vérifier si Charly n'apparaissait pas derrière lui. Pendant un instant, j'ai pensé à ce que celui-là m'avait dit : peur de la mort. C'était ridicule. À cet instant, j'ai jeté un coup d'œil du côté où se trouvait le Brûlé et je ne l'ai plus vu. À gauche de l'endroit où nous étions, à mi-chemin entre la mer et le Paseo Maritimo, se dressaient les pédalos baignés par une lumière faiblement bleutée, et j'ai su qu'il était à présent là-bas, à l'intérieur de sa forteresse, peut-être dormant, peut-être nous observant, et la seule idée de le savoir caché m'a semblé plus émouvante que l'exhibition de natation qu'était en train de nous imposer cet imbécile de Charly.

Le Loup et l'Agneau sont enfin parvenus au rivage, où ils se sont laissés tomber, l'un à côté de l'autre, épuisés, incapables de se lever. Hanna, sans faire cas de leur nudité à *eux*, a couru dans leur direction puis a commencé à les interroger en allemand. Les Espagnols ont éclaté de rire, fatigués, et lui ont dit qu'ils ne comprenaient rien. Le Loup a essayé de la faire tomber et ensuite lui a envoyé de l'eau. Hanna a fait un bond en arrière (un bond électrique) et s'est caché le visage avec les mains. J'ai pensé qu'elle allait se mettre à pleurer ou à les frapper, mais elle n'a rien fait. Elle est revenue près de nous et s'est assise sur le sable, à côté du petit tas de vêtements que Charly avait éparpillés et qu'elle avait ramassés et pliés laborieusement.

— Fils de pute, l'ai-je entendue murmurer.

Ensuite, après un long soupir, elle s'est levée et a commencé à scruter l'horizon. Charly n'était nulle part. Ingeborg a suggéré d'appeler la police. Je me suis approché des Espagnols et leur ai demandé comment nous pourrions nous mettre en relation avec la police ou avec une équipe de sauvetage du port.

— Pas de police, a dit l'Agneau.

— Il se passe rien, ce type est un rigolo, il reviendra bien. Sûr qu'il veut nous faire une farce.

— Mais appelle pas la police, a insisté l'Agneau.

J'ai appris à Ingeborg et à Hanna que nous ne pouvions pas compter sur les Espagnols au cas où il faudrait demander de l'aide, ce qui, d'autre part, ne laissait pas d'être un peu exagéré. En réalité, Charly pouvait réapparaître à n'importe quel moment.

Les Espagnols se sont rhabillés à toute vitesse et se sont joints à nous. La plage était en train de passer de la couleur bleue à une teinte rougeâtre et, sur le trottoir du Paseo Maritimo, quelques touristes matinaux s'adonnaient au footing. Nous étions tous debout, sauf Hanna qui s'était assise de nouveau à côté du tas de vêtements de Charly et avait les yeux presque fermés, comme si la lumière, de plus en plus forte, lui faisait mal.

C'est l'Agneau qui, le premier, l'a aperçu. Sans soulever l'eau, dans un style cadencé et élégant, Charly était en train d'arriver sur la rive, à une centaine de mètres de là où nous nous trouvions. Les Espagnols ont couru en poussant des cris de joie pour l'accueillir, sans se soucier d'avoir le pantalon trempé. Hanna, au contraire, s'est mise à pleurer dans les bras d'Ingeborg et a dit qu'elle se sentait mal. Charly est sorti de l'eau presque sobre. Il a embrassé Hanna et Ingeborg et serré la main aux autres. La scène avait quelque chose d'irréel.

Nous avons pris congé devant l'hôtel Costa Brava. Pendant que nous nous dirigions, désormais seuls, vers notre hôtel, j'ai vu le Brûlé qui émergeait de dessous les pédalos et ensuite qui commençait à les séparer, se préparant à une nouvelle journée de travail.

Nous nous sommes réveillés à trois heures de l'après-midi passées. Nous avons pris une douche et mangé léger au restaurant de l'hôtel. Assis au comptoir, nous avons contemplé le panorama du Paseo Maritimo à travers les baies teintées. On aurait dit une carte postale. Des vieux installés sur le parapet à côté du trottoir, la moitié d'entre eux avec de petits chapeaux blancs, et des vieilles, les jupes relevées au-dessus des genoux, pour que le soleil lèche leurs cuisses. C'était tout. Nous avons bu un rafraîchissement et sommes montés dans la chambre enfiler nos maillots de bain. Charly et Hanna étaient à l'endroit habituel, à côté des pédalos. L'incident du matin a fourni un sujet de conversation pour un moment : Hanna a dit que lorsqu'elle avait douze ans sa meilleure amie était morte d'un arrêt cardiaque pendant sa baignade ; Charly, complètement remis de sa cuite, a raconté que pendant un certain temps lui et un certain Hans Krebs ont été les champions de la piscine municipale d'Oberhausen. Ils avaient appris à nager dans une rivière et d'après lui quiconque apprend à nager dans cet élément ne peut pas être vaincu par la mer. Dans les rivières, a-t-il dit, il faut nager avec les muscles prêts à réagir et la bouche fermée, surtout si la rivière est radioactive. Il se sentait content d'avoir démontré aux Espagnols sa capacité de résistance. Il a raconté que ceux-ci, à un certain moment, l'avaient supplié de faire demi-tour ; du moins c'est ce que Charly avait cru ; de toute façon, même s'ils lui avaient dit autre chose, au ton de leurs voix il avait compris qu'ils avaient peur. Toi, tu n'as pas eu peur parce que tu étais soûl, a dit Hanna en l'embrassant. Charly a souri, découvrant deux rangées de grandes dents blanches. Non, a-t-il dit, je n'ai pas eu peur parce que je sais nager.

Nous avons vu le Brûlé, c'était inévitable. Il se déplaçait avec lenteur et n'avait pour tout vêtement que des jeans coupés en bermudas. Ingeborg et Hanna ont levé leurs bras et l'ont salué. Il ne s'est pas approché de nous.

— Depuis quand vous êtes copines avec ce type ? a dit Charly.

Le Brûlé a répondu de la même manière et est retourné sur le rivage en traînant un pédalo. Hanna a demandé si c'était vrai qu'on l'appelait le Brûlé. J'ai dit que c'était exact. Charly a dit qu'il se souvenait à peine de lui. Pourquoi il s'est pas mis à la mer avec moi ? Pour la même raison qu'Udo, a dit Ingeborg, parce qu'il n'est pas idiot. Charly a haussé les épaules. (Je crois qu'il adore se faire gronder par les femmes.) Il est probablement meilleur nageur que toi, a dit Hanna. Je le crois pas, a dit Charly, je parierais n'importe quoi. Hanna a fait remarquer alors que la musculature du Brûlé était plus imposante que la nôtre, en réalité, plus que celle de n'importe qui en train de prendre le soleil en ce moment. Un culturiste ? Ingeborg et Hanna se sont mises à rire. Ensuite Charly nous a avoué qu'il n'avait aucun souvenir de la nuit passée. Le voyage de retour de la boîte de nuit, les vomissures, les larmes s'étaient effacés de sa mémoire. En revanche, il en savait plus sur le Loup et l'Agneau que nous tous. L'un des deux travaillait dans un supermarché de la zone des campings et l'autre était serveur dans un bar du vieux quartier. Des gars formidables.

À sept heures du soir, nous avons abandonné la plage et sommes allés boire de la bière à la terrasse du Rincón de los Andaluces. Le patron était derrière le comptoir en train de bavarder avec deux vieux du coin, tous deux de très petite taille, presque des nains. En nous voyant, il nous a salués d'un geste. On était bien là. Une douce brise fraîche soufflait, et, même si les tables étaient toutes occupées, les clients n'en étaient pas encore à totalement s'employer à faire du boucan. C'étaient des gens, comme nous, qui revenaient de la plage et étaient fatigués de nager et de prendre le soleil.

Nous nous sommes quittés sans faire de plan pour la soirée.

Une fois arrivés à l'hôtel, nous avons pris une douche et ensuite Ingeborg a décidé de s'installer dans une chaise longue, d'écrire des cartes postales et de finir de lire le roman de Florian Linden. J'ai passé un certain temps à regarder mon jeu et puis je suis descendu au restaurant prendre une bière. Au bout d'un moment, je suis remonté chercher le cahier et j'ai trouvé Ingeborg endormie, enveloppée dans sa robe de chambre noire, tenant fermement les cartes postales entre la main et la hanche. Je l'ai embrassée et lui ai suggéré de se mettre dans le lit, mais elle n'a pas voulu. Je crois qu'elle avait un peu de fièvre. J'ai décidé de redescendre au bar. Sur la plage, le Brûlé répétait le rituel de tous les soirs. Un par un, les pédalos s'assemblaient de nouveau et l'espèce de cahute prenait forme, s'élevait, si tant est qu'une cahute puisse s'élever. (Une cahute, non ; mais une forteresse, oui.) Sans y penser, j'ai levé un bras et l'ai salué. Il ne m'a pas vu.

J'ai rencontré Frau Else au bar. Elle m'a demandé ce que j'écrivais. Rien d'important, ai-je dit, le brouillon d'un essai. Ah, vous êtes écrivain, a-t-elle dit. Non, non, ai-je répondu, tout rougissant. Pour changer de sujet, j'ai demandé des nouvelles de son mari que je n'avais pas encore eu le plaisir de saluer.

— Il est malade.

Elle l'a dit avec un sourire très doux, tout en me regardant et en promenant ses yeux alentour, comme si elle ne voulait rien perdre de ce qui se passait dans le bar.

— Je le regrette beaucoup.

— Ce n'est rien de grave.

J'ai dit je ne sais plus quoi à propos des maladies estivales, une bêtise, sans doute. Ensuite je me suis levé et lui ai demandé si elle acceptait de prendre un verre avec moi.

— Non, je vous remercie, je suis bien comme ça, et puis j'ai du travail. J'ai toujours du travail !

Mais elle n'a pas bougé.

— Cela fait longtemps que vous n'êtes pas allée en Allemagne ? ai-je dit pour ne pas rester silencieux.

— Non, cher ami, j'y suis restée quelques semaines en janvier.

— Et comment avez-vous trouvé le pays ?

Je me suis rendu compte immédiatement que j'avais dit une sottise et j'ai rougi de nouveau.

— Comme d'habitude.

— Oui, c'est vrai, ai-je murmuré.

Frau Else m'a regardé pour la première fois avec sympathie puis s'en est allée. J'ai vu un serveur l'aborder, puis une cliente et ensuite un couple de vieux, jusqu'au moment où elle a disparu derrière les marches.

25 août

L'amitié de Charly et de Hanna commence à peser comme une dalle. Hier, quand j'ai eu fini l'écriture du journal, alors que je croyais que j'allais passer une soirée tranquille, seul avec Ingeborg, ces deux-là se sont pointés. Il était dix heures du soir ; Ingeborg venait de se réveiller. Je lui ai dit que je préférais rester à l'hôtel mais, après avoir parlé par téléphone avec Hanna (Charly et Hanna étaient à la réception), elle a décidé que le mieux était de sortir. Tout le temps qu'elle a mis à se changer nous l'avons passé à discuter. Lorsque nous sommes descendus, je n'en suis pas revenu de tomber sur le Loup et l'Agneau. Celui-là, accoudé au comptoir, racontait quelque chose à la réceptionniste qui provoquait chez elle un rire sans aucune retenue. Cela m'a déplu profondément : j'ai supposé que c'était elle qui était allée rapporter à Frau Else l'histoire du malentendu de la table, quoique, compte tenu de l'heure et de la possibilité d'un roulement à la réception, il puisse s'agir de quelqu'un d'autre. De toute façon, elle était très jeune et bête : en nous voyant, elle nous a adressé une sorte de sourire complice, comme si elle partageait avec nous un secret. Les autres ont applaudi. C'était le comble.

Nous avons quitté la ville dans la voiture de Charly, à côté de lui il y avait Hanna et le Loup, qui lui indiquait le chemin. Pendant le trajet jusqu'à la boîte de nuit, si on peut nommer ainsi cette espèce d'antre, j'ai vu d'énormes usines de céramique installées de manière rudimentaire sur les bords de la route. En réalité, ce devait être des entrepôts ou des magasins de vente en gros. Ces bâtiments restaient éclairés toute la nuit par des projecteurs pareils à ceux des stades de football et l'automobiliste pouvait voir d'innombrables récipients, poteries, pots de fleurs de toutes les tailles et, çà et là, des sculptures derrière les clôtures. De grossières imitations grecques couvertes de poussière. Du faux artisanat méditerranéen figé dans un instant ni diurne ni nocturne. Dans les cours, je n'ai vu passer que des chiens de garde.

La soirée, dans l'ensemble, a été presque en tous points identique à la précédente. La boîte ne portait pas de nom, mais l'Agneau a dit qu'elle s'appelait Discoteca Trapera ; comme l'autre, elle était conçue davantage pour les gens qui travaillaient dans le coin que pour les touristes ; la musique et l'éclairage étaient lamentables ; Charly a passé son temps à boire et Hanna et Ingeborg ont passé le leur à danser avec les Espagnols. Tout se serait achevé de la même manière, s'il n'y avait pas eu un incident, comme il en arrivait fréquemment dans cette boîte, d'après le Loup, qui nous a conseillés de quitter les lieux en vitesse. Je vais essayer de reconstituer l'histoire : ça commence avec un type qui faisait semblant de danser entre les tables et sur le bord de la piste de danse. Il semble qu'il n'avait pas réglé quelques consommations et qu'il était drogué. Sur ce dernier point, bien sûr, il n'y a aucune certitude. Son signe distinctif, que j'avais remarqué bien avant que n'éclate la bagarre, c'était une baguette d'une épaisseur considérable, brandie d'une main, mais ensuite le Loup avait assuré qu'il s'agissait d'un gourdin en boyau de porc, dont le coup laisse dans la chair une cicatrice pour la vie. De toute façon, l'attitude du pseudo-danseur était provocante et, rapidement, deux serveurs de la boîte, des serveurs par ailleurs sans uniforme ni rien qui les différencie du reste des clients, hormis leurs manières et leurs visages, absolument patibulaires, se sont approchés de lui. Le type à la matraque et eux ont commencé à échanger des paroles qui, peu à peu, sont devenues de plus en plus violentes.

J'ai pu entendre le gars à la matraque dire :

— Mon estoc m'accompagne partout — faisant allusion de cette curieuse façon à son gourdin et en réponse à l'interdiction de l'avoir dans la boîte de nuit.

Le gars de la boîte a répliqué :

— J'ai quelque chose de beaucoup plus *dur* que ton estoc.

Et il y a eu immédiatement une avalanche de gros mots que je n'ai pas compris et pour finir le gars de la boîte a dit :

— Tu veux le voir ?

Le gars à la matraque est resté muet ; j'oserais affirmer qu'il a soudainement pâli.

Alors le serveur a levé son avant-bras, musclé et velu comme celui d'un gorille, et a dit :

— Tu vois ? Ça, c'est plus dur.

Le gars à la matraque a ri moins avec un air de défi que de soulagement, même si je doute que les serveurs aient saisi la nuance, et il a levé son instrument en le saisissant par chaque extrémité et l'a tendu comme un arc. Il avait un rire stupide, un rire d'ivrogne et de pauvre type. À cet instant-là, comme mû par un ressort, le bras que le serveur avait exhibé s'est détendu en avant et s'est saisi de la matraque. Tout s'est passé très vite. Tout de suite, le serveur, en un effort qui l'a rendu rouge, l'a cassée en deux. D'une table voisine se sont élevés des applaudissements.

Avec la même promptitude, le type à la matraque s'est jeté sur le serveur, lui a bloqué le bras dans le dos sans que personne puisse intervenir et, en un clin d'œil, le lui a cassé. Je crois que, malgré la musique qui ne s'était pas arrêtée pendant tout l'incident, j'ai entendu le bruit des os brisés.

Les gens ont commencé à crier. D'abord, il y a eu les hurlements du serveur au bras cassé, ensuite les cris de ceux qui se sont jetés dans une bagarre où, du moins depuis ma table, on ne savait qui était l'allié de qui, et, finalement, les cris généralisés de toute l'assistance, y compris de ceux qui ignoraient même de quoi il retournait.

Nous avons décidé de battre en retraite.

Sur le chemin de retour, nous avons croisé deux voitures de police. Le Loup n'est pas venu avec nous, il avait été impossible de le retrouver dans la confusion de la salle, et l'Agneau, qui nous avait suivis sans protester, se plaignait à présent d'avoir laissé son ami et proposait de faire demi-tour. Charly s'est montré intraitable : s'il voulait retourner à la boîte de nuit, qu'il le fasse en auto-stop.

Nous sommes convenus d'attendre le Loup au Rincón de los Andaluces.

Le bar était encore ouvert lorsque nous sommes arrivés, je veux dire ouvert à tous, la terrasse éclairée et bondée de monde malgré l'heure avancée ; le patron, à la demande de l'Agneau, car la cuisine était, elle, bel et bien fermée, nous a préparé deux poulets que nous avons accompagnés d'une bouteille de vin rouge ; ensuite, comme si nous avions encore faim, nous nous sommes envoyé un grand plat de charcuterie et de petits morceaux de jambon, avec du pain à la tomate et à l'huile. La terrasse était déjà fermée et, à l'intérieur, il ne restait plus que nous et le patron, qui, à ces heures-là, s'adonnait à son passe-temps favori, regarder des vidéos de western, et dîner en prenant son temps, lorsque le Loup est apparu.

En nous voyant, il s'est mis dans une colère terrible et ses récriminations, « vous m'avez abandonné », « vous m'avez oublié », « on peut pas faire confiance aux amis », etc., visaient, de manière surprenante, Charly. L'Agneau, qui était, en toute rigueur, le seul ami qu'il avait là, a adopté une attitude de honte et de soumission muette face aux paroles de son camarade. Et Charly, d'une manière encore plus surprenante, acquiesçait et s'excusait, prenait les choses à la rigolade mais donnait des explications, en un mot il se sentait fier de l'humeur offensée que l'Espagnol exposait avec force gesticulation et mauvais goût. Oui, Charly aimait bien ça ! Peut-être percevait-il dans cette scène une véritable amitié ! C'était à pleurer de rire ! Je dois préciser que le Loup ne m'a pas fait le plus petit reproche et qu'avec les jeunes femmes il a gardé son comportement habituel, à la fois réservé et grossier.

Je crois que j'étais déjà prêt à m'en aller lorsque le Brûlé est entré. Il nous a salués d'un mouvement de la tête et s'est assis au comptoir, en nous tournant le dos. J'ai laissé le Loup finir de raconter les événements de la Discoteca Trapera, en ajoutant probablement des détails de son cru aux coups et blessures et aux arrestations, et je me suis approché de l'endroit où se trouvait le Brûlé. La moitié de sa lèvre supérieure était une croûte informe mais, au bout d'un moment, on s'y habituait. Je lui ai demandé s'il souffrait d'insomnie, et il a souri. Non, il ne souffrait pas d'insomnie, quelques heures de sommeil lui suffisaient pour tenir le coup au travail ; un travail léger et amusant. Il n'était pas très bavard, mais il était tout de même moins silencieux que je l'avais imaginé. Il avait de petites dents, comme si elles avaient été limées, et dans un état désastreux dont, dans mon ignorance, je n'ai pas su attribuer la cause au feu ou simplement à des déficiences de l'hygiène buccale. J'imagine que quelqu'un qui a le visage brûlé ne s'inquiète pas trop de l'état de ses dents.

Il m'a demandé d'où je venais. Il parlait d'une voix sombre et bien timbrée, totalement certain d'être compris. J'ai répondu que j'étais de Stuttgart et il a acquiescé de la tête, comme s'il connaissait la ville, bien que jamais évidemment il n'y ait mis les pieds. Il était habillé de la même façon que pendant la journée, avec un short, une chemisette et des espadrilles. Sa constitution physique était remarquable, le torse et les bras larges, des biceps trop développés, même si, assis au comptoir, en train de prendre un thé !, il avait l'air plus mince que moi. Ou plus timide. C'est vrai qu'en dépit de son habillement sommaire on pouvait observer qu'il se souciait de son apparence, ne serait-ce que dans sa forme la plus simple : il était coiffé et ne sentait pas mauvais. Ce qui, dans un certain sens, était un petit exploit, car, comme il vivait sur la plage, la seule salle de bains à sa portée, c'était la mer. (Si on affinait l'odorat, il sentait l'eau salée.) L'espace de quelques secondes, je l'ai imaginé, jour après jour, ou nuit après nuit, lavant son corps dans la mer, faisant sa lessive (le short, quelques chemisettes), faisant ses besoins dans la mer, ou sur la plage, sur la même plage où plus tard allaient s'étendre des centaines de touristes, et parmi eux Ingeborg… Envahi par une profonde sensation de dégoût, je me suis imaginé en train de dénoncer son comportement de voyou à la police… Mais ce n'est pas moi qui risque de faire ça, évidemment. Cependant, comment expliquer qu'une personne avec un travail payé ne soit pas capable de se trouver un lieu décent où dormir ? Est-ce que par hasard *tous* les loyers de cette ville sont astronomiques ? Il n'y a pas de pensions bon marché ou de campings, même s'ils ne se trouvent pas sur le front de mer ? Ou bien notre ami le Brûlé cherche, en ne payant pas de loyer, à économiser quelques pesetas en prévision de la fin de l'été ?

Il y a quelque chose du Bon Sauvage en lui ; mais je peux aussi voir le Bon Sauvage chez le Loup et l'Agneau, et eux se sont arrangés d'une autre manière. Peut-être que cet abri gratuit signifie en même temps un abri isolé, loin des regards et des gens. S'il en est ainsi, d'une certaine façon, je le comprends. Il y a aussi les bienfaits de la vie à l'air libre, même si sa vie, telle que je l'imagine, n'a que peu à voir avec la vie à l'air libre, synonyme de vie saine, totalement incompatible avec l'humidité de la plage et les sandwichs qui composent, j'en suis sûr, son menu quotidien. Comment vit le Brûlé ? Je sais seulement que pendant la journée il a l'air d'un zombie qui traîne des pédalos du rivage jusqu'au petit espace délimité et de là de nouveau vers le rivage. Rien de plus. Il doit avoir cependant des horaires où il mange et retrouve son patron à un moment ou un autre pour lui remettre la recette. Ce patron que je n'ai jamais vu, sait-il que le Brûlé dort sur la plage ? Sans aller chercher plus loin, le patron du Rincón de los Andaluces, le sait-il ? L'Agneau et le Loup sont-ils au courant du secret, ou suis-je le seul à avoir découvert son abri ? Je n'ose pas le demander.

Le soir, le Brûlé fait ce qu'il veut, ou du moins il essaie. Mais, concrètement, que fait-il, à part dormir ? Il reste jusque tard au Rincón de los Andaluces, se promène sur la plage, a peut-être des amis avec qui il parle, il boit du thé, s'enterre sous ses engins encombrants... Oui, parfois je vois la forteresse de pédalos comme une sorte de mausolée. L'impression de cahute persiste sans doute tant qu'il y a de la lumière ; la nuit, à la lueur de la lune, un esprit exalté pourrait la confondre avec un tumulus barbare.

Il ne s'est rien passé d'autre digne d'être mentionné au cours de la soirée du 24. Nous avons quitté le Rincón de los Andaluces relativement sobres. Le Brûlé et le patron sont restés là ; le premier face à sa tasse de thé vide et l'autre en train de regarder un nouveau western.

Aujourd'hui, comme il fallait s'y attendre, je l'ai vu sur la plage. Ingeborg et Hanna étaient étendues à côté des pédalos et, de l'autre côté, le dos appuyé contre un flotteur en plastique, le Brûlé fixait l'horizon sur lequel se détachaient à peine les silhouettes de quelques-uns de ses clients. À aucun moment il ne s'est retourné pour admirer Ingeborg qui, il faut l'avouer, était à dévorer des yeux. Les deux jeunes femmes étrennaient des tangas neuves, de couleur orange, une couleur vive et joyeuse. Mais le Brûlé a évité de les regarder.

Moi, je ne suis pas allé à la plage. Je suis resté dans la chambre — même si, à tout bout de champ, je sortais sur le balcon ou me penchais à la fenêtre — à examiner mon jeu abandonné. L'amour, on le sait, est une passion exclusive, bien que, dans mon cas, j'espère concilier la passion pour Ingeborg et mon inclination ardente pour les jeux. D'après les plans que j'ai faits à Stuttgart, je devrais déjà avoir la moitié de la variante stratégique conçue et écrite et au moins le brouillon de la communication que je vais présenter à Paris. Cependant, je n'en ai pas écrit le premier mot. Si Conrad me voyait, il se foutrait sans aucun doute de moi. Mais Conrad doit comprendre que je ne peux pas, au cours de mes *premières* vacances avec Ingeborg, la délaisser et me consacrer corps et âme à la variante. Mais je ne désespère cependant pas de l'avoir finie à notre retour en Allemagne.

Au cours de l'après-midi, il est arrivé quelque chose de curieux. J'étais assis dans la chambre lorsque j'ai soudain entendu le son d'un cor. Je ne peux pas l'assurer à cent pour cent mais, tout de même, je suis capable de distinguer le son d'un cor d'un autre son. Ce qui est curieux c'est que j'étais en train de penser, d'une manière vague, c'est vrai, à Sepp Dietrich, qui quelque part a mentionné le cor du danger. De toute façon, je suis convaincu de ne pas l'avoir imaginé. Sepp a affirmé l'avoir entendu en deux occasions et, dans chacune de ces deux occasions, cette musique mystérieuse a eu la vertu de s'imposer à une terrible fatigue physique, la première fois en Russie et la seconde en Normandie. À en croire Sepp, qui a fini par commander une armée, après avoir commencé comme garçon de courses et chauffeur, le cor est l'avertissement des aïeux, la voix du sang qui vous met en garde. Moi, comme je viens de le dire, j'étais assis, divaguant, lorsque d'un coup j'ai cru l'entendre. Je me suis levé et suis sorti sur le balcon. À l'extérieur, seul retentissait le fracas de tous les après-midi ; on n'entendait même pas le bruit de la mer. Dans le couloir, au contraire, régnait un silence boursouflé. Alors, le cor a-t-il sonné dans mon esprit ? A-t-il sonné parce que je pensais à Sepp Dietrich, ou parce qu'il devait m'alerter d'un danger ? Si je me souviens bien, je pensais aussi à Hausser, à Bittrich et à Meindl… Alors, a-t-il sonné pour moi ? Et si c'était le cas, contre quel danger voulait-il me mettre en garde ?

Lorsque je lui ai raconté ce qui précède, Ingeborg m'a conseillé de ne pas rester enfermé dans une chambre aussi longtemps. D'après elle, nous devrions nous inscrire aux cours de jogging et de gymnastique organisés par l'hôtel. Pauvre Ingeborg, elle ne comprend rien. J'ai promis d'en parler à Frau Else. Il y a dix ans, aucun cours d'aucune sorte n'existait ici. Ingeborg a dit qu'elle allait se charger de nous inscrire, qu'il n'était pas nécessaire de poser à Frau Else une question à laquelle la réceptionniste pouvait répondre. Je lui ai dit que j'étais d'accord, qu'elle fasse ce qu'elle pensait utile.

Avant de me mettre au lit, j'ai fait deux choses, à savoir :

1. — J'ai disposé les corps blindés pour l'attaque éclair sur la France.

2. — Je suis sorti sur le balcon et j'ai cherché une lueur qui pourrait indiquer la présence du Brûlé, mais tout était sombre.

26 août

J'ai suivi les recommandations d'Ingeborg aujourd'hui, je suis resté plus longtemps que d'habitude sur la plage. Le résultat est que j'ai les épaules cramoisies par l'abus de soleil et que, l'après-midi, j'ai dû sortir acheter de la crème pour soulager la sensation de brûlure. Évidemment, nous nous sommes placés à côté des pédalos et, comme il n'y avait rien d'autre à faire, j'ai passé mon temps à parler avec le Brûlé. Malgré tout, la journée nous a offert quelques nouvelles. La principale est qu'hier Charly a pris une cuite phénoménale en compagnie du Loup et de l'Agneau. Hanna a dit à Ingeborg, en poussant de profonds gémissements, qu'elle ne savait pas quoi faire, elle le quitte ou elle ne le quitte pas ? Le désir de repartir seule en Allemagne ne l'abandonne jamais ; son fils lui manque ; elle en a marre et elle est fatiguée. Le seul motif de consolation, c'est son bronzage parfait. Ingeborg assure que l'essentiel est de s'assurer si son amour pour Charly est véritable ou ne l'est pas. Hanna ne sait pas quoi répondre. L'autre nouvelle est que le gérant du Costa Brava les a priés de quitter l'hôtel. Il semble que Charly et les

Espagnols ont essayé de frapper le veilleur de nuit. Ingeborg, malgré mes signes discrets, a suggéré qu'ils s'installent au Del Mar. Heureusement, Hanna est décidée à attendre que le gérant réfléchisse sérieusement ou, à défaut, leur rembourse l'argent versé par avance. Je suppose que l'affaire en restera là, au prix de quelques explications et excuses. Ingeborg l'ayant questionné sur l'endroit où elle se trouvait au moment de l'altercation, Hanna répond qu'elle était dans sa chambre, en train de dormir. Charly ne s'est montré sur la plage qu'à midi, très diminué, traînant sa planche de windsurf. Hanna, en le voyant, murmure à l'oreille d'Ingeborg :

— Il est en train de se tuer.

La version de Charly diffère du tout au tout. Par ailleurs, il n'en a rien à faire du gérant et de ses menaces. Il dit, en clignant à demi les paupières, d'un air somnolent, comme s'il venait de tomber du lit :

— On peut aller chez le Loup. Moins cher et plus authentique. Comme ça, tu connaîtras la véritable Espagne.

Et il me fait un clin d'œil.

Ce n'est qu'à moitié une plaisanterie, la mère du Loup loue des chambres pendant l'été, avec ou sans repas, à des prix modiques. Pendant quelques secondes, je crois que Hanna va éclater en sanglots. Ingeborg intervient et la tranquillise. Sur le même ton de plaisanterie, elle demande à Charly si le Loup et l'Agneau ne seraient pas en train de tomber amoureux de lui. Mais la question est sérieuse. Charly rit et dit que non. Ensuite, Hanna, enfin remise d'aplomb, assure que c'est avec elle que le Loup et l'Agneau veulent coucher.

— L'autre soir, ils ont pas arrêté de me tripoter, dit-elle sur un ton où se mêlent étrangement coquetterie et humiliation féminines.

— Parce que tu es jolie, explique Charly posément. Moi aussi, j'essayerais si je te connaissais pas, tu crois pas ?

La conversation bifurque soudainement vers des coins aussi curieux que la Boîte 33 d'Oberhausen et la Compagnie des téléphones. Hanna et Charly commencent à devenir sentimentaux et à se remettre en mémoire des lieux qui, pour eux, ont des connotations romantiques. Au bout d'un moment, cependant, Hanna revient à la charge :

— Tu es en train de te tuer.

Charly met fin aux récriminations en prenant la planche et en s'éloignant vers le large.

Ma conversation avec le Brûlé a tourné, au début, autour de sujets du genre : est-ce qu'on lui avait volé une fois un pédalo, est-ce que le travail est dur, est-ce qu'il ne s'ennuyait pas à passer autant d'heures sur la plage, sous ce soleil implacable, est-ce qu'il avait le temps de manger, est-ce qu'il savait qui étaient, parmi les étrangers, ses meilleurs clients, etc. ? Les réponses, assez peu développées, ont été les suivantes : on lui avait volé deux fois un pédalo, ou plus exactement, on l'avait abandonné à l'autre extrémité de la plage ; le travail n'était pas dur ; il s'ennuyait de temps en temps, pas beaucoup ; il mangeait des sandwichs, comme je l'avais deviné ; il ne savait pas quels nationaux louaient le plus de pédalos. J'ai considéré comme suffisantes les réponses et j'ai supporté les intervalles de silence qui se sont succédé. Il s'agissait, sans aucun doute, d'une personne peu habituée au dialogue et, comme j'ai pu le juger à son regard fuyant, assez méfiante. À quelques pas, les corps d'Ingeborg et de Hanna absorbaient, luisants, les rayons du soleil. Je lui ai dit, à l'improviste, que j'aurais préféré ne pas quitter l'hôtel. Il m'a jeté un regard dépourvu de curiosité et a continué à fixer l'horizon où ses pédalos se confondaient avec les pédalos des autres loueurs. Au loin, j'ai remarqué un véliplanchiste qui perdait l'équilibre sans cesse. À la couleur de la voile, je me suis rendu compte que ce n'était pas Charly. J'ai dit que mon truc, c'était la montagne, pas la mer. J'aimais la mer, mais j'aimais plus la montagne. Le Brûlé n'a fait aucun commentaire.

Nous sommes restés silencieux un nouveau moment. Je sentais que le soleil me grillait les épaules, mais je n'ai pas bougé ni rien fait pour me protéger. De profil, le Brûlé paraissait autre. Je ne veux pas dire que, de cette manière, il aurait été moins défiguré (de fait, il m'offrait son profil *le plus* défiguré), mais que simplement il paraissait autre. Plus lointain. Pareil à un buste en pierre ponce encadré par des cheveux épais et sombres.

J'ignore quelle impulsion m'a poussé à lui avouer que j'essayais d'être écrivain. Le Brûlé s'est retourné et après avoir hésité a dit que c'était une profession intéressante. Je le lui ai fait répéter, parce que au début j'ai cru mal comprendre.

— Mais pas de romans ni de pièces de théâtre, ai-je spécifié.

Le Brûlé a entrouvert les lèvres et a dit quelque chose que je n'ai pas pu entendre.

— Quoi ?

— Poète ?

Sous ses cicatrices, il m'a semblé voir une espèce de sourire monstrueux. J'ai pensé que le soleil était en train de m'abrutir.

— Non, non, évidemment, pas poète.

J'ai précisé, puisque j'avais prêté le flanc à cette interprétation, que je ne méprisais en aucune manière la poésie. J'aurais pu réciter de mémoire des vers de Klopstock ou de Schiller ; mais écrire des vers à notre époque, si ce n'était pas pour l'aimée, c'était assez inutile, est-ce qu'il ne voyait pas ça comme ça ?

— Ou grotesque, a dit le pauvre malheureux, acquiesçant de la tête.

Comment quelqu'un d'aussi difforme pouvait considérer quelque chose comme grotesque, sans se sentir immédiatement visé ? Mystère. Quoi qu'il en soit, la sensation que le Brûlé souriait sous cape est allée en augmentant. C'étaient peut-être ses yeux qui trahissaient cette ombre de sourire. Il me regardait rarement, mais lorsqu'il le faisait, je découvrais dans son regard un éclat de jubilation et de force.

— Écrivain spécialisé, ai-je dit. Essayiste créatif.

Et, séance tenante, je lui ai brossé à grands traits un panorama du monde des *wargames*, avec les revues, les compétitions, les clubs locaux, etc. À Barcelone, ai-je expliqué, il y avait, par exemple, deux associations qui fonctionnaient, et même si je n'étais pas au courant de l'existence d'une fédération, les joueurs espagnols commençaient à être assez actifs sur le terrain des compétitions européennes. À Paris, j'en avais rencontré deux.

— C'est un sport qui a le vent en poupe, ai-je affirmé.

Le Brûlé a médité mes paroles, ensuite il s'est levé pour réceptionner un pédalo qui arrivait sur le rivage ; il l'a remonté sans peine jusqu'à l'endroit délimité.

— Une fois, j'ai lu quelque chose sur des gens qui jouaient avec des petits soldats de plomb, a-t-il dit. Je crois que ça fait pas longtemps, au début de l'été...

— Oui, c'est plus ou moins la même chose. Comme le rugby et le football américain. Mais moi les petits soldats de plomb, ça ne m'intéresse pas trop, même s'ils ne sont pas mal... jolis... artistiques... (J'ai ri.) Je préfère les jeux de plateau.

— Toi, tu écris sur quoi ?

— Sur n'importe quoi. Donne-moi une guerre ou la campagne que tu veux, et moi je te dirai comment on peut gagner ou perdre, quelles erreurs il y a dans le jeu, où le concepteur a réussi et où il a foiré, quelles sont les erreurs du développement, quelle est l'échelle correcte, quel est l'ordre de bataille original...

Le Brûlé regarde l'horizon. Avec le gros orteil, il creuse un petit trou dans le sable. Derrière nous, Hanna s'est endormie et Ingeborg lit les dernières pages de Florian Linden ; comme nos regards se rencontrent, elle me sourit et m'envoie un baiser.

Pendant un moment, je me demande si le Brûlé a une petite amie. Ou s'il en a eu une.

Quelle fille peut être capable d'embrasser ce masque horrible ? Mais, je le sais bien, il y a des femmes pour tout.

Au bout d'un moment :

— Tu dois t'amuser beaucoup, a-t-il dit.

Sa voix m'est parvenue comme de loin. La lumière rebondissait sur la surface de la mer, formant une espèce de muraille qui s'élevait et finissait par toucher les nuages. Ceux-ci, gros, lourds, couleur de lait sale, se déplaçaient à peine en direction des rochers du nord. Sous les nuages, un parachutiste s'approchait de la plage, traîné par un canot à moteur. J'ai dit que j'avais un peu le tournis. Ce doit être le travail en suspens, ai-je dit, les nerfs me torturent jusqu'à ce que je mette le point final. J'ai précisé comme j'ai pu qu'être un écrivain spécialisé nécessitait le montage d'un dispositif compliqué et encombrant. (C'est la plus grande qualité qu'en leur faveur les joueurs de *wargames* sur ordinateur mettent en avant : économie d'espace et de temps.) J'ai avoué que dans ma chambre d'hôtel, depuis des jours, un jeu énorme était déplié et qu'en réalité je devrais être en train de travailler.

— J'ai promis de remettre l'essai début septembre, et tu vois, je suis là à me la couler douce.

Le Brûlé n'a fait aucun commentaire. J'ai ajouté que c'était pour une revue américaine.

— C'est une variante inimaginable. Personne n'en a eu l'idée.

Le soleil avait peut-être fini par me plonger dans un certain état d'exaltation. À ma décharge, je dois dire que, depuis mon départ de Stuttgart, je n'avais eu l'occasion de parler de *wargames* avec personne. Un joueur me comprendrait sûrement. Pour nous, c'est un plaisir de parler de jeux. Même si, je le reconnais, de tous les interlocuteurs que j'ai pu trouver, j'ai choisi le plus singulier.

Le Brûlé a eu l'air de comprendre qu'à mesure que j'écrivais je devais continuer à jouer.

— Mais, comme ça, tu vas gagner toujours, a-t-il dit, en me montrant sa denture en piteux état.

— Pas du tout. Si on joue seul, il n'y a pas moyen de tromper l'ennemi avec des stratagèmes ou des feintes. Toutes les cartes sont sur la table ; si ma variante fonctionne, c'est parce que mathématiquement il ne pouvait pas en être autrement. Entre parenthèses, je l'ai déjà essayée deux fois et, à chaque occasion, j'ai gagné, mais il faut la polir, et c'est pour ça que je joue seul.

— Tu dois écrire très lentement, a-t-il dit.

— Non, ai-je dit en riant, j'écris à la vitesse de l'éclair. Je joue très lentement, mais j'écris très vite. On dit que je suis très nerveux, et ce n'est pas vrai ; on le dit à cause de mon écriture. Je ne fais pas de halte !

— Moi aussi, j'écris très vite, a murmuré le Brûlé.

— Oui, je le supposais, ai-je dit.

Mes propres paroles m'ont surpris. En réalité, je ne m'attendais même pas à ce que le Brûlé *sache* écrire. Mais lorsqu'il l'a dit, ou peut-être avant, lorsque je l'ai affirmé à mon propos, j'ai eu l'intuition que lui aussi devait avoir une calligraphie rapide. Nous nous sommes regardés sans rien dire pendant quelques secondes. Il était difficile de fixer longtemps son visage, même si, peu à peu, je m'habituais. Le sourire secret du Brûlé était toujours là, tapi, plein de moquerie peut-être envers moi et envers notre particularité tout récemment découverte. Je me sentais de moins en moins bien. Je ne comprenais pas comment le Brûlé pouvait résister à autant de soleil. Sa chair rugueuse, couverte de plis roussis, acquérait par moments des teintes bleues de cuisine au gaz ou d'un noir jaunâtre, sur le point de crever. Il était cependant capable de rester assis sur le sable, les mains sur les genoux, les yeux rivés sur la mer, sans laisser transparaître la moindre gêne. En un mouvement inhabituel chez lui, d'ordinaire très réservé, il m'a demandé si je voulais l'aider à tirer hors de l'eau un pédalo qui venait d'arriver. À moitié sonné, j'ai acquiescé. Le couple sur la machine, des Italiens, était incapable de manœuvrer jusqu'au rivage. Nous sommes entrés dans l'eau et avons poussé l'engin doucement. Les Italiens, assis, plaisantaient et faisaient semblant de tomber à l'eau. Ils ont sauté du pédalo avant d'arriver au rivage. Je me suis senti bien, lorsque je les ai vus s'éloigner, évitant les corps, main dans la main, en direction du Paseo Maritimo. Après avoir rangé le pédalo, le Brûlé a dit que je devrais nager un moment.

— Pourquoi ?

— Le soleil est en train de te faire péter les plombs, a-t-il assuré.

J'ai ri puis je l'ai invité à aller à la mer avec moi.

Nous avons nagé un moment, uniquement occupés à avancer, jusqu'à dépasser la première frange de baigneurs. Nous avons fait alors face à la plage : de là, à côté du Brûlé, la plage et les gens entassés avaient l'air différents.

Lorsque nous avons été de retour, il m'a conseillé, avec une drôle de voix, de me badigeonner la peau d'huile de noix de coco.

— De l'huile de noix de coco et de l'obscurité, a-t-il murmuré.

J'ai réveillé avec une brusquerie préméditée Ingeborg et nous sommes partis.

J'ai eu de la fièvre cet après-midi. Je l'ai dit à Ingeborg. Elle ne m'a pas cru. Lorsque je lui ai montré mes épaules, elle m'a dit de les recouvrir d'une serviette mouillée ou de prendre une douche froide. Hanna l'attendait, et elle paraissait pressée de me laisser seul.

J'ai fixé le jeu pendant un moment, sans envie de faire quoi que ce soit ; la lumière me faisait mal et le bourdonnement de l'hôtel m'assoupissait peu à peu. Non sans effort, je suis sorti et j'ai cherché une pharmacie. Sous un soleil épouvantable, j'ai erré dans les vieilles rues de l'intérieur de la ville. Je n'ai pas souvenir d'avoir croisé des touristes. En réalité, je n'ai pas souvenir d'avoir vu qui que ce soit. Deux chiens endormis ; la jeune femme qui s'est occupée de moi à la pharmacie ; un vieillard assis à l'ombre d'un pas de porte. Sur le Paseo Maritimo, en revanche, les gens se pressaient les uns contre les autres, au point qu'il était impossible d'avancer sans jouer des coudes et sans les bousculer. À proximité du port, on avait installé un petit parc d'attractions, et c'est là qu'ils étaient tous, hypnotisés. On aurait dit un truc de fous. De minuscules stands de vente ambulante, que le flot humain menaçait d'écraser à tout moment, proliféraient. Comme j'ai pu, je me suis perdu de nouveau dans les rues du centre historique et, en faisant un détour, je suis revenu à l'hôtel.

Je me suis déshabillé, j'ai baissé les persiennes et badigeonné mon corps de crème. J'étais brûlant.

Étendu sur le lit, sans lumière mais les yeux ouverts, j'ai essayé de penser aux événements des derniers jours avant de m'endormir. Ensuite, j'ai rêvé que je n'avais plus de fièvre et que j'étais avec Ingeborg dans cette même chambre, sur le lit, chacun en train de lire un livre, mais en même temps très unis, je veux dire : tous les deux certains que nous étions ensemble même si nous restions absorbés dans nos lectures respectives, tous les deux sachant que nous nous aimions. Alors quelqu'un *grattait* à la porte et, au bout d'un moment, nous entendions une voix de l'autre côté qui disait : « Je suis Florian Linden, sortez vite, votre vie court un grand danger. » Ingeborg lâchait son livre immédiatement (le livre tombait sur le tapis et perdait sa reliure) et fixait la porte. Moi, de mon côté, je bougeais à peine. En vérité, je me sentais si bien là, avec la peau si fraîche, que je pensais que ça ne valait pas la peine d'avoir peur. « Votre vie est en danger », répétait la voix de Florian Linden, de plus en plus lointaine, comme s'il parlait du fond du couloir. Et, en effet, nous entendions ensuite le bruit de l'ascenseur, les portes qui s'ouvraient avec un claquement métallique, puis qui se refermaient, emportant Florian Linden vers le rez-de-chaussée. « Il est allé à la plage ou au parc d'attractions, disait Ingeborg en s'habillant à toute vitesse, je dois le trouver, attends-moi ici, je dois parler avec lui. » Évidemment, je n'émettais aucune objection. Mais, une fois seul, je ne pouvais pas continuer à lire. « Comment quelqu'un peut-il courir un danger enfermé dans cette chambre ? me demandais-je à haute voix. Qu'est-ce qu'il cherche, ce détective à la gomme ? » De plus en plus excité, je m'approchais de la fenêtre et regardait la plage, espérant voir Ingeborg et Florian Linden. Le soir tombait, et, sous des nuages rouges et une lune couleur d'assiette de lentilles en ébullition, il n'y avait là-bas que le Brûlé, rangeant ses pédalos, habillé seulement de son short, indifférent à tout ce qui l'entourait, c'est-à-dire indifférent à la mer et à la plage, au parapet du Paseo et aux ombres des hôtels. L'espace d'un instant, la peur m'a dominé ; j'ai su que là-bas se trouvaient le danger et la mort. Je me suis réveillé en sueur. La fièvre avait disparu.

27 août

Ce matin, après avoir réalisé et pris en note les deux premiers coups, au cours desquels sont réduits en charpie les essais de Benjamin Clark (*Waterloo*, n° 14) et de Jack Corso (*The General*, n° 3, vol. 17), où tous deux déconseillent la création de plus d'un front pendant la première année, je suis descendu au bar de l'hôtel, le moral dans un état excellent, le corps brûlant de désirs de lire, d'écrire, de nager, de boire, de rire, bref, de tout ce qui est un signe visible de santé et de joie vitale. Le matin, d'ordinaire, il n'y a pas grand monde au bar, c'est pourquoi j'ai emporté un roman et la chemise avec les photocopies des articles indispensables à mon travail. Le roman était *Wally, die Zweiflerin*, de K. G., mais, peut-être à cause de mon excitation intérieure, de la joie d'avoir eu une matinée fructueuse, je n'ai pas pu me concentrer ni sur la lecture ni sur l'étude des articles que, il faut bien le dire, je projette de réfuter. Donc, j'ai passé mon temps à observer le va-et-vient des gens entre le restaurant et la terrasse, et à savourer ma bière. Alors que je me disposais à remonter dans la chambre, où, avec un peu de chance, je pouvais laisser esquissé le brouillon du troisième coup (printemps 40, sans doute l'un des plus importants), est apparue Frau Else. Elle a souri en me voyant. Ça a été un drôle de sourire. Ensuite, elle a quitté des clients, les laissant, dirais-je, avec les mots sur les lèvres, et est venue s'asseoir à ma table.

Elle avait l'air fatiguée, mais cela n'altérait en rien son visage aux traits réguliers, son regard lumineux.

— Je ne l'ai jamais lu, a-t-elle dit en examinant le livre. Je ne connais même pas l'auteur. Un contemporain ?

J'ai fait non en souriant ; je lui ai dit qu'il s'agissait d'un auteur du siècle dernier. Un mort. Pendant quelques instants, nous nous sommes fixés les yeux dans les yeux, sans que notre regard dévie, sans qu'aucune parole vienne adoucir celui-ci

— Quel est son sujet ? Racontez-le-moi.

Elle a montré le roman de G.

— Si vous voulez, je peux vous le prêter.

— Je n'ai pas le temps de lire. Pas en été. Mais vous pouvez me le raconter.

Sa voix, tout en restant très douce, a peu à peu pris un ton impératif.

— C'est le journal d'une jeune femme. Wally. À la fin, elle se suicide.

— Et c'est tout ? Quelle horreur.

J'ai ri.

— Vous m'avez demandé un résumé. Prenez, vous le rendrez quand vous voudrez.

Elle a saisi le livre avec une expression songeuse.

— Les gamines aiment écrire dans leurs journaux... Je hais ces drames... Non, je ne le lirai pas. Vous n'avez rien de plus joyeux ?

Elle a ouvert la chemise et a regardé les photocopies des articles.

— Ça, c'est complètement autre chose, me suis-je empressé de préciser. Ça n'a aucune importance !

— C'est ce que je vois. Vous lisez l'anglais ?

— Oui.

Elle a fait un mouvement de la tête, comme si elle disait que c'était très bien. Ensuite, elle a refermé la chemise et nous sommes restés un moment sans rien nous dire. La situation, du moins pour moi, était un peu embarrassante. Le plus extraordinaire, ça a été qu'elle ne semblait pas pressée de s'en aller. J'ai cherché mentalement un sujet pour entamer une conversation, mais je n'ai rien trouvé.

Soudain m'est revenue en mémoire une scène d'il y a dix ou onze ans : au beau milieu d'une fête en l'honneur de je ne sais plus qui, Frau Else s'écartait de la foule puis, après avoir traversé le Paseo Maritimo, se perdait sur la plage. En ce temps-là, il n'y avait pas ces lampadaires que l'on voit maintenant sur le Paseo et il suffisait de faire deux pas pour pénétrer dans une zone d'obscurité totale. J'ignore si quelqu'un s'est aperçu de sa fuite, je crois que non, la fête était bruyante et tout le monde buvait et dansait sur la terrasse, même des piétons qui ne faisaient que passer par là et n'étaient pas de l'hôtel. Ce qui est sûr, c'est qu'elle ne manqua à personne, sauf moi. Je ne sais pas combien de temps s'écoula jusqu'à sa réapparition ; un bon moment, j'imagine. Lorsqu'elle réapparut, elle n'était pas seule. À son côté, main dans la sienne, se tenait un homme élancé et très mince, avec une chemise blanche qui flottait dans la brise, comme si, à l'intérieur, il n'y avait eu que des os, ou plutôt *un seul os*, long comme le mât d'un drapeau. Lorsqu'ils traversèrent le Paseo, je le reconnus, c'était le patron de l'hôtel, l'époux de Frau Else. Celle-ci, en passant auprès de moi, me salua de quelques mots en allemand. Je n'avais jamais vu de sourire aussi triste.

À présent, dix ans après, elle souriait de la même façon.

Sans y réfléchir à deux fois, je lui ai dit que pour moi elle était une femme magnifique.

Frau Else m'a regardé comme si elle ne saisissait pas complètement puis s'est mise à rire, mais très bas, de telle sorte que quelqu'un assis à une table voisine l'aurait difficilement entendue.

— C'est la vérité, ai-je dit.

La peur du ridicule que je ressentais d'ordinaire chaque fois que je me trouvais avec elle avait disparu.

Tout à coup, l'air sérieux, comme si elle comprenait que moi aussi je parlais sérieusement, elle a dit :

— Vous n'êtes pas le seul à le penser, Udo ; c'est que sûrement je dois l'être.

— Vous l'avez toujours été, ai-je dit, à présent lancé, bien que je ne fasse pas référence à votre beauté physique, qui crève les yeux, mais à votre... halo ; l'aura qui émane de vos actes les plus insignifiants... Vos silences...

Frau Else a ri, cette fois ouvertement, comme si elle venait d'entendre une blague.

— Pardonnez-moi, a-t-elle dit. Ce n'est pas de vous que je ris.

— Pas de moi, mais de mes paroles, ai-je dit, en riant aussi, pas du tout vexé. (Mais en vérité, j'étais bien un peu vexé.)

Cette attitude a semblé plaire à Frau Else. J'ai pensé que j'avais touché sans le faire exprès une blessure cachée. J'ai imaginé Frau Else courtisée par un Espagnol, peut-être embarquée dans une relation secrète. Le mari, sans doute, la soupçonnait et en souffrait ; elle, incapable d'abandonner l'amant, ne trouvait pas non plus de forces pour se décider à quitter l'époux. Prisonnière de deux fidélités, elle rendait sa beauté responsable de ses tribulations. J'ai vu Frau Else comme une flamme, la flamme qui nous éclaire même si ce faisant elle se consume et meurt, etc. ; ou comme un vin qui, en se diluant dans notre sang, disparaît en tant que tel. Magnifique et distante. Et *exilée*... Cette dernière qualité, la plus mystérieuse.

Sa voix m'a tiré de mes réflexions.

— Vous avez l'air d'être très loin d'ici.

— Je pensais à vous.

— Mon Dieu, Udo, vous allez finir par me faire rougir.

— Je pensais à la personne que vous étiez il y a dix ans. Vous n'avez changé en rien.

— J'étais comment il y a dix ans ?

— Comme maintenant. Magnétique. Active.

— Active, d'accord, comment faire autrement ? Mais magnétique ?

Son rire de bonne camarade a de nouveau résonné dans le restaurant.

— Oui, magnétique ; vous vous souvenez de cette fête sur la terrasse, lorsque vous êtes partie vers la plage ?... La plage était noire comme la gueule d'un loup, bien qu'il y ait eu beaucoup de lumières sur la terrasse. J'ai été le seul à m'être rendu compte de votre départ, et j'ai attendu votre retour. Là-bas, sur ces marches. Au bout d'un moment, vous êtes revenue, mais pas seule, accompagnée de votre époux. En passant à côté de moi, vous m'avez souri. Vous étiez très belle. Je ne me souviens pas d'avoir vu votre époux sortir après vous, j'en ai déduit qu'il se trouvait déjà sur la plage. C'est à ce genre de magnétisme que je fais référence. Vous attirez les gens.

— Cher Udo, je n'ai pas le moindre souvenir de cette fête ; il y en a eu tellement et tellement de temps a passé. De toute façon, dans votre histoire, celle qui semble attirée, c'est moi. Attirée par mon mari, ni plus ni moins. Si vous affirmez que vous ne l'avez pas vu partir, cela signifie qu'il était déjà sur la plage, mais si, comme vous le dites, et sur ce point je vous donne raison, la plage était plongée dans l'obscurité, je ne pouvais pas savoir qu'il se trouvait là, donc, en m'éloignant sur la plage, je l'ai fait attirée par *son* magnétisme, vous ne le voyez pas comme ça ?

Je n'ai pas répondu. Entre nous deux s'était établi un courant de compréhension qui, même si Frau Else essayait de le détruire, nous dispensait d'avoir à donner des explications.

— Quel âge aviez-vous alors ? C'est normal qu'un garçon d'une quinzaine d'années se sente attiré par une femme un peu plus âgée. La vérité, c'est que je me souviens à peine de vous, Udo. Mes... intérêts me portaient vers d'autres directions. Je crois que j'étais une jeune femme un peu folle ; un peu folle comme toutes les jeunes femmes, et pas très sûre d'elle-même. Je n'aimais pas l'hôtel. Évidemment, j'ai beaucoup souffert. Enfin, au début, toutes les étrangères souffrent beaucoup.

— Pour moi, ça a été quelque chose de... joli.

— Ne faites pas cette tête.
— Quelle tête ?
— Une tête de morse bastonné, Udo.
— C'est ce que me dit Ingeborg.
— Vraiment ? Je ne le crois pas.
— Non, elle emploie d'autres mots. Mais ça y ressemble.
— C'est une fille très belle.
— Oui, c'est vrai qu'elle l'est.

Nous sommes redevenus silencieux soudain. Les doigts de sa main gauche se sont mis à tambouriner sur la surface en plastique de la table. J'aurais désiré demander des nouvelles de son mari, que je n'avais pas encore vu, même de loin, et dont j'avais l'intuition qu'il jouait un rôle important dans ce qui, innommable, émanait de Frau Else, mais je n'en ai plus eu l'occasion.

— Pourquoi ne changeons-nous pas de sujet ? Parlons de littérature. Ou, plutôt, parlez de littérature et moi j'écouterai. Je n'y connais rien en livres, mais j'aime lire, croyez-moi.

J'ai eu la sensation qu'elle se moquait de moi. De la tête, j'ai fait un mouvement de refus. Les yeux de Frau Else paraissaient fouiller sous ma peau. Je pourrais même assurer que ses yeux cherchaient les miens comme si, en m'examinant, elle avait pu lire dans mes plus intimes pensées. Cette attitude, cependant, s'appuyait sur quelque chose de semblable à l'amabilité.

— Parlons alors de cinéma. Vous aimez le cinéma ? (J'ai haussé les épaules.) Ce soir, il y a à la télé un film avec Judy Garland. J'adore Judy Garland. Vous l'aimez ?
— Je ne sais pas. Je n'ai jamais rien vu d'elle.
— Vous n'avez pas vu *Le Magicien d'Oz* ?

— Oui, mais c'étaient des dessins animés, si je me souviens bien, c'étaient des dessins animés.

Elle a eu une expression de découragement. De l'un des angles du restaurant coulait une musique très douce. Nous étions tous deux en sueur.

— On ne peut pas comparer, a dit Frau Else. Bien que j'imagine que le soir vous et votre amie avez mieux à faire que de descendre regarder la télévision dans le salon de l'hôtel.

— Pas beaucoup mieux. Nous sortons en boîte. Au bout du compte, c'est ennuyeux.

— Vous dansez bien ? Oui, je crois que vous devez être un bon danseur. Du genre sérieux et infatigable.

— C'est-à-dire ?

— Des danseurs que rien ne trouble, disposés à arriver peu importe où.

— Non, je ne suis pas de ce genre-là.

— Quel est votre style, alors ?

— Plutôt balourd.

Frau Else a acquiescé avec une expression énigmatique, signe qu'elle compatissait. Le restaurant, sans que nous nous en soyons aperçus, se remplissait de gens de retour de la plage. Dans la salle contiguë, il y avait déjà des hôtes assis à table, prêts à manger. J'ai pensé qu'Ingeborg n'allait pas tarder à arriver.

— Je n'y vais plus aussi souvent ; lorsque je suis arrivée en Espagne, je dansais avec mon mari presque tous les soirs. Toujours dans le même local, parce qu'en ces temps-là il n'y avait pas autant de discothèques et en plus c'était cette boîte-là la plus moderne. Non, elle n'était pas ici, elle se trouvait à X. C'était la seule boîte de nuit qui plaisait à mon mari. Peut-être justement parce qu'elle était en dehors de la ville. Elle n'existe plus. Ça fait des années qu'elle est fermée.

J'en ai profité pour lui raconter les incidents de notre dernier passage en boîte. Frau Else a écouté les détails sans se troubler même lorsque je lui ai fait un récit circonstancié de l'altercation entre le serveur et le type à la matraque qui avait fini en bagarre générale. Elle a semblé plus intéressée par l'épisode se rapportant à nos accompagnateurs espagnols, le Loup et l'Agneau. J'ai pensé qu'elle les connaissait ou qu'elle en avait entendu parler et je le lui ai dit. Non, elle ne les connaissait pas, mais ils pouvaient bien ne pas être les meilleurs compagnons d'un jeune couple en vacances ensemble pour la première fois, comme qui dirait en lune de miel. Mais de quelle manière pouvaient-ils interférer ? Sur le visage de Frau Else s'est reflétée une expression d'inquiétude. Savait-elle, peut-être, quelque chose que j'ignorais ? Je lui ai dit que le Loup et l'Agneau étaient plus des amis de Charly et Hanna que les miens, et qu'à Stuttgart je connaissais des personnages à l'allure infiniment pire. Évidemment, je mentais. Je lui ai assuré, finalement, que les Espagnols m'intéressaient uniquement dans la mesure où je pouvais pratiquer la langue.

— Vous devez penser à votre amie, a-t-elle dit. Vous devez être attentionné avec elle.

Sur sa figure s'est dessiné quelque chose qui ressemblait au dégoût.

— Ne vous en faites pas, il ne nous arrivera rien. Je suis quelqu'un de prudent et je sais très bien jusqu'où aller selon les individus. D'autre part, Ingeborg trouve ces relations sympathiques. Je suppose qu'elle n'a pas souvent affaire à des types de ce genre. Ça va sans dire que ni elle ni moi les prenons au sérieux.

— Mais ils sont réels.

J'ai été sur le point de lui dire qu'en ce moment tout me paraissait irréel : le Loup et l'Agneau, l'hôtel et l'été, le Brûlé, que je n'avais pas mentionné, et les touristes ; tout sauf elle, Frau Else, magnétique et solitaire ; mais heureusement je me suis tu. Très certainement, elle n'aurait pas apprécié.

Nous sommes restés quelques instants de plus sans rien nous dire, bien que, dans ce silence, je me sois senti plus proche d'elle que jamais. Ensuite, avec un effort visible, elle s'est levée, m'*a tendu la main* et s'en est allée.

Alors que je rejoignais ma chambre, dans l'ascenseur, un inconnu a déclaré en anglais que le patron était malade. « C'est triste que le patron soit malade, Lucy », ont été ses paroles. J'ai su, sans l'ombre d'un doute, qu'il parlait du mari de Frau Else.

Arrivé dans ma chambre, je me suis surpris à répéter : il est malade, il est malade, il est malade... Donc, c'était vrai. Sur la carte, les pions semblaient se dissoudre. Le soleil tombait obliquement sur la table et les compteurs représentant des unités blindées allemandes étincelaient comme s'ils étaient vivants.

Aujourd'hui, à midi nous avons mangé du poulet avec des frites, une glace au café et bu un café. Un repas plutôt triste. (Hier, c'étaient des escalopes panées et de la salade, de la glace au chocolat et un café.) Ingeborg m'a raconté qu'elle avait été avec Hanna au Jardin municipal, qui se trouve derrière le port, entre deux masses de rochers escarpés plongeant directement dans la mer. Elles ont pris beaucoup de photos, acheté des cartes postales et décidé de revenir à pied en ville. Toute une matinée. De mon côté, j'ai à peine parlé. La rumeur de la salle à manger me montait à la tête et provoquait en moi un léger mais persistant tournis. Peu avant que nous finissions de manger, Hanna est apparue, portant seulement un bikini et un tee-shirt jaune. En s'asseyant, elle m'a adressé un sourire un peu forcé, comme si elle s'excusait de quelque chose, ou qu'elle se sentait honteuse. De quoi, je n'arrive pas à le savoir. Elle a pris un café avec nous et n'a presque pas parlé. La vérité, c'est que je n'ai pas du tout apprécié son apparition, même si j'ai veillé à n'en laisser rien paraître. Nous sommes finalement montés tous les trois dans la chambre, où Ingeborg a mis son maillot de bain et ensuite toutes les deux sont parties pour la plage.

Hanna a demandé : « Pourquoi Udo reste autant de temps enfermé ? » Et, après une pause : « Qu'est-ce que c'est ce plateau couvert de pions qu'il y a sur la table ? » Ingeborg a tardé à trouver une réponse ; troublée, elle m'a regardé comme si j'étais coupable de la stupide curiosité de son amie. Hanna attendait. D'une voix calme et froide, qui m'a même déconcerté, je lui ai expliqué que vu l'état de mes épaules je préférais pour le moment rester à l'ombre et lire sur le balcon. Ça calme, ai-je affirmé, tu devrais essayer. Ça aide à penser. Hanna a ri, pas très certaine du sens de mes paroles. Ensuite j'ai ajouté :

— Ce plateau, comme tu peux le constater, est la carte de l'Europe. C'est un jeu. C'est aussi un défi. Et c'est une partie de mon travail.

Interloquée, Hanna a balbutié qu'elle avait entendu dire que je travaillais à la Compagnie d'électricité de Stuttgart, et j'ai donc dû lui expliquer clairement que, bien que la presque totalité de mes revenus provienne de la Compagnie d'Électricité, ni ma vocation ni une partie considérable de mes heures ne lui étaient dédiées ; mieux : une petite quantité d'argent supplémentaire provenait de jeux comme celui qui était sur la table. Je ne sais pas si c'est la mention de l'argent ou l'éclat du plateau et des pions, mais Hanna s'est approchée et, très sérieusement, a commencé à me poser des questions au sujet de la carte. C'était le moment idéal pour l'initier au jeu... C'est juste alors qu'Ingeborg a dit qu'elles devaient s'en aller. Depuis le balcon, je les ai vues traverser le Paseo Maritimo puis étendre leurs nattes à quelques mètres des pédalos du Brûlé. Leurs gestes, doux, intensément féminins, ont provoqué en moi une souffrance étrange. Pendant quelques instants, je me suis senti mal, incapable de faire autre chose que rester allongé à plat ventre sur le lit, en sueur. Dans ma tête ont défilé des images absurdes qui faisaient souffrir. J'ai pensé proposer à Ingeborg de descendre vers le sud, jusqu'en Andalousie, ou d'aller au Portugal, ou bien, sans nous imposer de cap, de nous perdre sur les routes de l'intérieur de l'Espagne, ou encore de faire un saut jusqu'au Maroc... Ensuite je me suis souvenu qu'elle devait retourner au travail le 3 septembre, que mes propres vacances prenaient fin le 5 septembre, et qu'en réalité nous n'avions pas le temps... Je me suis finalement levé, j'ai pris une douche et me suis concentré sur le jeu.

(Aspects généraux du tour de printemps, 1940. La France conservait le front classique sur la rangée d'hexagones 24 et une seconde ligne de contention sur la rangée 23. Des quatorze corps d'infanterie qui, à ce moment-là, doivent se trouver sur le théâtre européen, douze d'entre eux, au moins, doivent couvrir les hexagones Q24, P24, O24, N24, M24, L24, Q23, O23 et M23. Les deux corps restants devront être placés sur les hexagones O22 et P22. Des trois corps blindés, l'un probablement sera sur l'hexagone O22, un autre sur l'hexagone T20 et le dernier sur l'hexagone O23. Les unités de remplacement se trouveront sur les hexagones Q22, T21, U20 et V20. Les unités aériennes sur les hexagones P21 et Q20, sur Bases aériennes. La force expéditionnaire britannique qui, dans le *meilleur* des cas, sera constituée de trois corps d'infanterie et d'un corps blindé — évidemment, si l'Anglais envoyait plus de forces en France, la variante à employer serait celle du coup direct contre la Grande-Bretagne, et, dans ce but, le corps aéroporté allemand doit être sur l'hexagone K28 — se déploiera sur les hexagones N23, deux corps d'infanterie, et P23, un corps d'infanterie et un autre blindé. Comme possible variante défensive, on peut déplacer les forces anglaises de l'hexagone P23 à l'hexagone O23, et les françaises, un corps blindé et un corps d'infanterie, de l'hexagone O23 au P23. Dans n'importe quel déploiement, l'hexagone le plus fort sera celui où se trouve le corps blindé anglais, soit le P23, soit le O23, et il déterminera l'axe d'attaque allemand. Celui-ci sera mené à bien avec très peu d'unités. Si le corps blindé anglais se trouve sur P23, l'attaque allemande se produira en O24, si, au contraire, le corps blindé anglais est sur O23, l'attaque devra commencer en N24, par le sud de la Belgique. Pour assurer la percée, le corps aéroporté devra être lancé sur l'hexagone O23, si le corps blindé anglais se trouve en P23, ou sur N23 s'il est en O23. Le coup sur la première ligne défensive sera frappé par deux corps blindés et la pénétration sera confiée à deux ou trois corps blindés qui devront arriver à l'hexagone O23 ou N22, selon la situation du corps blindé anglais, et procéder à une attaque immédiate d'opportunité contre l'hexagone O22, Paris. Pour empêcher une contre-attaque, avec des rapports supérieurs à 1 pour 2, on doit laisser quelques facteurs aériens en attente, etc.)

Dans la soirée, nous avons bu quelques verres dans la zone des campings et ensuite nous sommes allés jouer au minigolf. Charly était plus calme que les jours précédents, le visage net et serein, comme si une tranquillité jusque-là inconnue avait pris possession de lui. Les apparences sont trompeuses. Il s'est rapidement mis à parler à sa manière désaxée habituelle, et nous a raconté une histoire. Celle-ci illustre sa stupidité ou la stupidité qu'il suppose chez nous, ou les deux à la fois. En résumé : il avait passé toute la journée à faire de la planche à voile et, à un certain moment, il s'était tellement éloigné qu'il avait perdu de vue la ligne de la côte. Ce qui était amusant dans son histoire était qu'en revenant sur la plage il avait confondu notre ville avec la ville voisine ; les bâtiments, les hôtels et même la forme de la plage avaient éveillé quelques soupçons, mais il n'avait pas trouvé ça important. Désorienté, il avait demandé à un baigneur allemand l'hôtel Costa Brava ; celui-ci, sans hésiter, l'avait envoyé à un hôtel qui en effet s'appelait Costa Brava, mais ne ressemblait en rien à celui où logeait Charly. Charly, cependant, était entré et avait demandé la clé de sa chambre. Évidemment, comme il n'était pas enregistré, le réceptionniste la lui avait refusée, insensible aux menaces de Charly. Finalement, et comme à la réception il n'y avait pas beaucoup de travail, ils étaient passés des insultes au dialogue puis aux bières qu'ils avaient prises dans le bar de l'hôtel où, à la surprise de tous ceux qui écoutaient, le mystère s'était dissipé et Charly avait gagné un ami et l'admiration générale.

— Qu'est-ce que tu as fait après ? a dit Hanna, même si manifestement elle connaissait déjà la réponse.

— J'ai pris la planche et je suis revenu. Par mer, naturellement !

Charly est un fanfaron très dangereux, ou un imbécile très dangereux.

Pourquoi ai-je si peur parfois ? Et pourquoi plus j'ai peur plus mon esprit semble se gonfler, s'élever et observer la planète entière d'en haut ? (Je vois Frau Else d'*en haut* et j'ai peur. Je vois Ingeborg d'*en haut* et je sais qu'elle aussi me regarde et j'ai peur et envie de pleurer.) Envie de pleurer d'amour ? En réalité, envie de fuir avec elle, fuir non seulement ce village et la chaleur, mais ce que le futur nous réserve, la médiocrité et l'absurde ? D'autres trouvent la paix avec le sexe ou avec les ans. Les nichons et les jambes de Hanna suffisent à Charly. Ça le calme. Moi, au contraire, la beauté d'Ingeborg m'oblige à ouvrir les yeux et à perdre la sérénité. Je suis un paquet de nerfs. J'ai envie de pleurer et de donner des coups de poing lorsque je pense à Conrad, qui n'a pas de vacances ou qui les a passées à Stuttgart, sans même aller se tremper dans une piscine. Mais mon visage ne change pas pour autant. Et mon pouls bat comme d'habitude. Je ne bronche même pas, bien que, au-dedans, je sois en train de souffrir mille morts.

Une fois que nous nous sommes couchés, Ingeborg a dit que Charly avait l'air bien en forme. Nous sommes allés dans une boîte nommée Adan's, jusqu'à trois heures du matin. À présent, Ingeborg dort et moi j'écris avec la fenêtre du balcon ouverte, fumant une cigarette après l'autre. Hanna, aussi, avait l'air bien en forme. Elle a même dansé deux slows avec moi. La conversation, insignifiante, comme toujours. De quoi peuvent parler Hanna et Ingeborg ? Est-ce possible qu'elles soient en train de devenir vraiment amies ? Nous avons dîné au restaurant du Costa Brava invités par Charly. Paella, salade, vin, glaces et café. Ensuite nous sommes allés en boîte avec ma voiture. Charly n'avait pas envie de conduire, et pas davantage de marcher ; j'exagère peut-être mais il m'a donné l'impression de n'avoir même pas envie de *se montrer*. Jamais je ne l'avais vu aussi discret et réservé. Hanna se penchait sur lui à tout bout de champ et l'embrassait. J'imagine qu'elle doit embrasser de la même manière son fils à Oberhausen. Sur le chemin du retour, j'ai vu le Brûlé sur la terrasse du Rincón de los Andaluces. La terrasse était vide et les serveurs enlevaient les tables. Un groupe de jeunes gens du village parlaient, appuyés sur la balustrade. Le Brûlé, à quelques mètres de distance, avait l'air de les écouter. Quand j'ai dit à Charly, à moitié en plaisantant, que son ami était là, il a répondu grossièrement : qu'est-ce que j'en ai à foutre, continue. Je crois qu'il a pensé que je parlais du Loup et de l'Agneau. Dans l'obscurité, il était difficile de les distinguer. Continue, continue, ont dit Ingeborg et Hanna.

28 août

Aujourd'hui, pour la première fois, le jour s'est levé couvert de nuages. La plage, de notre fenêtre, avait l'air majestueuse et vide. Quelques enfants jouaient sur le sable, mais la pluie a commencé à tomber peu après et les uns à la suite des autres ils ont disparu. Au restaurant, pendant le petit déjeuner, l'atmosphère était elle aussi différente ; les gens, qui ne peuvent pas s'asseoir à la terrasse à cause de la pluie, se regroupent autour des tables de l'intérieur et le petit déjeuner dure plus longtemps et donne l'occasion de lier de nouvelles et rapides amitiés. Tout le monde parle. Les hommes commencent à boire déjà. Les femmes n'arrêtent pas d'aller chercher dans leur chambre des vêtements chauds que, dans la plupart des cas, elles ne trouvent pas. On fait des blagues. Au bout d'un moment, l'ambiance générale est à l'ennui. Cependant, comme on ne peut pas non plus rester toute la journée à l'hôtel, des incursions à l'extérieur s'organisent : des groupes de cinq, six personnes, abrités sous deux parapluies, s'occupent en faisant les boutiques puis s'engouffrent dans une cafétéria ou dans le premier local de jeux vidéo venu. Les rues, balayées par la pluie, se révèlent aux antipodes de l'effervescence coutumière, plongées dans un autre type de quotidienneté.

Charly et Hanna sont arrivés au milieu du petit déjeuner, ils ont décidé d'aller à Barcelone et Ingeborg les accompagne. Je décline leur invitation. Cette journée sera toute à moi. Après leur départ, je passe un certain temps à regarder les gens qui sortent et entrent dans le restaurant. Frau Else, contrairement à mon attente, ne se montre pas. De toute façon, l'endroit est calme et confortable. Je fais travailler mon cerveau. Je me repasse mentalement des débuts de parties, des mouvements où l'on se prépare et l'on s'évalue... Un engourdissement généralisé envahit tout. En attendant, les seuls à être réellement contents, ce sont les serveurs. Ils ont deux fois plus de travail qu'un jour normal, mais se font des blagues entre eux et rient. Un vieux type, à côté de moi, a affirmé qu'à son avis ils se moquaient de nous.

— Vous vous trompez, ai-je répondu. Ils rient parce qu'ils voient approcher la fin de l'été et par conséquent la fin de leur travail.

— Mais alors ils devraient être tristes. C'est au chômage qu'ils vont se retrouver, ces bons à rien !

Je suis sorti de l'hôtel à midi.

J'ai pris la voiture et roulé lentement jusqu'au Rincón de los Andaluces. Je serais arrivé plus vite à pied, mais je n'avais pas envie de marcher.

À l'extérieur, comme dans tous les bars, on trouvait des chaises inclinées et des gouttes tombant des franges des parasols. C'est à l'intérieur que c'était agité. Comme si la pluie avait fait disparaître les barrières, touristes et autochtones, en un conglomérat qui avait quelque chose de catastrophique, essayaient un dialogue gestuel, inintelligible et interminable. Dans le fond, à côté de la télévision, j'ai vu l'Agneau. Il m'a fait signe d'approcher. J'ai attendu que l'on me serve un café au lait et je suis allé m'asseoir à sa table. Nous avons échangé tout d'abord quelques mots de simple politesse. (L'Agneau regrettait qu'il pleuve, mais pas pour *lui*, pour *moi*, car j'étais venu chercher des journées de soleil et de plage, etc.) Je n'ai pas pris la peine de lui dire qu'en réalité j'étais enchanté par la pluie. Au bout d'un moment, il a demandé des nouvelles de Charly. Je lui ai dit qu'il était à Barcelone. Avec qui ? a-t-il voulu savoir. La question n'a pas manqué de me surprendre ; je lui aurais volontiers dit que ça ne le regardait pas. Après avoir hésité, j'ai décidé que ça n'en valait pas la peine.

— Avec Ingeborg et Hanna, évidemment, avec qui est-ce que tu croyais ?

Le pauvre garçon a eu l'air troublé. Avec personne, a-t-il souri. Sur le carreau de la fenêtre, quelqu'un avait dessiné un cœur percé d'une seringue hypodermique. Au-delà, on voyait le Paseo Maritimo et quelques planches grises. Les rares tables du fond étaient occupées par des jeunes gens et ceux-ci étaient les seuls à garder certaines distances avec les touristes ; un mur, tacitement accepté aussi bien par les gens qui s'agglutinaient le long du zinc — des familles et des gens âgés — que par les clients du fond, séparait les deux groupes au milieu du bar. Tout à coup, l'Agneau a commencé à me raconter une histoire étrange et sans signification. Il parlait vite, à voix très basse, penché sur la table. J'ai à peine saisi ce qu'il me disait. L'histoire concernait Charly et le

Loup, mais ses paroles paraissaient prononcées comme dans un rêve : une discussion, une blonde (Hanna ?), des couteaux, l'amitié par-dessus tout… « Le Loup est un brave type, je le connais, il a un cœur d'or. Charly aussi. Mais lorsqu'ils se soûlent, personne peut les supporter. » J'ai acquiescé. Ça m'était égal. Près de nous, une jeune fille regardait fixement la cheminée éteinte, transformée à présent en un gigantesque cendrier. Dehors, la pluie redoublait. L'Agneau m'a invité à prendre un cognac. À cet instant, le patron est apparu et a mis une vidéo. Pour ce faire, il a dû grimper sur une chaise. De là, il a annoncé : « Je vais vous passer une vidéo, les enfants. » Personne n'a fait attention à lui. « Vous êtes une bande de fainéants », a-t-il dit en guise de salut. C'était un film de motards postnucléaires. « Je l'ai vu », a dit l'Agneau lorsqu'il est revenu avec deux cognacs. Un bon cognac. À côté de la cheminée, la jeune fille s'est mise à pleurer. Je ne sais pas comment l'expliquer, mais elle était la seule dans tout le bar à ne pas sembler être là. J'ai demandé à l'Agneau pourquoi elle pleurait. Comment tu sais qu'elle est en train de pleurer ? a-t-il répondu, moi, c'est à peine si je vois sa figure. J'ai haussé les épaules ; sur l'écran du téléviseur, deux motocyclistes avançaient dans le désert ; l'un d'eux était borgne ; contre l'horizon s'étalaient les restes d'une ville : une station d'essence en ruine, un supermarché, une banque, un cinéma, un hôtel… « Des mutants », a dit l'Agneau en se mettant de profil pour pouvoir ainsi voir quelque chose.

À côté de la fille en pleurs, il y avait une autre jeune fille, et un garçon qui aurait pu aussi bien avoir treize ans que dix-huit. Tous deux la regardaient pleurer et de temps en temps lui caressaient le dos. Le garçon avait le visage couvert de boutons ; il parlait à voix basse à l'oreille de la fille, comme s'il cherchait plus à la convaincre de quelque chose qu'à la consoler et, du coin de l'œil, il ne perdait rien des scènes les plus violentes du film, qui, d'ailleurs, se succédaient les unes après les autres. De fait, les visages de tous les jeunes gens, à l'exception de la fille qui pleurait, se levaient automatiquement vers le poste de télévision, attirés par le bruit des bagarres ou par la musique qui précédait les moments culminants des combats. Le reste du film, soit ça ne les intéressait pas, soit ils l'avaient déjà vu.

Dehors, la pluie ne faiblissait pas.

J'ai pensé alors au Brûlé. Où était-il ? Était-il capable de passer la journée sur la plage, enterré sous les pédalos ? Pendant quelques secondes, comme si l'air me manquait, j'ai eu envie de sortir en courant pour le vérifier.

Peu à peu, l'idée de lui rendre visite a pris forme. Ce qui m'attirait le plus, c'était de voir de mes propres yeux ce que j'avais déjà imaginé : à moitié abri enfantin, à moitié taudis du tiers-monde, qu'est-ce que j'espérais finalement trouver à l'intérieur des pédalos ? Dans mon esprit, le Brûlé apparaissait assis comme un homme des cavernes à côté d'une lampe de camping-gaz ; au moment où j'entrais, il levait les yeux et nous nous regardions. Mais par où entrer, par un trou comme dans un terrier de lapins ? C'était une possibilité. Et, au bout du tunnel, en train de lire un journal, le Brûlé ressemblerait à un lapin. Un énorme lapin, mortellement effrayé. Bien sûr, si je ne voulais pas l'effrayer, je devais l'appeler avant. Salut, c'est moi, Udo, tu es là, comme je le soupçonnais ?... Et si personne ne répondait, que faire ? Je me suis imaginé tournant autour des pédalos, cherchant le trou d'entrée. Très petit. Avec difficulté, en rampant, je me glisserais... À l'intérieur, tout était sombre. Pourquoi ?

— Tu veux que je te raconte la fin du film ? a dit l'Agneau.

La jeune fille de la cheminée ne pleurait plus. Sur l'écran, une espèce de bourreau creuse un trou suffisamment profond pour enterrer le corps d'un homme à côté de sa moto. L'opération terminée, les jeunes hommes rient, quoique la scène ait quelque chose d'insaisissable, plus tragique que comique.

J'ai acquiescé. Comment ça se terminait ?

— Eh bien, le héros réussit à sortir de la zone radioactive avec le trésor. Je me souviens plus si c'est une formule pour faire du pétrole synthétique ou de l'eau synthétique ou je sais pas quoi. Bon, c'est un film comme les autres, non ?

— Oui, ai-je dit.

J'ai voulu payer, mais l'Agneau s'y est opposé avec énergie. « Ce soir, c'est toi qui payes », a-t-il dit en souriant. L'idée ne m'a pas plu du tout. Mais, enfin, personne ne pouvait m'obliger à sortir avec eux, même si j'ai craint que Charly ne s'y soit déjà engagé. Et si Charly sortait avec eux, Hanna aussi ; et si Hanna y allait, probablement Ingeborg aussi irait. Pendant que je me levais, comme en passant, j'ai demandé des nouvelles du Brûlé.

— Aucune idée, a dit l'Agneau. Ce type est un peu dingue. Tu veux le voir ? Tu le cherches ? Si tu veux, je t'accompagne. Peut-être qu'à cette heure-ci il est au bar de Pepe, avec cette pluie je crois pas qu'il travaille.

Je l'ai remercié ; je lui ai dit que ce n'était pas nécessaire. Je ne le cherchais pas.

— C'est un type bizarre, a dit l'Agneau.

— Pourquoi ? À cause de ses brûlures ? Tu sais comment il se les est faites ?

— Non, pas pour ça, ça me fait ni chaud ni froid. Je le dis parce que je le trouve bizarre. Non, pas bizarre, bizarroïde, tu sais bien ce que je veux dire.

— Non, qu'est-ce que tu veux dire ?

— Qu'il a ses manies, comme tout le monde. Un peu aigri. Je sais pas. Ils ont tous leurs manies, non ? Regarde Charly, sans chercher plus loin, il aime que biberonner et faire de la planche à voile de mes deux.

— Allez, n'exagère pas, il aime aussi d'autres trucs.

— Les gonzesses ? a dit l'Agneau avec un sourire malicieux. Hanna est bien foutue, il faut le reconnaître, non ?

— Oui, ai-je dit, elle est pas mal.

— Et elle a un fils, non ?

— Je crois oui, ai-je dit.

— Elle m'a montré une photo. C'est un gosse très mignon, blond et tout, il lui ressemble.

— Je ne sais pas. Moi, je n'ai vu aucune photo.

Avant de lui expliquer que j'en savais aussi peu sur Hanna que sur lui, je suis parti. Il la connaissait probablement mieux sous certains aspects que moi et le lui dire ne servirait à rien.

Dehors, la pluie continuait à tomber, mais avec moins d'intensité. Sur les larges trottoirs du Paseo Maritimo, on voyait quelques touristes qui se promenaient enveloppés dans des cirés colorés. Je suis monté dans la voiture et j'ai allumé une cigarette. De là, je pouvais voir la forteresse de pédalos et le rideau de vapeur et d'écume que le vent soulevait. À une fenêtre du bar, la jeune fille à la cheminée regardait aussi en direction de la plage. J'ai mis la voiture en marche et je me suis éloigné. Pendant une demi-heure, j'ai tourné dans la ville. Dans la partie ancienne, la circulation était impossible. L'eau sortait à gros bouillons des bouches d'égout et une odeur tiède et putride s'infiltrait dans la voiture mêlée aux gaz des pots d'échappement, aux klaxons, aux cris des enfants. J'ai enfin réussi à sortir. J'avais faim, une faim féroce, mais au lieu de chercher un coin où manger, je me suis éloigné de la ville.

J'ai conduit à l'aventure, sans savoir vers où je me dirigeais. Il m'arrivait de doubler de loin en loin des voitures et des caravanes de touristes ; le temps présageait la fin de l'été. Les terres, de part et d'autre de la route, étaient couvertes de toiles plastiques et de sillons sombres ; à l'horizon se découpaient des collines pelées et basses vers lesquelles couraient les nuages. À l'intérieur d'un verger, sous les branches d'un arbre, j'ai vu une poignée de Noirs qui se protégeaient de la pluie.

D'un coup est apparue une usine de céramique. C'était donc la route qui menait à la discothèque sans nom où nous étions allés. J'ai arrêté la voiture dans la cour et je suis descendu. D'une casemate, un type âgé m'a regardé sans rien dire. Tout était différent : il n'y avait pas de projecteurs, pas de chiens, aucune lueur irréelle n'émanait des statues de plâtre sur lesquelles la pluie s'acharnait.

J'ai pris deux pots de fleurs et me suis approché du repaire du vieux.

— Huit cents pesetas, a-t-il dit sans sortir.

J'ai cherché l'argent et le lui ai donné.

— Mauvais temps, ai-je dit, pendant que j'attendais la monnaie et que la pluie dégoulinait sur mon visage.

— Oui, a dit le vieux.

J'ai mis les pots dans le coffre et je suis parti.

J'ai mangé dans un couvent, au sommet du mont d'où l'on domine toute la station balnéaire. Des siècles plus tôt, il y a eu là une forteresse en pierre, qui servait de rempart contre les pirates. Peut-être que la ville n'existait pas encore lorsqu'on a construit la forteresse. Je ne sais pas. En tout cas, de la forteresse, il ne reste que quelques pierres couvertes de prénoms, de cœurs, de dessins obscènes. À côté de ces ruines se dresse le couvent, de construction plus récente. La vue est formidable : le port, le yachting-club, le centre urbain ancien, le centre résidentiel, les campings, les hôtels du front de mer ; par beau temps, on peut apercevoir quelques villages côtiers et, prenant d'assaut le squelette de la forteresse, un réseau arachnéen de routes secondaires et une infinité de hameaux et de fermes de l'intérieur. Une annexe du couvent abrite une sorte de restaurant. J'ignore si ceux qui le dirigent appartiennent à une communauté religieuse ou si tout simplement ils ont obtenu la licence de restaurant de manière ordinaire. Ce sont de bons cuisiniers, et c'est ce qui importe. Les gens de la station, surtout les couples, ont l'habitude de grimper jusqu'au couvent, quoique ce ne soit pas pour admirer le paysage. Lorsque je suis arrivé, j'ai trouvé plusieurs voitures arrêtées sous les arbres. Certains conducteurs étaient à l'intérieur de leurs véhicules. D'autres étaient assis aux tables du restaurant. Le silence était presque total. J'ai fait un tour sur une sorte de belvédère, avec des grilles métalliques ; à chaque extrémité il y avait des télescopes, du genre qui fonctionne avec des pièces. Je me suis approché et j'ai mis cinquante pesetas. Je n'ai rien vu. L'obscurité était complète. J'ai donné deux ou trois coups au télescope et je me suis éloigné. Dans le restaurant, j'ai commandé un plat de lapin et une bouteille de vin.

Qu'est-ce que j'ai vu de plus ?

1. — Un arbre suspendu au-dessus du précipice. Ses racines, comme prises de folie, s'entortillaient entre les pierres et l'air. (Mais ces choses-là ne se voient pas qu'en Espagne ; en Allemagne, j'ai vu aussi des arbres comme ça.)

2. — Un adolescent en train de vomir sur le bord de la route. Ses parents, à l'intérieur d'une voiture immatriculée en Grande-Bretagne, attendaient avec la radio mise à fond.

3. — Une jeune fille aux yeux sombres dans la cuisine du restaurant de l'ermitage. Nous nous sommes aperçus à peine une seconde, mais quelque chose en moi l'a fait sourire.

4. — Le buste en bronze d'un homme chauve sur une petite place à l'écart. Sur le piédestal, un poème écrit en catalan, dont je n'ai pu identifier que les mots : « terre », « homme », « mort ».

5. — Une bande de jeunes gens pêchant des coquillages entre les rochers au nord de la ville. Sans raison apparente, à certains intervalles de temps, ils poussaient des hourras et des vivats.

Leurs cris s'élevaient d'entre les rochers avec un fracas de tambours.

6. — Un nuage de couleur rouge foncé, sang sale, en formation à l'est, qui était, parmi les nuages sombres recouvrant le ciel, comme une promesse de la fin de la pluie.

Après avoir mangé, je suis revenu à l'hôtel. J'ai pris une douche, je me suis changé et je suis ressorti. Il y avait une lettre pour moi à la réception. C'était une lettre de Conrad. J'ai hésité un moment à la lire tout de suite ou bien remettre le plaisir de sa lecture à plus tard. J'ai décidé que je le ferais après avoir vu le Brûlé. J'ai donc glissé la lettre dans une poche et mis le cap vers les pédalos.

Le sable était mouillé bien que la pluie ait cessé ; sur certaines parties de la plage, on pouvait distinguer des silhouettes qui marchaient en longeant les vagues, têtes inclinées, comme si elles cherchaient des bouteilles avec des messages ou des bijoux rendus par la mer. J'ai été deux fois sur le point de retourner à l'hôtel. Mais, malgré tout, la sensation de me rendre ridicule était plus faible que ma curiosité.

Bien avant d'arriver, j'ai entendu le bruit que faisait la bâche en claquant contre les flotteurs. Une des attaches avait dû se délier. En marchant précautionneusement, j'ai fait le tour des pédalos. En effet, il y avait une corde détachée qui permettait au vent de secouer la bâche de plus en plus violemment. Je me rappelle que la corde s'agitait comme un serpent. Une couleuvre d'eau. La bâche était humide et alourdie par la pluie. Sans réfléchir, j'ai saisi la corde et je l'ai nouée comme j'ai pu.

— Qu'est-ce que tu fais ? a dit le Brûlé de l'intérieur des pédalos.

J'ai fait un bond en arrière. Le nœud s'est défait instantanément et la bâche a craqué comme une plante qu'on aurait déracinée, comme quelque chose de vivant et d'humide.

— Rien, ai-je dit.

J'ai immédiatement pensé que j'aurais dû ajouter : « Où est-ce que tu es ? » Maintenant, le Brûlé pouvait déduire que je connaissais son secret et donc que je n'étais pas surpris d'entendre sa voix qui, cela ne faisait pas de doute, provenait de l'intérieur.

— Comment ça, rien ?

— Rien, ai-je crié. Je faisais un tour et j'ai vu que le vent avait presque arraché ta bâche. Tu ne t'en étais pas rendu compte ?

Silence.

J'ai fait un pas en avant et, avec des gestes décidés, j'ai noué de nouveau la maudite corde.

— Voilà, c'est fait, ai-je dit. Maintenant, les pédalos sont vraiment protégés. Il faut juste que le soleil se montre !

Un grognement inintelligible est parvenu de l'intérieur.

— Je peux entrer ?

Le Brûlé n'a pas répondu. Pendant un instant, j'ai craint qu'il ne sorte et ne me demande les yeux dans les yeux, au beau milieu de la plage, ce que diable je voulais au juste. Je n'aurais pas su quoi lui répondre. (Tuer le temps ? Dissiper un doute ? Faire une petite étude de mœurs ?)

— Tu m'entends ? ai-je crié. Je peux entrer, oui ou non ?

— Oui.

La voix du Brûlé était à peine audible.

Je me suis mis à chercher avec empressement l'entrée ; il n'y avait visiblement aucun trou creusé dans le sable. Les pédalos, encastrés de façon invraisemblable, ne semblaient pas laisser une fente par où j'aurais pu passer. J'ai regardé vers la partie supérieure : entre la bâche et un flotteur il y avait un espace par lequel un corps pouvait se glisser. J'ai grimpé avec prudence.

— Par là ? ai-je dit.

Le Brûlé a grogné quelque chose que j'ai pris comme une espèce d'acquiescement. Une fois en haut, le trou était plus grand. J'ai fermé les yeux et je me suis laissé tomber.

Une odeur de bois pourri et de sel a fouetté mes narines. J'étais enfin à l'intérieur de la forteresse.

Le Brûlé était assis sur une bâche pareille à celle qui recouvrait les pédalos. À côté de lui se trouvait un sac de voyage presque aussi grand qu'une valise. Sur une feuille de journal reposaient un morceau de pain et une boîte de thon. La lumière, contrairement à ce que j'avais pensé, était acceptable, surtout si je prenais en compte le fait que le temps était couvert dehors. Avec la lumière, par les innombrables fentes entrait l'air. Le sable était sec, ou c'est ce que j'ai cru ; de toute manière là-dedans il faisait froid. Je le lui ai dit : il fait froid. Le Brûlé a tiré du sac une bouteille et me l'a tendue. J'ai bu une grande gorgée. C'était du vin.

— Merci, ai-je dit.

Le Brûlé a pris la bouteille et bu à son tour ; ensuite il a coupé un morceau de pain, l'a ouvert par le milieu, a glissé entre les deux morceaux des miettes de thon, les a imbibés d'huile et s'est mis à manger. Le creux à l'intérieur des pédalos avait une largeur de deux mètres, sur un peu plus d'un mètre en hauteur. J'ai vite découvert d'autres objets : une serviette de bain de couleur indéfinissable, des espadrilles (le Brûlé est pieds nus), une autre boîte de thon, vide, un sachet en plastique avec le sigle d'un supermarché... De manière générale, l'ordre régnait dans la forteresse.

— Ça ne t'étonne pas que je sache où tu étais ?

— Non, a dit le Brûlé.

— Des fois, j'aide Ingeborg en faisant des déductions... Lorsqu'elle lit des romans à énigmes... Je peux découvrir les assassins avant Florian Linden...

Ma voix s'était assourdie au point de n'être quasiment plus qu'un murmure.

Après avoir avalé le pain, il a mis, avec des gestes parcimonieux, les deux boîtes de conserve dans le sachet en plastique. Ses mains, énormes, s'affairaient, rapides et silencieuses. Des mains de criminel, ai-je pensé. En un instant, il n'est plus resté trace de la nourriture, il n'y avait plus entre nous que la bouteille de vin.

— La pluie... Ça t'a gêné ?... Mais je vois que tu es bien ici... Qu'il pleuve de temps en temps doit être une chance pour toi : aujourd'hui, tu es un touriste de plus, comme tout le monde.

Le Brûlé m'a fixé en silence. Dans l'amas confus de ses traits, j'ai cru voir une expression de sarcasme.

— Toi aussi, tu prends des vacances ? a-t-il dit.

— Aujourd'hui, je suis seul, ai-je expliqué, Ingeborg, Hanna et Charly sont partis à Barcelone.

Qu'est-ce qu'il a cherché à insinuer en disant que moi aussi je prenais des vacances ? Que je n'écrirais pas mon article ? Que je n'étais pas enfermé dans l'hôtel ?

— Comment ça t'est venu d'habiter ici ?

Le Brûlé a haussé les épaules et poussé un soupir.

— Oui, je comprends, ce doit être magnifique de dormir à la belle étoile, à l'air libre, quoique, d'ici, tu ne doives pas voir beaucoup d'étoiles (j'ai souri et me suis frappé le front de la main, un geste inhabituel chez moi). De toute façon, tu vis plus près de la mer que n'importe quel touriste. Il y en a qui payeraient une fortune pour être à ta place !

Le Brûlé a cherché quelque chose dans le sable. Ses orteils se sont enterrés dans le sable, puis déterrés, lentement ; ils étaient grands, démesurés et, de manière surprenante, même si, en réalité, il n'y avait aucune raison pour qu'ils soient différents, sans une seule brûlure, lisses, avec la peau intacte, et même sans callosités, probablement effacées par le contact quotidien avec le sable.

— J'aimerais savoir pourquoi tu as décidé de t'installer ici, comment t'est venue l'idée qu'en assemblant les pédalos tu pouvais construire cet abri. C'est une bonne idée, mais pourquoi ? Ça a été pour ne pas payer de loyer ? Les loyers sont si chers que ça ? Excuse si ce n'est pas de mon ressort. C'est une curiosité que j'ai, tu sais ? Tu veux qu'on aille boire un café ?

Le Brûlé a pris la bouteille et, après l'avoir approchée de ses lèvres, il me l'a tendue.

— C'est bon marché. C'est gratuit, a-t-il murmuré lorsque j'ai reposé la bouteille entre nous.

— Est-ce que c'est légal ? À part moi, quelqu'un sait que tu dors ici ? Le patron des pédalos, par exemple, il sait où tu passes la nuit ?

— C'est moi le propriétaire de ces pédalos, a dit le Brûlé.

Un rayon de lumière tombait juste sur son front : la chair roussie, touchée par la lumière, paraissait s'éclaircir, s'animer.

— Ils valent pas grand-chose, a-t-il ajouté. Tous les pédalos de la ville sont plus neufs que les miens. Mais ils marchent encore et les gens les aiment bien.

— Je les trouve magnifiques, ai-je dit dans un accès d'enthousiasme. Moi, jamais je ne monterai sur un pédalo en forme de cygne ou de bateau viking. Ils sont horribles. Les *tiens*, par contre, je les trouve... je ne sais pas, plus classiques. Plus fiables.

Je me suis senti stupide.

— Te fais pas d'idées là-dessus. Les pédalos neufs sont plus rapides.

De manière décousue, il a expliqué que la circulation des barques de pêche, des bateaux d'excursion et des planches à voile dans le voisinage de la plage était, à certaines occasions, aussi dense et variée que celle d'une autoroute. La vitesse que les pédalos pourraient utiliser pour esquiver les autres embarcations devenait alors un atout important. Pour le moment, il ne devait pas déplorer d'accidents, sauf des chocs contre des têtes de baigneurs ; mais, même sur ce point, les nouveaux pédalos étaient supérieurs : un coup contre le flotteur de l'un de ses vieux pédalos pouvait ouvrir en deux la tête de n'importe qui.

— Ils sont lourds, a-t-il dit.

— Oui, oui, comme des tanks.

Le Brûlé a souri pour la première fois de l'après-midi.

— Tu penses toujours à ça, a-t-il dit.

— Oui, toujours, toujours.

Sans cesser de sourire, il a fait un dessin sur le sable qu'il a immédiatement effacé. Ses gestes rares étaient, qui plus est, énigmatiques.

— Comment va ton jeu ?

— Parfait. Le vent en poupe. Je vais chambouler toutes les idées préconçues.

— Toutes les idées préconçues ?

— Oui, toutes les vieilles manières de jouer. Avec mon système, le jeu devra être repensé.

Quand nous sommes sortis, le ciel était d'une couleur gris métallique et annonçait de nouvelles averses. J'ai dit au Brûlé qu'il y a quelques heures j'avais vu un nuage rouge du côté de l'est ; j'avais pensé que c'était signe de beau temps. Dans le bar, lisant un journal sportif à la table même où je l'avais laissé, se trouvait l'Agneau. En nous voyant, il nous fait signe de nous asseoir avec lui. La conversation roule alors sur des sujets qui auraient enchanté Charly, mais qui ne font que m'ennuyer, moi. Le Bayern Munich, Schuster, Hambourg, Rummenige sont les sujets et les prétextes. Inutile de dire que l'Agneau en sait plus long sur ces clubs et ces personnalités que moi. À ma surprise, le Brûlé participe à la conversation (qui se tient en mon honneur, car il n'y est pas question de sportifs espagnols, chose que je sais apprécier à sa juste mesure et qui, en même temps, suscite en moi de la méfiance) et il fait preuve d'une connaissance acceptable du football allemand. Par exemple, l'Agneau demande : quel est ton joueur favori ? et, après ma réponse (Schumacher, pour dire quelque chose) et celle de l'Agneau (Klaus Allofs), le Brûlé dit Uwe Seeler, dont ni l'Agneau ni moi n'avons entendu parler. Celui-là et Tilkowski sont les noms les plus prestigieux dans la mémoire du Brûlé. L'Agneau et moi ne savons pas de quoi il parle. Il répond à nos questions qu'étant enfant il les avait vus tous les deux sur un terrain de football. Alors que je crois que le Brûlé va se mettre à évoquer son enfance, celui-ci, d'un coup, devient muet. Les heures passent et, bien que le temps soit couvert, la nuit tarde à tomber. Je prends congé à huit heures et retourne à l'hôtel. Assis dans un fauteuil, au rez-de-chaussée, à côté d'une baie vitrée d'où je peux voir le Paseo Maritimo et une partie du parking, je me dispose à lire la lettre de Conrad. Elle dit ceci :

Cher Udo

J'ai reçu ta carte postale. J'espère que la natation et Ingeborg te laissent du temps pour finir l'article à la date prévue. Hier nous avons terminé un Troisième Reich chez Wolfgang. Walter et Wolfgang (Axe) contre Franz (Alliés) et moi (Russie). Nous avons joué la partie à trois camps et le résultat final a été : W et W, 4 objectifs ; Franz, 18 ; moi, 19, et parmi ceux-ci Berlin — et Stockholm ! (tu peux imaginer dans quel état W et W ont laissé la Kriegsmarine). Des surprises dans le module diplomatique : en automne 40, l'Espagne passe du côté de l'Axe. Impossibilité de faire de la Turquie une alliée mineure grâce aux DP que Franz et moi avons dépensés avec prodigalité. Alexandrie et Suez, intouchables ; Malte pilonnée mais debout. W et W ont voulu *vérifier quelques aspects de ta Stratégie méditerranéenne. Et de la Stratégie méditerranéenne de Rex Douglas. Trop grand pour eux. Ils ont coulé. Le Gambit espagnol de David Hablanian peut fonctionner une fois sur vingt. Franz a perdu la France à l'été 40 et a encaissé une invasion contre l'Angleterre au printemps 41 ! Presque tous ses corps d'armée se trouvaient en Méditerranée et W et W n'ont pas résisté à la tentation. Nous avons appliqué la variante Beyma. En 41, ce qui m'a sauvé ça a été la neige et l'obstination de W et W à ouvrir des fronts, avec une dépense de BRP énorme ; ils arrivaient toujours en banqueroute au dernier tour annuel. À propos de ta Stratégie : Franz dit qu'elle ne se distingue pas beaucoup de celle d'Anchors. Je lui ai dit que tu correspondais avec Anchors et que sa Stratégie n'a rien de commun avec la tienne. W et W sont prêts à monter un TR géant dès que tu seras de retour. Ils ont d'abord suggéré la série Europe de GDW, mais je les en ai dissuadés. Je ne crois pas que tu sois d'accord pour jouer plus d'un mois sans t'arrêter. Nous sommes convenus que W et W, Franz et Otto Wolf joueront avec les alliés et les Russes respectivement, et que toi et moi nous prendrons les rênes de l'Allemagne, qu'est-ce que tu en penses ? Nous avons aussi parlé de la Rencontre à Paris, du 23 au 28 décembre. La venue de Rex Douglas en personne est confirmée. Je sais que ça lui plaira de te connaître. Dans* Waterloo *est parue une photo de toi : c'est celle où tu es en train de jouer contre Randy Wilson, et aussi une information sur notre groupe de Stuttgart. J'ai reçu une lettre de* Mars, *tu te souviens d'eux ? Ils veulent que tu leur écrives un article (un article de Mathias Müller paraîtra aussi, c'est incroyable !) pour un numéro spécial de joueurs spécialisés dans la Seconde Guerre. La plupart des participants sont français et suisses. Et d'autres nouvelles que je préfère te donner à ton retour de vacances. D'après toi, quels ont été les hex. objectifs qui ont retenu W et W ? Leipzig, Oslo,* Gênes *et* Milan. *Franz voulait* me frapper. *De fait, il a couru après moi* autour *de la table. Nous avons laissé monter un Case White. Nous commencerons demain soir. Les gamins de Feu et Acier ont découvert Boots & Saddles et Bundeswehr, de la série Assault. À présent ils pensent vendre leurs vieux Squad Leader et parlent déjà de sortir un fanzine qui s'appellerait* Assault *ou* Combats radioactifs *ou quelque chose comme ça. Moi, ils me font* rire. *Prends bien le soleil. Salutations à Ingeborg. Bien à toi, ton ami*

CONRAD

À l'hôtel Del Mar, après la pluie, l'après-midi se teinte d'un bleu sombre veiné d'or. Je reste un long moment au restaurant, sans rien faire d'autre que suivre du regard les gens qui reviennent à l'hôtel, le visage fatigué et affamé. Je n'ai vu nulle part Frau Else. Je m'aperçois que j'ai froid : je suis en bras de chemise. Et puis la lettre de Conrad m'a laissé un arrière-goût de tristesse. Wolfgang est un imbécile : je me figure sa lenteur, ses hésitations en bougeant chaque compteur, son manque d'imagination. Si tu ne peux pas contrôler la Turquie avec DP, envahis-la, espèce de taré. Nicky Palmer l'a dit mille fois. Moi, je l'ai dit mille fois. Tout à coup, sans cause apparente, j'ai pensé : je suis seul. J'ai pensé que seuls Conrad et Rex Douglas (que je ne connais que de façon épistolaire) sont mes amis. Le reste est vide et obscurité. Des appels auxquels personne ne répond. Des plantes. « Seul dans un pays dévasté », me suis-je rappelé. Dans une Europe amnésique, sans caractère épique ni héroïsme. (Ça ne m'étonne pas que les adolescents passent leur temps à Donjons et Dragons et autres jeux de rôle.)

Comment le Brûlé a-t-il acheté ses pédalos ? Oui, il me l'a dit. Avec les économies faites grâce aux vendanges. Mais comment a-t-il pu acheter tout le lot, six ou sept pièces, avec l'argent d'une seule vendange ? Ça a été le premier versement. Le reste, il le payait peu à peu. Le propriétaire précédent était vieux et fatigué. On ne gagne pas assez pendant l'été et si en plus il faut payer un salaire ; alors il a décidé de les vendre et le Brûlé les a achetés. Est-ce qu'il avait travaillé avant dans la location de pédalos ? Jamais. C'est pas difficile d'apprendre, s'est moqué l'Agneau. Est-ce que moi, je pourrais le faire ? (Question niaise.) Évidemment, ont dit ensemble l'Agneau et le Brûlé. N'importe qui. En réalité, c'était un travail où l'on n'a besoin que de patience et d'un bon œil pour ne pas perdre de vue les pédalos qui ont tendance à prendre la poudre d'escampette. Il n'y avait même pas besoin de savoir nager.

Le Brûlé est arrivé à l'hôtel. Nous sommes montés sans que personne nous voie. Je lui ai montré le jeu. Les questions qu'il a posées sont intelligentes. D'un coup, la rue s'est remplie de bruits de sirène. Le Brûlé est sorti sur le balcon et a dit que l'accident avait eu lieu dans la zone des campings. Comme c'est stupide de mourir pendant les vacances, ai-je fait observer. Le Brûlé a haussé les épaules. Il porte une chemisette blanche et propre. D'où il était, il pouvait surveiller la masse informe de ses pédalos. Je me suis approché et lui ai demandé ce qu'il regardait. La plage, a-t-il dit. Je crois qu'il pourrait apprendre à jouer rapidement.

Les heures passent et il n'y a aucun signe d'Ingeborg. J'ai attendu jusqu'à neuf heures, en prenant des notes sur les mouvements.

Le dîner au restaurant : crème d'asperges, cannellonis, café et glace. J'ai traîné à table une fois le repas terminé, et je n'ai pas vu non plus Frau Else. (Décidément, aujourd'hui, elle a disparu.) J'ai partagé la table avec un couple hollandais d'une cinquantaine d'années. Le sujet de conversation, à ma table comme dans le reste du restaurant, était le mauvais temps. Il y avait parmi les commensaux des opinions divergentes que les serveurs — investis d'un supposé savoir météorologique et en fin de compte des autochtones — se chargeaient de départager. À la fin, la faction qui prédisait du beau temps pour le lendemain a remporté la victoire.

À onze heures, j'ai fait un tour dans les divers salons du rez-de-chaussée. Je n'ai pas trouvé Frau Else et je suis allé à pied jusqu'au Rincón de los Andaluces. L'Agneau n'était pas là, mais, au bout d'une demi-heure, il est arrivé. Je lui ai demandé des nouvelles du Loup. Il ne l'avait pas vu de la journée.

— J'imagine qu'il n'est pas à Barcelone, ai-je dit.

L'Agneau m'a regardé, l'air épouvanté. Bien sûr que non, aujourd'hui il travaillait tard, quelles drôles d'idées j'avais. Comment ce pauvre Loup allait-il aller à Barcelone ? Nous avons pris un cognac et pendant un moment avons suivi une émission de jeux à la télévision. L'Agneau parlait en bégayant, j'en ai déduit qu'il était nerveux. Je ne me souviens pas comment le sujet est venu sur le tapis, mais à un moment, et sans que je lui demande quoi que ce soit, il m'a confié que le Brûlé n'était pas espagnol. Peut-être étions-nous en train de parler de la dureté de la vie et des accidents. (Pendant le jeu télévisé, des centaines de petits accidents arrivaient, en apparence simulés et incongrus.) Il est possible que j'aie affirmé quelque chose à propos du caractère espagnol. Possible que j'aie parlé ensuite du feu et de brûlures. Je ne le sais pas. Ce qui est certain, c'est que l'Agneau a dit que le Brûlé n'était pas espagnol. D'où était-il, alors ? Latino-américain ; de quel pays précisément, il l'ignorait.

J'ai reçu la révélation de l'Agneau comme une gifle. Donc, le Brûlé n'était pas espagnol. Et il ne l'avait pas dit. Ce fait, en lui-même anodin, m'a paru des plus inquiétants et significatifs. Quelles raisons avait le Brûlé de cacher sa véritable nationalité ? Je ne me suis pas senti trompé. Je me suis senti observé. (Pas par le Brûlé, en réalité, par personne en particulier : observé par un trou, par une béance.) Au bout d'un moment, j'ai payé les verres et je m'en suis allé. J'espérais trouver Ingeborg à l'hôtel.

Dans la chambre, il n'y a personne. Je suis redescendu : pareilles à des fantômes, des silhouettes que je devine sur la terrasse parlent à peine : accoudé au comptoir, un vieux type, le dernier client, boit en silence. À la réception, le veilleur du tour de nuit me renseigne : personne ne m'a téléphoné.

— Savez-vous où je pourrais trouver Frau Else ?

Il l'ignore. Au début, il ne sait même pas de qui je parle. Frau Else, je crie, la patronne de cet hôtel. L'employé ouvre grand les yeux et de nouveau secoue la tête négativement. Il ne l'a pas vue.

J'ai remercié et je suis allé prendre un cognac au comptoir. À une heure du matin, j'ai décidé que ce que j'avais de mieux à faire, c'était de monter et de me coucher. Il ne restait plus personne sur la terrasse mais quelques clients récemment arrivés s'étaient installés au comptoir et plaisantaient avec les serveurs.

Je ne peux pas dormir ; je n'ai pas sommeil.

À quatre heures du matin, enfin, Ingeborg apparaît. Un appel téléphonique du veilleur de nuit m'apprend qu'une demoiselle souhaite me voir. Je suis descendu en courant. Je trouve à la réception Ingeborg, Hanna et le veilleur plongés dans quelque chose qui, depuis les marches, a l'air d'un conciliabule. Lorsque je les rejoins, la première chose que je vois est le visage de Hanna : un hématome violacé et rosâtre couvre la pommette gauche et une partie de l'œil ; sur la joue droite et sur la lèvre supérieure on peut aussi voir des meurtrissures, mais plus légères. De plus, elle ne cesse pas de pleurer. Lorsque je demande la cause d'un pareil état, Ingeborg m'oblige à me taire d'une manière abrupte. Ses nerfs sont à vif ; elle répète constamment que ça ne pouvait arriver qu'en Espagne. Fatigué, le veilleur propose d'appeler une ambulance. Ingeborg et moi, nous nous concertons, mais c'est Hanna qui refuse absolument. (Elle dit des choses comme : « c'est mon corps », « ce sont mes blessures », etc.) La discussion se poursuit et les pleurs de Hanna redoublent. Jusqu'à cet instant, je n'ai pas pensé à Charly, où est-il ? Quand je le mentionne, Ingeborg, incapable de se contenir, lâche un flot de grossièretés. Pendant un moment, j'ai eu la sensation que Charly s'était *perdu pour toujours*. De manière inattendue, je sens qu'un courant de sympathie m'unit à lui. Quelque chose que je ne sais pas nommer et qui nous lie d'une façon douloureuse. Pendant que le veilleur s'éloigne à la recherche d'une trousse de premiers soins — solution de compromis à laquelle nous sommes arrivés avec Hanna — Ingeborg me met au courant des derniers événements que, par ailleurs, j'ai déjà devinés.

L'excursion n'aurait pas pu être pire. Après une journée apparemment normale et calme, et même trop calme, consacrée à faire des promenades dans le Barrio Gótico et sur les Ramblas, à prendre des photos et à acheter des souvenirs, la placidité initiale s'est fissurée jusqu'à voler en éclats. Tout a commencé, selon Ingeborg, après le dessert : Charly, sans qu'aucun incident ait pu le provoquer, a subi un changement visible, comme si on ne sait quoi dans ce qu'il avait avalé l'avait intoxiqué. Au début, cela s'est traduit par une attitude hostile envers Hanna, et par des plaisanteries de mauvais goût. Il y a eu un échange d'injures et l'affaire en est restée là. L'explosion, le premier avertissement, a eu lieu plus tard, après que Hanna et Ingeborg ont accepté, quoique à contrecœur, d'entrer dans un bar proche du port ; ils allaient boire une dernière bière avant de repartir. Selon Ingeborg, Charly était nerveux et irritable, mais pas agressif. L'incident n'aurait peut-être pas eu de suite si au cours de la conversation Hanna ne lui avait pas fait de reproche à propos d'une histoire arrivée à Oberhausen, dont Ingeborg ne savait rien. Les mots de Hanna ont été obscurs et cryptiques ; Charly, au début, a écouté les récriminations en silence. « Son visage était blanc comme du papier et il avait l'air effrayé. » Ensuite, il s'est levé, a pris Hanna par un bras et a disparu avec elle dans les toilettes. Au bout de quelques minutes, Ingeborg, à cran, a décidé de les appeler, pas très sûre de ce qui se passait. Ils étaient tous deux enfermés dans les toilettes pour femmes et n'ont pas opposé de résistance en entendant la voix d'Ingeborg. Quand ils sont sortis, ils pleuraient tous les deux. Hanna n'a pas prononcé une parole. Charly a payé l'addition puis ils ont quitté Barcelone. Au bout d'une demi-heure de route, ils se sont arrêtés dans les environs de l'un des nombreux villages qui jalonnent la route de la côte. Le bar où ils sont entrés s'appelait Mar Salada. Cette fois-ci, Charly n'avait même pas essayé de les convaincre ; il n'a plus simplement fait attention à elles et s'est mis à boire. À la cinquième ou sixième bière, il a éclaté en sanglots. Ingeborg, qui avait pensé dîner avec moi, a demandé alors la carte du restaurant et persuadé Charly de manger quelque chose. Pendant un moment, tout a paru revenir à la normale. Ils ont dîné tous les trois et, bien qu'avec difficulté, maintenu un simulacre de conversation civilisée. L'heure de partir arrivée, la discussion a de nouveau éclaté. Charly était décidé à continuer là et Ingeborg et Hanna, elles, exigeaient qu'il remette les clés de la voiture pour revenir. Selon Ingeborg, les mots qu'ils s'envoyaient l'un l'autre représentaient « une voie sans issue » dans laquelle Charly se trouvait à l'aise. Finalement, ce dernier s'est levé et leur a fait comprendre qu'il était prêt à leur donner les clés ou à les conduire. Ingeborg et Hanna l'ont suivi. En franchissant la porte, Charly s'est brusquement retourné et a frappé Hanna au visage. La réaction de Hanna a été de se mettre à courir en direction de la plage. Charly est parti comme une flèche derrière elle et à peine quelques instants après Ingeborg a entendu les cris de Hanna, sourds et sanglotants comme ceux d'une petite fille. Lorsqu'elle est parvenue à leur hauteur, Charly ne la frappait plus, mais de temps en temps tout de même il lui décochait un coup de pied ou lui crachait dessus. Ingeborg, dans un premier temps, avait pensé s'interposer entre eux deux, mais en voyant son amie par terre et son visage couvert de sang, elle a perdu le peu de sang-froid qui lui restait et s'est mise à crier en demandant de l'aide. Évidemment, personne n'est venu. La scène violente a pris fin avec le départ de Charly en voiture ; avec Hanna en sang et n'ayant de forces que pour refuser toute intervention policière ou médicale ; avec Ingeborg abandonnée dans un endroit inconnu et ayant la responsabilité de tirer son amie de là. Heureusement, le patron du bar où ils avaient été s'est occupé de Hanna, a aidé à nettoyer ses plaies sans poser de questions puis a appelé un taxi qui les a ramenées ici. Maintenant le problème était que devait faire Hanna. Où dormir ? Dans son hôtel ou dans le nôtre ? Si elle dormait dans son hôtel, est-ce qu'il était possible que Charly la frappe de nouveau ? Devait-elle aller à l'hôpital ? Le coup sur la pommette était-il plus grave que nous le pensions ? Le veilleur a tranché la question : d'après lui, l'os n'avait eu aucun dommage ; il s'agissait d'un coup spectaculaire et rien de plus. À propos de la possibilité de dormir dans l'hôtel, demain, très certainement, il y aurait des chambres libres, mais cette nuit, malheureusement, il n'en restait aucune. Hanna a eu une expression soulagée lorsqu'elle a vu qu'elle n'avait pas de choix. « C'est ma faute, a-t-elle murmuré. Charly est très nerveux et moi je l'ai provoqué, qu'est-ce qu'on peut y faire, cet enfant de salaud est comme ça et je peux pas le changer. » Je crois qu'Ingeborg et moi, nous nous sommes sentis mieux en l'écoutant ; on préférait que ça se passe comme ça. Nous avons remercié le veilleur de ses attentions et sommes allés la déposer à son hôtel. La nuit était magnifique. La pluie n'avait pas seulement nettoyé les bâtiments mais aussi l'air. Une brise fraîche soufflait et le silence était total. Nous l'avons accompagnée jusqu'à l'entrée du Costa Brava et avons attendu au milieu de la rue. Quelques instants après, Hanna est sortie sur le balcon et nous a appris que Charly n'était pas encore rentré. « Endors-toi et ne pense à rien ! » lui a crié Ingeborg avant que nous retournions à l'hôtel Del Mar. Une fois dans notre chambre, nous avons parlé de Charly et de Hanna (moi, je dirais que nous les avons critiqués) et nous avons fait l'amour. Ensuite Ingeborg a pris son roman de Florian Linden et, peu de temps après, elle s'est endormie. Je suis sorti sur le balcon fumer une cigarette et voir si j'apercevais la voiture de Charly.

29 août

Tôt le matin, la plage est couverte de mouettes. À côté des mouettes, il y a des pigeons. Les mouettes et les pigeons sont au bord de la mer, *regardant* la mer, immobiles à l'exception de l'un ou l'autre volatile qui effectue un bref vol. Les mouettes sont de deux genres : grandes et petites. De loin, les pigeons ont l'air d'être aussi des mouettes. Des mouettes d'un troisième type encore plus petit. Les embarcations commencent à sortir par l'embouchure du port ; sur leur passage, elles laissent un sillon opaque à la surface lisse de la mer. Je n'ai pas dormi aujourd'hui. Le ciel exhibe une couleur bleue, pâle et liquide. La frange de l'horizon est blanche ; le sable, marron maculé de petites taches circulaires de détritus. Depuis la terrasse — les serveurs ne sont pas encore venus disposer les tables — l'on devine un jour paisible et transparent. Rangées en files, les mouettes ont l'air de contempler imperturbables les canots qui s'éloignent jusqu'à ce qu'ils soient quasiment invisibles. À cette heure, les couloirs de l'hôtel sont tièdes et déserts. Dans le restaurant, un serveur à moitié endormi écarte brutalement les rideaux ;

la lueur qui envahit tout, cependant, est agréable et froide ; lumière ténue, contenue. La machine à café ne fonctionne pas encore. À l'expression du serveur, je devine qu'il faudra attendre un bon moment. Dans la chambre, Ingeborg dort, le roman de Florian Linden coincé entre les draps. Doucement, je le pose sur la table de nuit, non sans qu'une phrase attire mon attention. Florian Linden (j'imagine) dit : « Vous affirmez avoir commis plusieurs fois le même crime. Non, vous n'êtes pas fou. C'est en cela, justement, que consiste le mal. » Je glisse le marque-page avec soin entre les pages et referme le livre. En sortant j'ai été assailli par l'étrange idée que personne dans l'hôtel Del Mar n'avait projeté de se lever aujourd'hui. Mais les rues ne sont plus tout à fait vides. Devant le kiosque à journaux, à la frontière entre la partie ancienne de la ville et la zone touristique, sur l'arrêt d'autobus, il y a une camionnette dont on décharge des paquets de magazines et de presse quotidienne. J'achète deux journaux allemands, avant de pénétrer dans les rues étroites, en direction du port, à la recherche d'un bar ouvert.

Dans l'embrasure de la porte se sont découpées les silhouettes de Charly et du Loup. Aucun des deux n'a eu l'air surpris de me voir. Charly s'est directement dirigé vers ma table tandis que le Loup commandait au comptoir deux petits déjeuners. Je n'ai rien trouvé à dire ; les traits de Charly et de l'Espagnol étaient recouverts d'un masque de sérénité, même si, derrière ce calme apparent, tous deux restaient sur le qui-vive.

— On t'a suivi, a dit Charly ; on t'a vu sortir de l'hôtel... tu avais l'air très fatigué, alors on a préféré *te laisser* marcher un moment.

J'ai remarqué que ma main gauche tremblait ; rien qu'un peu — ils ne s'en sont pas aperçus — mais je l'ai immédiatement cachée sous la table. Mentalement, je me préparais au pire.

— Je crois que toi non plus, tu as pas dormi, a dit Charly.

J'ai haussé les épaules.

— Moi, j'ai pas pu dormir, a dit Charly, j'imagine que tu connais déjà toute l'histoire. Ça m'est égal ; je veux dire que je m'en fous de pas dormir un jour de plus ou de moins. J'ai un peu mauvaise conscience d'avoir réveillé le Loup. À cause de moi, lui non plus a pas dormi, pas vrai, Loup ?

Le Loup a souri sans comprendre un seul mot. Un instant, j'ai eu l'idée folle de lui traduire ce que Charly venait de me dire, mais je me suis tu. Je ne sais quoi d'obscur m'a averti que c'était mieux comme ça.

— Les amis sont là pour apporter un soutien à leurs amis lorsque ceux-ci en ont besoin, a dit Charly. C'est en tout cas ce que je pense. Est-ce que tu sais que le Loup est un vrai ami, Udo ? Pour lui l'amitié est sacrée. Par exemple, il devrait maintenant aller travailler, mais je *sais* qu'il ne le fera pas avant de me laisser bien installé à l'hôtel, ou dans n'importe quel coin sûr. Il peut perdre son travail, mais il s'en fout. Et comment ça se fait que ça arrive ? Ça arrive parce que son sens de l'amitié est comme il doit l'être : sacré. Avec l'amitié, on plaisante pas !

L'éclat des yeux de Charly était trop intense ; j'ai pensé qu'il allait pleurer. Il a regardé son croissant avec une moue de dégoût et de la main l'a écarté. Le Loup lui a dit que, s'il ne le voulait pas, c'est lui qui le mangerait. Oui, oui, a dit Charly.

— Je suis allé le chercher chez lui à quatre heures du matin. Tu crois que j'aurais été capable de faire ça avec un inconnu ? Inconnu, tout le monde l'est, bien sûr, tout le monde, dans le fond, est dégueulasse ; et pourtant la mère du Loup, c'est elle qui m'a ouvert la porte, a cru que j'avais eu un accident et la première chose qu'elle a faite c'est m'offrir un cognac, que j'ai accepté, bien sûr, même si j'étais plus soûl qu'une barrique. Quelle personne magnifique. Lorsque le Loup s'est levé, il m'a trouvé dans l'un de ses fauteuils en train de prendre un cognac. Qu'est-ce que je pouvais faire d'autre !

— Je ne comprends rien, ai-je dit. J'ai l'impression que tu es encore soûl.

— Non, je le jure... C'est simple : je suis allé chercher le Loup à quatre heures du matin ; j'ai été reçu par sa mère comme un prince ; ensuite le Loup et moi, on a essayé de parler ; ensuite on est sortis faire quelques tours en voiture ; on a fait deux ou trois bars ; on a acheté deux bouteilles ; ensuite on est allés sur la plage boire avec le Brûlé...

— Avec le Brûlé ? Sur la plage ?

— Le gars, il dort des fois sur la plage pour qu'on lui vole pas ses pédalos dégoûtants. On a donc décidé de partager nos bouteilles avec lui. Et remarque comme c'est curieux, Udo : de là-bas, on voyait ton balcon et je pourrais assurer que tu as pas éteint la lumière de toute la nuit. Je me trompe ou je me trompe pas ? Non, je me trompe pas, c'était ton balcon et tes fenêtres et ta maudite lumière. Qu'est-ce que tu as passé ton temps à faire ? Tu jouais à la guerre ou tu faisais des cochonneries avec Ingeborg ? Eh, eh ! Me regarde pas comme ça, c'est une blague, moi j'en ai rien à faire. C'était ta chambre, oui, je m'en suis rendu compte tout de suite, et le Brûlé aussi il s'en est rendu compte. Bref, une nuit agitée, on dirait que tous on a passé plutôt une nuit blanche, non ?

Au-delà de la honte et la rancune que j'ai ressenties lorsque j'ai su que Charly n'ignorait pas ma passion pour les jeux et que c'était sans doute Ingeborg qui le lui avait bien ou mal raconté (j'ai même pu les imaginer tous les trois sur la plage éclatant de rire à chaque moquerie à ce propos : « Udo est en train de vaincre, mais Udo est aussi en train de perdre » ; ou « c'est comme ça que les généraux de l'état-major passent leurs vacances, enfermés » ; « Udo est convaincu d'être la réincarnation de Manstein » ; « qu'est-ce que tu vas lui faire comme cadeau pour son anniversaire, un pistolet à eau ? »), au-delà, ai-je dit, de ma honte et de la rancune contre Charly, contre Ingeborg et Hanna, s'est imposé un sentiment de lente et progressive terreur quand j'ai entendu que le Brûlé « savait aussi quel balcon était le mien ».

— Tu ferais mieux de me demander des nouvelles de Hanna, ai-je dit, en tâchant de donner à ma voix son ton normal.

— Pour quoi faire ? Sûrement elle va bien. Hanna, elle va toujours bien.

— Qu'est-ce que tu vas faire maintenant ?

— Avec Hanna ? Je sais pas, dans un moment je crois que je vais laisser le Loup à son travail et ensuite j'irai à l'hôtel. J'espère que Hanna sera déjà à la plage parce que j'ai envie de dormir bien tranquillement… Ça a été une nuit agitée, Udo ! Même sur la plage ! Tu vas pas le croire, ici personne s'arrête une seule minute, Udo, personne. Depuis les pédalos, on entendait un bruit. C'est vraiment bizarre d'entendre un bruit sur la plage à cette heure-là. Le Loup et moi, on est allés voir ce que c'était et qu'est-ce que tu crois qu'on a trouvé : un couple en train de baiser. Un couple d'Allemands, j'imagine, parce que, lorsque je leur ai souhaité de passer du bon temps, ils m'ont répondu en allemand. J'ai pas fait attention au type, mais elle était belle, habillée d'une robe de fête blanche comme celle d'Inge, là-bas, allongée par terre, avec la robe froissée et toutes ces choses poétiques…

— Inge ? Tu parles d'Ingeborg ?

Ma main a recommencé à trembler ; j'ai pu littéralement renifler la violence qui nous cernait.

— Pas d'elle, mon vieux, de sa robe blanche ; elle a bien une robe blanche, non ? C'est de ça que je parle. Tu sais ce que le Loup a dit alors ? Qu'on devrait faire la queue. Qu'on fasse la queue, pour y aller quand le type aurait terminé. Mon Dieu, comme j'ai rigolé ! Il voulait que nous on la baise après ce pauvre type ! Un viol dans les règles ! Quel humour ! Moi j'avais juste envie de boire, et de regarder les étoiles ! Hier, il a plu, tu t'en souviens ? De toute façon, dans le ciel il y avait deux étoiles, peut-être trois. Et moi, je me sentais super bien, à ce moment-là. Dans d'autres circonstances, Udo, j'aurais probablement accepté la proposition du Loup. Peut-être que ça aurait plu à la fille. Peut-être que non. Lorsqu'on est revenus vers les pédalos, je crois que le Loup a essayé de convaincre le Brûlé de l'accompagner. Le Brûlé a pas voulu non plus. Mais je suis pas sûr, parce que l'espagnol, je le comprends pas bien.

— Tu le comprends pas du tout, ai-je dit.

Charly a lâché un éclat de rire sans beaucoup de conviction.

— Tu veux que je lui demande et comme ça tu n'auras plus de doute ? ai-je ajouté.

— Non. C'est pas mes affaires… De toute façon, crois-moi, je me comprends avec mes amis et le Loup est mon ami et on se comprend.

— Je n'en doute pas.

— Tu fais bien… Ça a été une jolie nuit, Udo… Une nuit calme, avec de mauvaises pensées mais sans mauvaises actions… Une nuit calme, comment te l'expliquer, calme et sans une minute de repos, sans une seule minute… Et même, lorsqu'il a commencé à faire jour, et qu'on pouvait penser que tout était fini, tu es sorti de ton hôtel… au début, j'ai cru que tu nous avais vus depuis le balcon et que tu venais te joindre à la fête ; lorsque tu t'es éloigné en direction du port, j'ai réveillé le Loup et on t'a suivi… Sans nous presser, tu as vu. Comme si on faisait une promenade.

— Hanna ne va pas bien. Tu devrais aller la voir.

— Inge non plus ne va pas bien, Udo. Moi non plus. Le Loup non plus, mon vieux. Toi non plus, si tu permets que je te le dise. Il y a rien que la mère du Loup qui va bien. Et, à Oberhausen, le petit garçon de Hanna. Il y a rien qu'eux qui vont… pas bien complètement, non, mais en comparaison à nous, bien. Oui, bien.

Je trouvais obscène l'entendre appeler Ingeborg, Inge. Malheureusement, ses amis à elle, des collègues de travail, l'appelaient aussi comme ça. C'était normal et, cependant, je n'y avais jamais pensé ; je ne connaissais aucun ami d'Ingeborg. J'ai senti qu'un frisson me parcourait le corps. J'ai commandé un autre café au lait. Le Loup a pris un café arrosé de rhum (s'il devait aller au travail, il ne montrait, de toute évidence, pas la moindre inquiétude). Charly n'a rien voulu prendre. Il n'avait envie que de fumer et il le faisait avec voracité, une cigarette après l'autre. Mais il a assuré que c'est lui qui réglerait l'addition.

— Qu'est-ce qu'il s'est passé à Barcelone ?

J'allais dire « tu as l'air changé », mais j'ai trouvé ça ridicule : c'est à peine si je le connaissais.

— Rien. On s'est promenés. On a acheté des souvenirs. C'est une jolie ville, avec trop de gens, par contre. J'ai été supporter du Football Club de Barcelone pendant un moment, lorsque Lattek était l'entraîneur et que Schuster et Simonsen jouaient. Plus maintenant. Le Barcelone m'intéresse plus, mais la ville continue à me plaire. Tu es allé à la Sagrada Familia ? Ça t'a plu ? Oui, c'est joli. On a bu aussi dans un bar très ancien, plein d'affiches de toreros et de Gitans. Hanna et Inge, elles ont trouvé ça très original. Et c'était bon marché, bien moins cher que les bars d'ici.

— Si tu avais vu le visage de Hanna, tu ne serais pas aussi décontracté. Ingeborg pensait porter plainte à la police contre toi. Si ça arrive en Allemagne, c'est sûr qu'elle le fait.

— Tu exagères... En Allemagne, en Allemagne... (Il a fait une grimace d'impuissance.) Je sais pas, peut-être que là-bas aussi maintenant il y a plus rien qui s'arrête une minute. Merde. J'en ai rien à foutre. En plus, je te crois pas, je crois pas que ça ait traversé la tête à Inge d'appeler la police.

J'ai haussé les épaules, vexé ; c'est possible que Charly ait raison, possible qu'il connaisse mieux le cœur d'Ingeborg

— Toi, qu'est-ce que tu aurais fait ?

Les yeux de Charly ont brillé, pleins de malice.

— À ta place ?

— Non, à la place d'Inge.

— Je ne sais pas. Te casser les dents à coups de pied. Te mettre la tête au carré.

Charly a fermé les yeux. Ma réponse, curieusement, lui a fait mal.

— Moi non.

Il a agité les mains en l'air, comme si quelque chose de très important lui échappait.

— Moi, à la place d'Inge, je l'aurais pas fait.

— Bien sûr.

— J'ai pas non plus violé l'Allemande de la plage. J'aurais pu le faire, mais je l'ai pas fait. Tu comprends ? J'aurais pu casser la gueule à Hanna, la lui casser vraiment et je l'ai pas fait. J'aurais pu balancer une pierre contre ta fenêtre ou te mettre une branlée après que tu as acheté ces journaux immondes. J'ai rien fait. Je parle et je fume, rien de plus.

— Pourquoi tu aurais voulu casser les vitres ou me cogner ? C'est idiot.

— Je sais pas. Ça m'a traversé la tête. Vite, vite, avec une pierre grosse comme le poing (sa voix s'est brisée, comme si, tout à coup, il se souvenait d'un cauchemar). Ça a été le Brûlé, ; pendant qu'il regardait la lumière de ta fenêtre ; envie d'attirer l'attention, j'imagine...

— Le Brûlé t'a suggéré de balancer des pierres contre ma fenêtre ?

— Non, Udo, non. Tu comprends rien, mon vieux. Le Brûlé était en train d'écluser avec nous, plutôt en silence, plutôt tous les trois en silence, écoutant la mer, rien de plus, et éclusant nos bouteilles, mais avec les yeux ouverts, pas vrai ?, et le Brûlé et moi on a regardé ta fenêtre. Je veux dire : lorsque j'ai regardé ta fenêtre, le Brûlé avait déjà les yeux fixés sur elle et je m'en suis rendu compte et il s'est rendu compte que je l'avais remarqué. Mais il a rien dit à propos de balancer des pierres. C'est moi qui ai eu l'idée. J'ai pensé que je devais *t'avertir*... tu comprends ?

— Non.

Charly a fait une moue d'ennui ; il a saisi les journaux et a tourné les pages à une vitesse incroyable, comme si, avant d'être mécanicien, il avait été caissier dans une banque ; je suis sûr qu'il n'a pas lu une seule phrase en entier ; ensuite, avec un soupir, il les a posés à côté ; par ce geste, il semblait dire que les nouvelles étaient pour moi, pas pour lui. Pendant quelques secondes, nous sommes tous deux restés silencieux. Dehors, la rue retrouvait son rythme quotidien ; dans le bar, nous n'étions plus seuls.

— Dans le fond, j'aime Hanna.

— Tu devrais aller la voir tout de suite.

— C'est une bonne fille, vraiment. Et elle a eu beaucoup de chance dans la vie, même si elle pense le contraire.

— Tu devrais retourner à ton hôtel, Charly...

— D'abord, on va passer laisser le Loup à son boulot, d'accord ?

— Bien, allons-y tout de suite alors.

Lorsqu'il s'est levé de table, il était pâle, comme s'il ne lui restait plus de sang dans le corps. Sans tituber une seule fois, ce qui m'a fait conclure qu'il n'était pas aussi soûl que je le croyais, il s'est approché du comptoir, a réglé la note et nous avons quitté les lieux. La voiture de Charly était garée à côté de la mer. Sur le porte-bagages, j'ai vu la planche à voile. Est-ce qu'il l'avait emportée à Barcelone ? Non, il a dû la mettre là à son retour, ce qui voulait dire qu'il était déjà passé par son hôtel. Nous avons lentement parcouru la distance qui nous séparait du supermarché où travaillait le Loup. Avant que celui-ci ne descende, Charly lui a dit de venir le voir à l'hôtel, si on le renvoyait, qu'il verrait bien comment résoudre le problème. J'ai traduit. Le Loup a souri et dit qu'avec lui ils n'osaient pas. Charly a acquiescé gravement et, alors que nous étions déjà à quelque distance du supermarché, il a dit qu'avec le Loup n'importe quel désaccord pouvait se révéler compliqué, pour ne pas dire dangereux. Ensuite, il s'est mis à parler des chiens. Pendant l'été, on voyait souvent des chiens abandonnés crevant de faim dans les rues. En particulier, ici, a-t-il dit.

— Hier, pendant que je cherchais la maison du Loup, j'en ai heurté un.

Il a attendu ma réaction, puis il a poursuivi :

— Un chien petit et noir, que j'avais déjà vu sur le Paseo Maritimo… En train de chercher ses salauds de maîtres ou un peu à bouffer… Je sais pas… Tu connais l'histoire du chien qui meurt de faim à côté du cadavre de son maître ?

— Oui.

— J'ai pensé à ça. Au début, les pauvres bêtes savent pas où aller, elles font qu'attendre. Ça, vraiment, c'est de la fidélité, non, Udo ? S'ils surmontent cette étape, ils passent leur temps à vagabonder et à fouiller dans les poubelles. Le petit chien noir d'hier m'a donné l'impression qu'il était en train d'attendre encore. Comment tu peux comprendre ça, Udo ?

— Comment tu peux être si sûr que tu l'avais vu avant ou que c'était un chien errant ?

— Parce que je suis descendu de la voiture et que je l'ai observé attentivement. C'était le même.

La lumière dans la voiture commençait à m'assoupir. L'espace d'un instant, j'ai cru voir les yeux de Charly emplis de larmes. Nous sommes fatigués tous les deux, ai-je pensé.

À la porte de son hôtel, je lui ai conseillé de prendre une douche, de se mettre au lit et de retarder les explications avec Hanna jusqu'à son réveil. Certains clients de l'hôtel commençaient à défiler en direction de la plage. Charly a souri et s'est perdu à l'intérieur du couloir. Je suis retourné au Del Mar, l'esprit inquiet.

J'ai trouvé Frau Else sur la terrasse du toit, après avoir souverainement ignoré les indications signalant les zones accessibles aux touristes et celles réservées uniquement au personnel de l'hôtel. Je dois avouer, d'autre part, que je ne la cherchais pas. Cela s'est passé ainsi : Ingeborg dormait encore, j'étouffais dans le bar, je n'avais pas envie de sortir et je n'avais pas davantage envie de dormir. Frau Else lisait, étendue sur une chaise longue bleu ciel, un verre de jus de fruit à côté d'elle. Elle n'a pas été surprise en me voyant apparaître, au contraire, avec sa voix calme habituelle elle m'a félicité d'avoir trouvé la porte de la terrasse.

« Privilège de somnambule », ai-je répondu, en mettant ma tête de biais pour chercher à voir quel livre elle avait entre les mains. C'était un guide touristique du sud de l'Espagne. Ensuite, elle m'a demandé si je voulais boire quelque chose. Devant mon regard interrogatif, elle a expliqué que, même sur la terrasse, elle disposait d'une sonnette pour avertir le service. Par curiosité, j'ai accepté. Au bout d'un moment, je lui ai demandé ce qu'elle faisait la veille. J'ai ajouté que je l'avais cherchée en vain dans tout l'hôtel. « Avec la pluie, vous disparaissez », ai-je dit.

Le visage de Frau Else s'est assombri. Avec des gestes en apparence étudiés (mais je sais qu'elle est ainsi, que cela fait partie de sa spontanéité et de son énergie) elle a retiré ses lunettes noires et m'a dévisagé avant de répondre : hier, elle a passé toute la journée enfermée dans la chambre, avec son époux. Serait-il malade ? Le mauvais temps, les nuages chargés d'électricité lui font du mal ; ses terribles maux de tête affectent sa vision et ses nerfs ; il lui est arrivé à certaines périodes de souffrir de cécité passagère. De fièvre cérébrale, disent les lèvres parfaites de Frau Else. (Pour ce que j'en sais, cette maladie n'existe pas.) Tout de suite après, avec une esquisse de sourire, elle me fait lui promettre de ne jamais plus la chercher. Nous nous verrons seulement lorsque le hasard en décidera. Et si je refuse ? À cet instant apparaît une serveuse avec un verre de jus de fruit en tous points identique à celui que Frau Else tient dans la main ; pendant quelques secondes, la pauvre jeune fille est éblouie par le soleil, cligne des yeux et ne sait où aller ; ensuite elle pose le verre sur la table et s'éloigne.

— Je vous le promets, lui ai-je dit en lui tournant le dos et en me dirigeant vers l'extrémité de la terrasse.

Le jour était jaune et réfléchissait de tous côtés une couleur de chair humaine, qui m'a donné la nausée.

Je me suis retourné vers elle et lui ai avoué que je n'avais pas fermé l'œil de la nuit. « Vous n'avez pas besoin de le jurer », a-t-elle répondu sans quitter des yeux le livre qu'elle avait de nouveau dans les mains. Je lui ai raconté que Charly avait frappé Hanna. « Certains hommes ont cette habitude », a-t-elle dit. J'ai ri. « Aucun doute, vous n'êtes pas une féministe ! » Frau Else a tourné une page sans me répondre. Je lui ai alors dit ce que Charly m'avait expliqué à propos des chiens, les chiens abandonnés par les gens avant ou pendant leurs vacances. J'ai remarqué que Frau Else écoutait avec intérêt. Lorsque j'ai eu fini mon histoire, j'ai vu dans ses yeux une lueur d'inquiétude ; j'ai craint qu'elle ne se lève et ne s'avance vers moi. J'ai craint qu'elle ne prononce les mots qu'en ce moment j'avais le moins envie d'entendre. Mais elle n'a fait aucun commentaire et, peu après, j'ai estimé plus prudent de me retirer.

Ce soir, tout est redevenu normal. Dans une boîte de nuit de la zone des campings, Hanna, Charly, Ingeborg, le Loup, l'Agneau et moi avons bu à l'amitié, au vin, à la bière, à l'Espagne, à l'Allemagne, au Real Madrid (le Loup et l'Agneau ne sont pas des supporters du FC Barcelone, comme le croyait Charly, mais du Real Madrid), aux jolies femmes, aux vacances, etc. Une paix complète. Hanna et Charly, évidemment, se sont réconciliés. Charly est de nouveau le même rustaud plus ou moins ordinaire que nous avions connu le 21 août et, pour fêter ça, Hanna a enfilé sa robe la plus voyante et la plus décolletée. Même sa pommette violacée lui donne un certain charme, mi-érotique, mi-canaille. (Sa pommette violacée qu'elle a cachée sous des lunettes de soleil tant qu'elle a été sobre, mais que, dans le vacarme de la boîte de nuit, elle a exhibée franchement, heureuse, comme si elle s'était retrouvée elle-même et avait retrouvé sa raison de vivre.) Ingeborg a officiellement pardonné à Charly qui, devant tout le monde, s'est agenouillé à ses pieds et a loué ses qualités à la plus grande joie de tous ceux qui ont pu l'entendre et comprenaient l'allemand. Pour ce qui est du déploiement d'attentions, le Loup et l'Agneau ne sont pas demeurés en reste ; c'est à eux que nous avons dû d'avoir trouvé le restaurant le plus authentiquement espagnol que nous ayons vu jusqu'à aujourd'hui. Restaurant où, en plus de bien manger et pour pas cher, et de boire en quantité et pour moins cher encore, nous avons eu l'occasion d'entendre une chanteuse de flamenco (ou de chansons typiques) qui s'est révélée être un travesti du nom d'Andrómeda, bien connu de nos amis espagnols. Après le repas : un long moment riche en anecdotes plaisantes, en chansons et en danses. Andromeda, assise à côté de nous, a montré aux femmes comment taper dans les mains et ensuite s'est lancé avec Charly dans une danse appelée « sévillane » ; au bout d'un petit moment, tout le monde s'est mis à les imiter, même des gens des autres tables, sauf moi, qui ai refusé d'une manière catégorique et un peu brusque. J'aurais été ridicule. Ma brusquerie, cependant, a eu l'air de plaire au travesti qui, une fois la danse finie, m'a lu les lignes de la main. J'aurais de l'argent, du pouvoir et de l'amour ; une vie pleine d'émotions ; un fils (ou un petit-fils) pédé... Andrómeda lit l'avenir et l'interprète ; au début, sa voix est presque inaudible, un murmure, ensuite elle devient plus forte et finalement elle récite de telle sorte que tout le monde peut l'entendre et rire de son esprit. Celui qui se prête au jeu est la cible des plaisanteries des habitués, mais, dans l'ensemble, Andromeda ne m'a rien dit de désagréable et, avant notre départ, le travesti nous a offert un œillet et nous a invités à revenir. Charly lui a laissé un pourboire de mille pesetas. Nous sommes tous tombés d'accord pour dire que c'est un lieu qui « vaut le détour » ; des félicitations pleuvent sur le Loup et l'Agneau. Dans la boîte de nuit, l'ambiance est différente, il y a plus de jeunes gens et l'environnement est artificiel, mais nous n'avons pas tardé à nous mettre au diapason. Résignation. Là, en revanche, je danse ; et j'embrasse Ingeborg et Hanna, cherche les toilettes et vomis puis me coiffe et retourne sur la piste. Tirant Charly par le revers de son vêtement, je le prends à part et lui demande : tout va bien ? Tout va magnifiquement bien, répond-il. Hanna, par-derrière, referme ses bras sur lui et l'éloigne de moi. Charly veut me dire quelque chose de plus, mais je vois seulement ses lèvres remuer et, lorsque plus rien d'autre n'est possible, son sourire. Ingeborg aussi est redevenue l'Ingeborg de la nuit du 21 août ; l'Ingeborg de toujours. Elle m'embrasse, me serre contre elle, demande que nous fassions l'amour. De retour dans notre chambre, à cinq heures du matin, nous faisons donc l'amour ;

Ingeborg a un orgasme rapide ; moi je me retiens et la possède encore de nombreuses minutes. Nous avons tous les deux sommeil. Nue sous les draps, Ingeborg assure que tout est simple. « Même tes miniatures. » Elle insiste sur ce terme avant de sombrer dans le sommeil. « Des miniatures. » « Tout est simple. » Pendant un long moment, je suis resté là à fixer mon jeu et à *penser*.

30 août

Les événements d'hier sont encore confus, mais je vais cependant essayer de les consigner de manière ordonnée, ainsi peut-être pourrais-je moi-même découvrir quelque chose qui, jusqu'à présent, m'aurait échappé, entreprise difficile et probablement inutile, car ce qui est arrivé est arrivé et il ne sert pas à grand-chose de nourrir de faux espoirs. Mais je dois bien faire quelque chose pour tuer le temps.

Je commencerai par le petit déjeuner sur la terrasse de l'hôtel, les maillots de bain enfilés, par une matinée sans nuages, adoucie par une agréable brise qui soufflait de la mer. Mon projet initial était de retourner à la chambre, lorsqu'elle serait faite, et de passer ces heures-là plongé dans le jeu, mais Ingeborg s'est chargée de me dissuader : la matinée était trop belle pour ne pas sortir de l'hôtel. Sur la plage, nous avons trouvé Hanna et Charly, allongés sur une énorme natte ; ils dormaient. La natte, tout récemment achetée, portait encore dans un coin l'étiquette avec le prix. Je m'en souviens avec précision, comme si c'était un tatouage : 700 pesetas. J'ai alors pensé, ou peut-être est-ce seulement maintenant que je le pense, que cette scène m'était familière. C'est ce qui arrive d'habitude lorsque je passe une nuit blanche, les détails insignifiants se magnifient et perdurent. Je veux dire : rien que de très normal. Cependant, j'ai trouvé ça inquiétant. Ou c'est maintenant, alors que le soleil s'est déjà couché, que je trouve ça inquiétant.

La matinée s'est écoulée engluée dans les mêmes actions vaines de toujours : nager, parler, lire des magazines, nous badigeonner le corps de crèmes solaires et bronzantes. Nous avons déjeuné tôt, dans un restaurant bondé de touristes qui, comme nous, portaient des maillots de bain et sentaient l'huile solaire (ce n'est pas une odeur agréable quand on mange) ; ensuite, j'ai réussi à m'échapper ; Ingeborg, Hanna et Charly sont repartis à la plage et moi, je suis retourné à l'hôtel. Qu'est-ce que j'ai fait ? Peu de chose. J'ai regardé mon jeu, incapable de me concentrer, ensuite j'ai fait une sieste peuplée de cauchemars jusqu'à six heures de l'après-midi. Lorsque, depuis le balcon, j'ai observé que la grande masse des baigneurs battait en retraite en direction des hôtels et des campings, je suis descendu à la plage. Triste est l'heure et tristes sont les baigneurs : fatigués, soûls de soleil, ils tournent leurs regards vers la ligne de bâtiments comme des soldats convaincus par avance de succomber ; leur façon de traverser la plage et le Paseo Maritimo, de leurs pas harassés, prudents mais avec un soupçon de mépris, de fanfaronnade face à un danger lointain, leur manière particulière de s'enfoncer dans des rues latérales où, immédiatement, ils cherchent l'ombre, les conduisent directement — sont un hommage — au vide.

La journée, envisagée rétrospectivement, s'avère dépourvue de personnages et d'inquiétudes. Pas de Frau Else, pas de Loup, pas d'Agneau, pas une lettre d'Allemagne, pas un appel téléphonique, rien qui soit significatif. Rien que Hanna et Charly, Ingeborg et moi, tous les quatre en paix ; et le Brûlé, mais loin, occupé avec ses pédalos (il n'y avait plus trop de clients), quoique Hanna, je ne sais pourquoi, se soit approchée de lui pour lui parler ; pas longtemps, moins d'une minute, un geste de politesse, a-t-elle dit ensuite. En résumé, une journée paisible, bonne pour une exposition au soleil et rien de plus.

Je me rappelle que, lorsque je suis descendu la deuxième fois à la plage, le ciel s'est soudain peuplé d'une infinité de nuages, des nuages minuscules qui ont commencé à filer vers l'est ou le nord-est, et qu'en me voyant Ingeborg et Hanna, qui étaient en train de nager, sont sorties de l'eau, d'abord Ingeborg, qui m'a embrassé, et ensuite Hanna. Charly était étendu face aux rayons de soleil à présent sans force et avait l'air de dormir. À notre gauche, le Brûlé montait, patiemment, la forteresse de chaque nuit, étranger à tout, à l'heure à laquelle sans doute son apparence monstrueuse lui apparaissait sans fard. Je me rappelle la couleur jaune cendre de l'après-midi, notre conversation sans consistance (je ne pourrais pas en préciser les sujets), les cheveux mouillés des filles, la voix de Charly qui racontait l'histoire absurde d'un enfant apprenant à rouler à bicyclette. Tout indiquait que cette soirée s'annonçait aussi agréable que n'importe quelle autre et que, bientôt, nous allions retourner à nos hôtels nous doucher avant de finir la nuit dans une boîte quelconque.

Alors Charly a bondi, a saisi sa planche à voile et s'est enfoncé dans la mer. Jusqu'à ce moment-là, je ne m'étais pas aperçu que la planche était là, que tout le temps elle avait été là.

— Reviens vite, a crié Hanna

Je ne crois pas qu'il l'ait entendue.

Les premiers mètres, il a nagé en traînant la planche ; ensuite il a grimpé dessus, il a levé la voile, nous a fait un geste de salut de la main et a filé vers la haute mer en profitant d'un coup de vent favorable. Il devait être sept heures du soir, pas beaucoup plus. Ce n'était pas le seul véliplanchiste. De cela, je suis sûr.

Au bout d'une heure, fatigués d'attendre, nous sommes allés boire à la terrasse du Costa Brava d'où l'on domine parfaitement la plage et l'endroit par où, en toute logique, devait apparaître Charly. Nous nous sentions sales et assoiffés. Je me rappelle que le Brûlé, que je voyais chaque fois que je me retournais en essayant de repérer la voile de Charly, n'a à aucun moment cessé de s'agiter autour de ses pédalos, comme une espèce de Golem affairé, jusqu'à ce que, d'un seul coup, il disparaisse tout simplement (à l'intérieur de sa cahute, je suppose), mais d'une manière si intempestive, si abrupte, qu'il est resté sur la plage un double vide : il manquait Charly et maintenant il manquait le Brûlé. Je crois qu'à partir de là j'ai redouté un malheur.

À neuf heures du soir, bien que la nuit ne soit pas encore tombée, nous avons décidé de demander conseil au réceptionniste du Costa Brava. Celui-ci nous a envoyé à la Cruz Roja del Mar, dont les bureaux se trouvent sur le Paseo Marítimo, un peu avant la partie de la vieille ville. Là, après une explication laborieuse, un contact radio a été établi avec un Zodiac de sauvetage. Au bout d'une demi-heure, le Zodiac a rappelé en conseillant de soumettre plutôt le problème aux autorités policières et maritimes du port. La nuit tombait rapidement ; je me rappelle que j'ai regardé par la fenêtre et que j'ai vu l'espace d'une seconde le Zodiac avec lequel nous avions parlé. L'employé de la Croix-Rouge nous a expliqué que le mieux était de retourner à notre hôtel et, de là, d'appeler la Comandancia de Marina, la police et la Protección Civil ; le gérant de l'hôtel devait nous guider pour tout. Nous avons dit que c'est ce que nous allions faire et nous sommes partis. Nous avons effectué la moitié du trajet en silence et l'autre moitié en discutant. D'après Ingeborg, c'étaient tous des incompétents. Hanna n'était pas très convaincue, mais avançait, d'autre part, que le gérant du Costa Brava détestait Charly ; il était aussi possible que celui-ci soit dans un village voisin, comme c'était arrivé une fois, vous vous en souvenez ? Je lui ai donné mon opinion : qu'elle fasse exactement ce que l'on nous avait indiqué. Alors Hanna a dit oui, j'avais raison, et elle s'est effondrée.

Dans l'hôtel, le réceptionniste et plus tard le gérant ont expliqué à Hanna que les naufragés de planches à voile étaient monnaie courante à cette époque et que, de manière générale, il ne leur arrivait rien de grave. Dans le pire des cas, ils passaient quarante-huit heures à la dérive mais le sauvetage était certain, etc. Après avoir entendu ces paroles, Hanna a cessé de pleurer et a paru plus calme. Le gérant a proposé de nous conduire à la Comandancia de Marina dans sa voiture. Là, on a pris la déclaration de Hanna, on a joint le port et de nouveau la Cruz Roja del Mar. Peu après deux policiers ont débarqué. Ils avaient besoin d'une description détaillée de la planche à voile ; on allait lancer une recherche en hélicoptère. Ils nous ont demandé si la planche avait un équipement de survie, nous nous sommes tous déclarés absolument ignorants de son existence. L'un des policiers a dit : « C'est qu'en fait c'est une invention espagnole. » L'autre policier a ajouté : « Alors, ça va dépendre du sommeil qu'il va avoir ; s'il s'endort, ça va aller mal pour lui. » Je me suis irrité de les entendre parler devant nous ainsi, alors qu'ils n'ignoraient pas que je comprenais la langue. Évidemment, je n'ai pas traduit à Hanna ce qu'ils avaient dit. Le gérant, en revanche, ne manifestait pas le moindre symptôme de nervosité et, lorsque nous sommes revenus à l'hôtel, il s'est même permis de plaisanter sur l'affaire. « Vous êtes content ? » ai-je dit. « Oui, tout va bien, a-t-il répondu. Votre ami ne va pas tarder à réapparaître. Vous savez, nous sommes tous sur l'affaire. On ne peut pas échouer. »

Nous avons dîné au Costa Brava. Comme on peut l'imaginer, le repas n'a pas été animé. Du poulet avec de la purée de pommes de terre et des œufs frits, de la salade, du café et des glaces que les garçons, au courant de ce qui arrivait (en réalité nous étions le point de mire de tous les regards), nous ont servi avec une affabilité hors du commun. Notre appétit n'a pas diminué. Nous en étions justement au dessert, quand j'ai vu le visage du Loup collé aux vitres qui séparaient la salle à manger de la terrasse. Il me faisait des signes. Lorsque j'ai annoncé sa présence, Hanna a soudainement rougi et a baissé les yeux.

D'une voix fluette, elle m'a demandé de me débarrasser d'eux, qu'ils reviennent demain, ce qu'il me paraîtrait le mieux. J'ai haussé les épaules et je suis sorti ; sur la terrasse, le Loup et l'Agneau attendaient. Je leur ai raconté en quelques mots ce qu'il se passait. Tous deux ont été affectés par la nouvelle (je crois avoir vu des larmes dans les yeux du Loup, mais je ne pourrais pas le jurer) ; ensuite j'ai expliqué que Hanna était très nerveuse et que nous attendions des nouvelles de la police d'un moment à l'autre. Je n'ai pas trouvé d'arguments à leur opposer lorsqu'ils ont proposé de revenir dans une heure. Je suis resté sur la terrasse jusqu'à ce qu'ils partent ; l'un des deux sentait le parfum et, sous des airs négligés, ils étaient habillés avec soin ; lorsqu'ils ont atteint le trottoir, ils ont commencé à discuter ; en tournant le coin de la rue, ils gesticulaient encore.

Les événements qui ont eu lieu ensuite, j'imagine qu'ils font partie de la routine dans les cas semblables, même s'ils sont le plus souvent ennuyeux et inutiles. D'abord, un policier est arrivé ; puis un autre, mais avec un uniforme différent, accompagné d'un civil qui parlait allemand et d'un matelot, vêtu de pied en cap d'un uniforme de marine ! ; heureusement, ils ne se sont pas attardés (le matelot, d'après ce que nous a dit le gérant, était sur le point de se joindre aux recherches dans un canot muni de projecteurs). Ils nous ont promis en partant de nous avertir à n'importe quelle heure des résultats obtenus. À leurs mines, on pouvait voir que les possibilités de retrouver Charly vivant étaient de plus en plus réduites. Enfin, un membre — le secrétaire, ai-je cru entendre — du club de windsurf de la ville, est apparu pour nous assurer de l'appui matériel et moral de ses adhérents, eux aussi avaient mis en service un canot de sauvetage, sans parler de la coopération avec la Comandancia de Marina et la Protección Civil, dès qu'ils avaient été informés du naufrage. C'est le mot dont il s'est servi : naufrage. Hanna, qui pendant le repas avait fait preuve de sérénité et de force, face à ce dernier signe de solidarité a été reprise par des pleurs qui, peu à peu, se sont transformés en une crise d'hystérie.

Aidés par un serveur, nous l'avons emmenée dans sa chambre et couchée. Ingeborg a demandé si elle avait des calmants. Hanna, en sanglotant, a dit que non, que le médecin les lui avait interdits. Finalement, nous avons décidé que le mieux était qu'Ingeborg reste là et y passe la nuit.

Avant de retourner à l'hôtel Del Mar, j'ai fait un tour au Rincón de los Andaluces. Je m'attendais à tomber sur le Loup et l'Agneau, ou sur le Brûlé, mais je n'ai vu personne. Le patron, assis à la table la plus proche du téléviseur, regardait comme d'habitude un western. Je suis reparti tout de suite. Le patron ne s'est même pas retourné. J'ai appelé Ingeborg de l'hôtel Del Mar. Rien de neuf. Elles étaient couchées mais aucune des deux ne pouvait dormir. Je lui ai dit stupidement : « Console-la. » Ingeborg ne m'a pas répondu. Pendant quelques instants, j'ai cru que la communication avait été coupée.

— Je suis là, a dit Ingeborg, je suis en train de réfléchir.

— Oui, moi aussi, je suis en train de réfléchir.

Ensuite, nous nous sommes souhaité bonne nuit et nous avons raccroché.

Je suis resté un moment étendu sur le lit, lumière éteinte, à faire mentalement des hypothèses sur ce qui avait pu arriver à Charly. Les images qui se formaient dans ma tête étaient sans relations les unes avec les autres : la nouvelle natte avec le prix encore indiqué, le repas de midi imprégné d'odeurs repoussantes, l'eau, les nuages, la voix de Charly… J'ai pensé que c'était bizarre que personne n'ait posé de questions à Hanna à propos de sa joue violacée ; j'ai pensé à l'aspect des noyés ; j'ai pensé que nos vacances, d'une certaine manière, s'en étaient allées au diable. Cela m'a fait me lever d'un bond et me mettre à travailler avec une énergie inusitée.

J'ai fini le tour du printemps 41 à quatre heures du matin. Mes yeux se fermaient de sommeil, mais je me sentais satisfait.

31 août

Ingeborg m'a téléphoné à dix heures du matin pour me dire que nous avions rendez-vous à la Comandancia de Marina. Je les ai attendues dans la voiture, devant le Costa Brava, et nous sommes partis. Hanna était en meilleure forme que la veille au soir, elle s'était maquillé les yeux et avait mis du rouge à lèvres et, lorsqu'elle m'a vu, elle m'a adressé un sourire. En revanche, le visage d'Ingeborg ne laissait présager rien de bon. La Comandancia de Marina se trouve à quelques mètres du port de plaisance, dans une rue étroite de la vieille ville ; pour parvenir aux bureaux, il faut traverser une cour intérieure couverte de carreaux sales, une fontaine asséchée plantée en son milieu. Là, appuyée contre cette fontaine, s'offrait à nos yeux la planche de Charly. Nous avons su que c'était elle, sans que personne nous le dise et, pendant quelques instants, nous avons été incapables de parler ou de continuer à marcher. « Montez, s'il vous plaît, montez », a dit d'une fenêtre du deuxième étage un jeune homme, que j'ai reconnu plus tard comme étant celui de la Cruz Roja. Passé le premier choc, nous sommes montés ; sur le palier nous attendaient le chef de la Protección Civil et le secrétaire du club de windsurf qui se sont adressés à nous de manière sympathique et cordiale. Ils nous ont demandé d'entrer : il y avait dans le bureau deux civils, le gars de la Cruz Roja et deux policiers. L'un des civils a voulu savoir si nous reconnaissions la planche qui se trouvait dans la cour. Hanna, dont la peau bronzée a pâli, a haussé les épaules. Ils m'ont posé la même question. J'ai dit que je ne pourrais pas l'assurer ; Ingeborg a répondu la même chose. Le secrétaire du club s'est mis à regarder par la fenêtre. Les policiers avaient l'air ennuyé. J'ai eu l'impression que personne n'osait parler. Il faisait chaud. C'est Hanna qui a brisé le silence. Vous l'avez trouvé ? a-t-elle dit, d'une voix si aiguë que nous avons tous sursauté. Celui qui parlait allemand s'est empressé de répondre que non, nous n'avons trouvé que la planche et la bôme, quelque chose, comme vous comprendrez, d'assez significatif... Hanna a de nouveau haussé les épaules. « Il a certainement su qu'il allait s'endormir et a décidé de s'attacher »... « Ou il avait prévu que ses forces n'allaient pas résister, la mer, l'angoisse, l'obscurité, vous comprenez bien »... « En tout cas, il a fait ce qu'il faut : il a dénoué les liens qui tiennent la voile et s'est attaché à la planche »... « Bon, ce sont des suppositions, bien sûr »... « Nous n'avons pas lésiné avec les moyens : la recherche a coûté très cher et a été périlleuse »... « Ce matin tôt, une embarcation de la Cofradía de Pescadores a trouvé la planche et la bôme »... « Maintenant, il faut que vous vous mettiez en contact avec le consulat allemand »... « Naturellement, nous poursuivons nos recherches dans la zone »... Hanna avait les yeux fermés. C'est ensuite que je me suis rendu compte qu'elle pleurait. Nous nous sommes tous regardés, émus. Le gars de la Cruz Roja s'est vanté : « Je n'ai pas fermé l'œil de la nuit. » Il avait l'air excité. Immédiatement après, ils ont sorti des documents pour que Hanna les signe ; j'ignore de quoi il s'agissait. En sortant, nous sommes allés boire quelque chose dans un bar du centre. Nous avons parlé du temps et des fonctionnaires espagnols, des gens qui avaient de la bonne volonté mais peu de moyens. Le lieu était bondé de cette espèce de touristes, plutôt crasseux, qui ne font que passer, et puait fort la transpiration et le tabac. Nous en sommes partis à midi passé. Ingeborg a décidé de rester avec Hanna et moi je suis monté dans la chambre ; j'avais les yeux qui se fermaient et je n'ai pas tardé à m'endormir.

J'ai rêvé que quelqu'un frappait à la porte. Il faisait nuit et, au moment où j'ouvrais, je voyais une silhouette s'esquiver au fond du couloir. Je la poursuivais ; sans que rien l'annonce, nous arrivions dans une chambre énorme, plongée dans la pénombre, dans laquelle se découpaient les contours de pesants meubles anciens. Une odeur de moisissure et d'humidité régnait. Sur un lit, une ombre se tordait. J'ai pensé au début que c'était un animal. Ensuite, j'ai reconnu l'époux de Frau Else. Enfin !

Lorsque Ingeborg m'a tiré de mon sommeil, la chambre était emplie de lumière et j'étais en nage. La première chose qui m'est apparue, ça a été son visage, un visage définitivement changé ; la mauvaise humeur était inscrite sur son front et ses paupières, et pendant quelques instants nous nous sommes fixés sans nous reconnaître, comme si nous venions tous deux de nous réveiller. Ensuite, elle m'a tourné le dos et s'est mise à regarder les placards et le plafond ; elle avait perdu, d'après ce qu'elle m'a dit, une demi-heure à essayer de me téléphoner depuis l'hôtel Costa Brava et personne n'avait répondu. Dans sa voix, je perçois de la rancune et de la tristesse ; mon explication, pleine de bonne volonté conciliatrice, ne provoque en elle que mépris. Finalement, après un long silence que j'emploie à me doucher, elle admet :

— Tu dormais, mais, moi, j'ai cru que tu étais parti.

— Pourquoi tu n'es pas montée pour le vérifier de tes propres yeux ?

Ingeborg rougit :

— Ce n'était pas nécessaire... En plus, cet hôtel me fait peur, toute la ville me fait peur.

J'ai pensé, je ne sais pour quels obscurs motifs, qu'elle avait raison ; mais je ne lui ai pas dit.

— Quelle sottise...

— Hanna m'a prêté des vêtements, ils me vont bien, nous avons presque la même taille.

Ingeborg parle vite et, pour la première fois, me regarde dans les yeux.

En effet, les vêtements qu'elle porte ne sont pas les siens. D'un coup, me sautent aux yeux le goût de Hanna, les espoirs de Hanna, l'intraitable volonté estivale de Hanna, et le résultat est troublant.

— On sait quelque chose à propos de Charly ?

— Rien. Des journalistes sont venus à l'hôtel.

— Alors il est mort.

— C'est possible. Ne dis rien à Hanna, c'est mieux...

— Non, bien sûr, ce serait absurde.

Quand je suis sorti de la douche, l'image d'Ingeborg, assise à côté de mon jeu, perdue dans ses pensées, m'a paru parfaite. Je lui ai proposé de faire l'amour. Sans se retourner, elle m'a repoussé avec un léger mouvement de la tête.

— Je ne sais pas ce qui t'attire dans ce truc, a-t-elle dit, en désignant la carte.

— Sa clarté, ai-je répondu en m'habillant.

— Je crois que moi je le déteste.

— Parce que tu ne sais pas jouer. Si tu savais, ça te plairait.

— Il y a des femmes qui s'intéressent à ce genre de jeux ? Tu as joué avec l'une d'elles ?

— Non, moi non. Mais il y en a. C'est vrai, il y en a peu ; ce n'est pas un jeu qui attire spécialement les filles.

Ingeborg m'a regardé avec des yeux désolés.

— Tout le monde a tripoté Hanna, a-t-elle dit soudain.

— Quoi ?

— Tous, ils ont tripoté Hanna.

Ingeborg a fait une grimace horrible.

— Juste comme ça. Moi, je n'arrive pas à le comprendre, Udo.

— Qu'est-ce que tu veux dire ? Qu'ils ont tous couché avec elle ? Et qui sont ces tous-là ? Le Loup et l'Agneau ?

Je ne parviens pas à saisir comment et pourquoi, mais je me suis mis à trembler. D'abord les genoux et ensuite les mains. C'était impossible à cacher.

Après avoir hésité un moment, Ingeborg s'est levée d'un bond, a fourré dans un sac de plage en paille son bikini et la serviette et a quitté la chambre, prenant littéralement la fuite. De la porte, qu'elle ne s'est pas donné la peine de fermer, elle a dit :

— Ils l'ont tous tripotée mais toi tu étais enfermé dans la chambre avec ta guerre.

— Et alors qu'est-ce que ça fait ? ai-je crié. Est-ce que j'ai quelque chose à voir avec cette histoire ? Est-ce que c'est de ma faute ?

J'ai passé ce qu'il restait de l'après-midi à écrire des cartes postales et à boire de la bière. La disparition de Charly ne m'a pas affecté comme on suppose que sont censés le faire ces incidents ; chaque fois que je pensais à lui — j'admets que c'était souvent — je ressentais une sorte de vide, et rien de plus. À sept heures, je suis passé par le Costa Brava jeter un coup d'œil. J'ai trouvé Ingeborg et Hanna dans la salle de télévision, une pièce étroite et tout en longueur, aux murs verts, avec une fenêtre qui donne sur une cour intérieure pleine de plantes moribondes. L'endroit était déprimant, et je l'ai dit. La pauvre Hanna m'a regardé avec sympathie, elle avait chaussé des lunettes de soleil et a dit en souriant que c'était la raison pour laquelle personne, jamais, n'allait dans cette pièce, les clients avaient l'habitude de regarder la télévision dans le bar de l'hôtel ; le gérant assurait que c'était un coin tranquille. Et vous êtes bien ? ai-je dit stupidement, j'en ai même bégayé. Oui, on est bien, a répondu Hanna pour toutes les deux. Ingeborg ne m'a même pas jeté un regard : elle a continué à fixer l'écran de l'appareil, en feignant un intérêt qu'elle ne pouvait pas ressentir puisqu'il s'agissait d'une série américaine doublée en espagnol et, de toute évidence, elle n'en comprenait pas un traître mot. À côté d'elles, dans un fauteuil pareil à un jouet, somnolait une vieille dame. J'ai demandé d'une moue interrogative qui c'était. La mère de quelqu'un, a dit Hanna et elle a ri. Elles ont accepté sans problème lorsque je les ai invitées à boire un verre, mais ont refusé de quitter l'hôtel ; d'après Hanna, de nouvelles informations pouvaient arriver au moment le plus inattendu. Nous sommes restés comme ça, jusqu'à onze heures du soir, à parler entre nous et avec les serveurs. Hanna, cela ne faisait pas de doute, était devenue la célébrité de l'hôtel ; tout le monde est au courant de son malheur et, du moins extérieurement, elle est un objet d'admiration. Sa pommette meurtrie contribue à donner plus d'éclat à une incertaine histoire tragique. C'est comme si elle aussi avait réchappé à on ne sait quel naufrage.

Il est question, évidemment, de la vie à Oberhausen. Hanna, en un murmure ininterrompu, évoque les gestes élémentaires d'un homme et d'une fillette, d'une femme et d'une vieille dame, de deux vieilles dames, d'un enfant et d'une femme ; des couples, tous, désastreux, et dont le rapport avec Charly est à peine expliqué. La vérité est que Hanna ne connaît la moitié d'entre eux que par ouï-dire. Auprès de ces masques, le visage de Charly resplendit vertueusement : il avait un cœur d'or, cherchait constamment la vérité et l'aventure (quelle *vérité* et quelle *aventure*, j'ai préféré ne pas approfondir), savait faire rire une femme, n'avait pas de préjugés stupides, était raisonnablement courageux et aimait les enfants. Lorsque je lui ai demandé à quoi elle faisait allusion en disant qu'il n'avait pas de préjugés stupides, Hanna a répondu :

— Il savait se faire pardonner.

— Tu te rends compte que tu as commencé à parler de lui au passé ?

Pendant quelques instants, Hanna a semblé méditer mes paroles ; ensuite, le front penché, elle s'est mise à pleurer. Heureusement, cette fois-ci, il n'y a pas eu de scène d'hystérie.

— Je ne crois pas que Charly soit mort, a-t-elle dit enfin, même si je suis sûre que je ne le reverrai plus.

Devant notre difficulté à admettre une chose pareille, Hanna a affirmé qu'elle croyait que tout était une blague de Charly. Elle ne pouvait pas l'imaginer noyé pour la simple raison qu'il nageait très bien. Alors, pourquoi ne se montre-t-il pas ? Qu'est-ce qui le poussait à rester caché ? La réponse de Hanna se fonde sur la folie et la fin de l'amour. Dans un roman américain, elle a lu une histoire similaire, sauf que là la raison était la haine. Charly ne hait personne. Charly est fou. En plus : il a cessé de l'aimer (cette dernière certitude a l'air de fortifier le caractère de Hanna).

Après le repas, nous sommes allés parler sur la terrasse du Costa Brava. En réalité, c'est Hanna qui parle et nous, nous suivons le chemin erratique de sa conversation, comme si nous nous relayions au chevet d'une malade. La voix de Hanna est douce et, malgré les sottises qu'elle débite les unes après les autres, l'écouter est relaxant. Elle raconte le dialogue téléphonique qu'elle a eu avec un fonctionnaire du consulat allemand, comme s'il s'agissait d'une rencontre amoureuse ; elle disserte sur la « voix du cœur » et la « voix de la nature » ; elle raconte des anecdotes sur son fils et se demande à qui il ressemblera lorsqu'il grandira : maintenant, c'est son portrait craché à elle. En un mot, elle s'est résignée devant l'horreur, ou peut-être, plus astucieusement, a transmué l'horreur en rupture. Lorsque nous nous souhaitons bonne nuit, il n'y a plus personne sur la terrasse et les lumières de l'hôtel tout comme les lumières du restaurant de l'hôtel ont été éteintes.

Hanna, d'après Ingeborg, ne sait pas grand-chose de Charly :

— Lorsqu'elle parlait avec le fonctionnaire du consulat, elle n'a pas su donner une seule adresse de parents proches ou lointains à informer de la disparition. Elle n'a pu fournir que le nom de l'entreprise où ils travaillent tous les deux. La vérité, c'est qu'elle ignore complètement la vie passée de Charly. Dans sa chambre, sur la table de nuit, elle avait posé la carte d'identité de Charly, ouverte, avec sa photo présidant tout ; à côté de la carte d'identité, il y avait un petit tas d'argent et Hanna a été très claire : c'est *son argent*.

Ingeborg n'a pas osé regarder la valise où Hanna a mis les affaires que Charly avait apportées en Espagne.

Date de départ : l'hôtel est payé jusqu'au 1er septembre ; c'est-à-dire demain, avant midi, elle devra décider de partir ou de rester. Je suppose qu'elle restera, bien qu'elle reprenne le travail le 3 septembre. Charly aussi commençait à travailler le 3 septembre. Cela me rappelle qu'Ingeborg et moi, nous reprenons le 5.

1er septembre

À midi, Hanna est partie pour l'Allemagne, dans la voiture de Charly. Le gérant de l'hôtel Costa Brava, dès qu'il a été au courant, a dit que c'était une impardonnable bêtise. La seule raison que Hanna avait, c'était qu'elle n'était plus capable de supporter la tension. Maintenant, d'une manière obscure et inéluctable, nous sommes seuls, ce qu'il y a peu je souhaitais, mais certainement pas de la façon dont ça s'est produit ; tout a l'air pareil qu'hier, même si la tristesse a commencé à détruire le paysage. Avant son départ, Hanna m'a prié de prendre soin d'Ingeborg. Bien sûr, l'ai-je tranquillisée, mais qui va prendre soin de moi ? Toi, tu es plus fort qu'elle, dit-elle de l'intérieur de la voiture. Ça m'a surpris car la plupart des gens qui nous connaissent, Ingeborg et moi, pensent qu'Ingeborg est plus forte que moi. Derrière les verres de ses lunettes de soleil se laissait deviner un regard inquiet. Rien de mal n'arrivera à Ingeborg, ai-je promis. À côté de nous, Ingeborg a soufflé sarcastiquement. Je te crois, a dit Hanna en serrant ma main. Plus tard, le gérant du Costa Brava a commencé à nous persécuter par téléphone, comme s'il nous rendait coupables du départ de Hanna. Le premier appel est arrivé pendant que nous étions en train de manger ; un garçon est venu me chercher à table et j'ai pensé, contre toute logique, que c'était Hanna qui appelait depuis Oberhausen pour nous avertir qu'elle était arrivée saine et sauve. C'est le gérant ; l'indignation l'empêche de parler avec fluidité ; il appelle pour avoir une exacte confirmation du départ de Hanna. J'ai dit que c'était exact et alors il m'a informé qu'avec cette « fuite » Hanna venait de transgresser perfidement toute la légalité espagnole. Sa situation, maintenant, était très délicate. J'ai hasardé que probablement Hanna ne savait pas qu'elle était en train d'enfreindre une loi. Pas une loi ! plusieurs lois ! a dit le gérant. Et l'ignorance, jeune homme, ne décharge personne. Non, la note de l'hôtel était réglée. Le problème, c'était Charly, lorsque son corps apparaîtrait, ce dont il ne doutait pas, il devait y avoir quelqu'un qui pouvait l'identifier. Évidemment, la police espagnole pouvait télégraphier à la police allemande les renseignements que Charly avait donnés dans le registre de l'hôtel ; le reste, les Allemands le feraient avec leurs ordinateurs. C'est un acte d'irresponsabilité suprême, a-t-il dit avant de raccrocher. Le deuxième appel, quelques minutes à peine après, a eu pour but de nous notifier, avec stupéfaction, que la voiture de Charly était entre les mains de Hanna, fait qui pouvait être considérée comme délictueux. Cette fois-ci, c'est Ingeborg qui a parlé pour lui dire que Hanna n'était pas une voleuse et qu'elle avait besoin de la voiture pour retourner en Allemagne, pour quoi d'autre en aurait-elle besoin ? Ce qu'elle ferait ensuite avec cette maudite bagnole, c'était strictement son affaire. Le gérant a répété avec insistance qu'il s'agissait d'un vol et la conversation s'est terminée d'une manière plutôt brusque. Le troisième appel, conciliant, a eu pour objet de nous demander si nous pouvions, en qualité d'amis, représenter la partie « affectée » (par là, je suppose qu'il faisait référence au pauvre Charly) dans les tâches qui étaient liées aux recherches. Représenter la partie affectée, contrairement à ce que je pensais, voulait dire bien peu de chose. Les opérations de sauvetage continuaient, c'est vrai, mais plus personne n'avait d'espoir de trouver Charly en vie. Nous avons compris d'un coup la décision de Hanna, c'était insupportable.

Rien n'a changé. C'est ça qui m'étonne. Ce matin, on ne pouvait pas circuler dans les couloirs à cause des gens qui partaient, mais cet après-midi, sur la terrasse, j'ai déjà vu les nouvelles têtes, blanches, enthousiastes, d'une nouvelle fournée. La température a fait un bond, comme si nous étions en juillet, et la brise qui à la tombée du jour rafraîchissait les rues brûlantes de la ville a disparu. Une transpiration collante plaque les vêtements au corps et sortir faire un tour relève du martyre. J'ai aussi aperçu le Loup et l'Agneau, environ trois heures après le départ de Hanna, au Rincón de los Andaluces ; au début, ils ont fait semblant de ne pas me voir ; ensuite, ils se sont approchés avec des mines affligées et se sont mis à me poser les questions que l'on suppose de rigueur. J'ai répondu que je ne savais rien de nouveau et que Hanna était déjà sur le chemin de l'Allemagne. Leurs visages et leurs attitudes, à cette dernière nouvelle, ont subi un changement notable.

Les gestes se sont détendus et sont devenus plus amicaux ; il faisait chaud ; au bout de quelques minutes, j'ai compris que ces deux porcs n'étaient pas disposés à me lâcher les basques : le bavardage emprunte les mêmes circuits que leurs habituels bavardages avec Charly, et sont dominés par les mêmes symboles, sauf qu'en lieu et place de Charly et de Hanna il y avait moi et Ingeborg !

J'ai demandé quelque temps plus tard à Ingeborg ce qu'elle avait voulu dire en disant que tout le monde tripotait Hanna. La réponse efface, du moins en partie, mes suppositions. Il s'agissait d'une généralisation, Hanna en tant que victime des hommes, une femme peu chanceuse, en perpétuelle quête de l'équilibre et du bonheur, etc. La possibilité d'un viol de Hanna par les Espagnols est impensable ; en réalité, c'est à peine si Ingeborg leur accorde une quelconque importance : elle parle d'eux comme s'ils étaient invisibles. Deux types tout ce qu'il y a de plus banal, pas très travailleurs à en juger par leurs horaires, qui aiment s'amuser ; elle aussi, affirme-t-elle, aime bien aller en boîte et de temps en temps faire une folie. Je lui demande, intéressé, quel genre de folie ? Ne pas dormir, boire plus que de raison, chanter au petit matin dans les rues. Une folie plutôt étriquée, que celle d'Ingeborg. Une folie saine, précise-t-elle. Donc, il n'y a pas de belligérances ni de réserves avec les Espagnols, sauf celles qui vont de soi. Les choses en sont là lorsque le Loup et l'Agneau refont leur apparition sur scène, à dix heures du soir : la conversation, en réalité une invitation à sortir que nous n'acceptons pas, se déroule d'une manière on ne peut plus vulgaire, nous assis à la terrasse de l'hôtel (les tables toutes occupées avec profusion de glaces et de boissons) et eux, sur le trottoir, séparés par la balustrade de fer, frontière entre la terrasse et la foule des passants qui, à cette heure, étouffés par la fournaise, parcourent le Paseo Maritimo. Au début, les propos des uns et des autres ne sont guère mieux qu'insipides ; celui qui parle le plus (et qui gesticule), c'est l'Agneau ; ses remarques parviennent à arracher quelques sourires à Ingeborg, même avant que je les traduise. En revanche, les interventions du Loup sont mesurées et prudentes, on dirait qu'il tâte le terrain tandis qu'il s'exprime en un anglais meilleur que son éducation, mais adapté à une certaine volonté tenace, à un désir de s'introduire dans un monde dont il a seulement l'intuition. Jamais comme à ce moment-là, dans ces circonstances, le Loup n'a porté aussi bien son nom ; le visage d'Ingeborg, lumineux, frais, bronzé, attirait son regard comme la lune les lycanthropes dans les vieux films de terreur. Devant notre réticence à sortir, il insiste et sa voix devient rauque ; il promet des boîtes de nuit dignes d'être foulées, assure que notre fatigue s'évanouira dès que nous aurons mis les pieds dans l'une de ces cahutes. Tout est inutile. Notre refus est irrévocable et exprimé deux têtes au-dessus d'eux, parce que le niveau du trottoir est inférieur à celui de la terrasse. Les Espagnols n'insistent pas. Imperceptiblement, comme prélude à la séparation, ils commencent à évoquer la mémoire de Charly. L'ami en lettres majuscules. N'importe qui pourrait penser qu'il leur manque vraiment. Ensuite, ils nous tendent la main et s'en vont en marchant en direction de la vieille ville. Leurs silhouettes, qui se fondent rapidement dans la masse des passants, me paraissent d'une grande tristesse, et je le dis à Ingeborg. Celle-ci me regarde pendant quelques secondes et dit qu'elle ne me comprend pas :

— Il y a un moment, tu pensais qu'ils avaient violé Hanna. Maintenant, ils te font de la peine. En réalité, ces deux crétins ne sont que des *latin lovers* à la manque.

Nous avons éclaté de rire sans retenue tous les deux, et Ingeborg a suggéré que pour une fois on aille au lit de bonne heure. J'ai été d'accord.

Après avoir fait l'amour, je me suis mis à écrire dans la chambre, tandis qu'Ingeborg se replongeait dans le roman de Florian Linden. Elle n'a pas encore découvert l'assassin, et, à sa manière de lire, on dirait que c'est quelque chose qui ne l'intéresse pas. Elle a l'air fatiguée ; ces derniers jours n'ont pas été agréables. Je ne sais pas pourquoi je pense à Hanna, à l'intérieur de la voiture, avant de partir, qui me donne des conseils de sa voix cassée…

— Est-ce que Hanna sera arrivée à Oberhausen ?

— Je ne sais pas. Elle téléphonera demain, dit Ingeborg.

— Et si elle ne le fait pas ?

— Tu veux dire si elle nous oublie ?

Non, évidemment, elle n'oubliera pas Ingeborg. Elle ne m'oubliera pas non plus. D'un coup, la peur m'a envahi. Un mélange de peur et d'exaltation. Mais peur de quoi. Je me rappelle les mots de Conrad : « Joue sur ton terrain et tu gagneras toujours. » Mais quel est mon terrain ? avais-je demandé. Conrad avait eu un rire qui ne lui était pas habituel, sans détourner son regard, les yeux brillants et fixés sur moi. La bande que ton sang choisira. J'ai répondu que, de cette manière, je ne pouvais pas gagner toujours ; par exemple, si dans la Destruction du groupe d'armées du Centre, je choisissais les Allemands, le maximum que je pouvais essayer de faire c'était de gagner une fois toutes les trois fois, dans le meilleur des cas. À moins que je ne joue comme un imbécile. Tu ne me comprends pas, avait dit Conrad. Tu dois utiliser la Grande Stratégie. Tu dois être plus rusé qu'un lapin. Est-ce que ça a été un rêve ? Le fait est que je ne connais aucun jeu qui s'appelle Destruction du groupe d'armées du Centre !

Par ailleurs, ça a été une journée ennuyeuse et improductive. Je me suis retrouvé un moment sur la plage à recevoir patiemment les rayons solaires et à essayer, sans beaucoup de succès, de penser clairement et rationnellement. Dans ma tête ne prenaient forme que de vieilles images datant d'une décennie : mes parents en train de jouer aux cartes sur le balcon de l'hôtel, mon frère flottant à une vingtaine de mètres du rivage, les bras en croix, de jeunes Espagnols (des Gitans ?) parcourant la plage armés de bâtons, la chambre des employés, puante et pleine de couchettes, une avenue farcie de discothèques, l'une après l'autre, se perdant jusque dans la plage, une plage de sable noir face à une mer d'eaux noires, où la dernière touche de couleur, inattendue, est la forteresse de pédalos du Brûlé… Mon article attend. Les livres que je m'étais promis de lire attendent. Les heures et les jours, par contre, passent à toute vitesse, comme si le temps dévalait une pente à fond de train. Mais cela est impossible.

2 septembre

La police… J'ai dit à Frau Else que nous partirions demain. Contrairement à ce que je pensais, la nouvelle l'a surprise ; j'ai remarqué sur son visage un fugace signe de chagrin, qu'elle s'est empressée de masquer avec une efficace jovialité de chef d'entreprise. De toute façon, la journée a mal commencé ; j'avais mal à la tête et je transpirais abondamment, malgré trois aspirines et une douche à l'eau froide. Frau Else m'a demandé si le bilan était satisfaisant. Quel bilan ? Le bilan des vacances. J'ai haussé les épaules et elle a pris mon bras et m'a conduit jusqu'à un petit bureau caché derrière la réception. Elle voulait savoir tout ce qui avait un rapport avec la disparition de Charly. D'une voix monocorde, je lui ai fait un résumé de ce qui était arrivé. Je m'en suis tiré assez bien. En suivant l'ordre chronologique.

— J'ai parlé aujourd'hui avec M. Pere, le gérant du Costa Brava ; il pense que vous êtes un imbécile.

— Moi ? Qu'est-ce que j'ai à voir avec cette histoire ?

— Rien, j'imagine. Mais vous feriez mieux de vous préparer… La police veut vous interroger.

Je suis devenu blanc. M'interroger ! La main de Frau Else a donné quelques petits coups sur mon genou.

— Il n'y a rien qui doive vous inquiéter. Ils veulent seulement savoir pourquoi la fille est partie en Allemagne. C'est une réaction un peu incongrue, vous ne trouvez pas ?

— Quelle fille ?

— L'amie du mort.

— Je viens de vous le dire ; elle en avait assez de tant de désorganisation ; elle a des problèmes personnels ; des milliers de choses.

— D'accord, mais il s'agissait de son fiancé. Le moins qu'elle pouvait faire, c'était d'attendre que les opérations de sauvetage prennent fin.

— Ce n'est pas à moi qu'il faut dire ça... Alors, comme ça, je dois rester ici, jusqu'à ce que la police arrive ?

— Non, faites ce que vous voulez ; moi, à votre place, j'irais à la plage. Lorsqu'ils seront là, j'enverrai un employé de l'hôtel vous chercher.

— Ingeborg doit être présente aussi ?

— Non, une seule personne suffira.

J'ai suivi le conseil de Frau Else et nous avons été à la plage jusqu'à six heures de l'après-midi, lorsqu'un messager est venu nous chercher ; le messager, un gamin d'une douzaine d'années, était habillé comme un mendiant et on ne pouvait pas éviter de se demander comment il était possible qu'on le fasse travailler dans un hôtel. Ingeborg a insisté pour m'accompagner. La plage, d'une couleur dorée sombre, semblait figée dans le temps ; la vérité, c'est que je n'aurais pas bougé de là. Les policiers portaient l'uniforme et attendaient au comptoir en parlant avec un serveur ; bien que ça ait été inutile, de la réception, Frau Else nous a montré l'endroit où ils nous attendaient. Je me rappelle avoir pensé, tandis que nous approchions, qu'ils n'allaient jamais se retourner pour nous faire face et que j'allais être obligé de tapoter leurs épaules, comme à une porte. Mais les policiers ont dû deviner notre présence, grâce au regard du serveur ou à quelque autre raison que j'ignore et, avant que nous ne soyons tout près d'eux, ils se sont mis debout et nous ont salués en portant la main à la visière, geste qui a eu sur mon état d'esprit un effet perturbant. Nous nous sommes assis à une table à l'écart et ils sont allés droit au but : est-ce que Hanna savait ce qu'elle faisait en quittant l'Espagne ? (nous ne savions pas si Hanna le savait), quelles relations l'unissaient à Charly ? (l'amitié), pour quelles raisons s'en était-elle allée (nous l'ignorions), quelle était son adresse en Allemagne (nous n'en savions rien — mensonge, Ingeborg l'avait notée — mais ils pouvaient la vérifier au consulat allemand auquel Hanna a donné, nous supposions, tous les renseignements la concernant), est-ce que Hanna, ou est-ce que nous, nous croyions que Charly s'était suicidé ? (nous, non, évidemment ; quant à Hanna, qui sait ?), et ainsi de suite une série d'autres questions inutiles jusqu'à ce l'entretien soit considéré comme fini. Ils ne se sont jamais départis d'une attitude correcte et, en partant, nous ont de nouveau salués militairement. Ingeborg leur a fait un sourire, mais, dès que nous avons été seuls, elle a dit qu'elle avait hâte de se retrouver à Stuttgart, loin de ce bled triste et corrompu ; lorsque je lui ai demandé ce qu'elle entendait par le mot *corrompu*, elle s'est levée et m'a laissé seul dans la salle à manger. Juste au moment où elle s'en allait, Frau Else est sortie de la réception et s'est dirigée vers nous ; aucune des deux ne s'est arrêtée, cependant Frau Else lui a souri en la croisant ; Ingeborg, j'en suis sûr, ne lui a pas rendu son sourire. De toute façon, Frau Else n'a accordé aucune importance à ça. Une fois arrivée à côté de moi, elle a voulu savoir comment s'était passé l'interrogatoire. J'ai admis que Hanna avait aggravé la situation en partant. D'après Frau Else, la police espagnole est charmante. Je ne l'ai pas contredite. Pendant quelques instants, aucun des deux n'a rien ajouté, même si le silence était assez significatif. Ensuite Frau Else m'a saisi par le bras comme elle l'avait déjà fait auparavant et m'a conduit à travers une série de couloirs du rez-de-chaussée ; pendant le trajet, elle n'a ouvert la bouche que pour dire « vous ne devez pas déprimer » ; je crois que j'ai acquiescé. Nous nous sommes arrêtés dans une pièce à côté de la cuisine. L'endroit paraissait servir de buanderie de l'hôtel, par une fenêtre on voyait une cour intérieure en ciment, encombrée de récipients en bois et recouverte d'un énorme plastique vert qui laissait à peine passer la lumière de l'après-midi ; dans la cuisine, sans air conditionné, une jeune fille et un vieillard faisaient encore la vaisselle de midi. Alors, sans que rien le laisse présager, Frau Else m'a embrassé. La vérité, c'est que je n'ai pas été pris par surprise. Je le désirais et l'attendais. Mais, si je dois être sincère, je ne croyais pas que c'était possible. Évidemment, j'ai répondu à son baiser avec l'ardeur que la situation méritait. Nous n'avons non plus rien fait d'extraordinaire. Depuis la cuisine, les plongeurs auraient pu nous voir. Au bout de cinq minutes, nous nous sommes séparés ; nous étions tous deux agités et, sans dire un mot, nous sommes revenus à la salle à manger ; là, Frau Else a pris congé en me serrant la main. J'ai encore du mal à y croire.

J'ai passé le reste de l'après-midi avec le Brûlé. Je suis d'abord monté à la chambre et je n'ai pas trouvé Ingeborg. J'ai pensé qu'elle était sortie faire des courses. La plage était à moitié déserte et le Brûlé n'avait pas beaucoup de travail. Je l'ai trouvé assis à côté des pédalos alignés pour une fois face à la mer, le regard fixé sur le seul pédalo loué qui, en cet instant, avait l'air de se trouver très loin du rivage. Je me suis placé à côté de lui, comme si j'étais une vieille connaissance et, au bout d'un petit moment, j'ai dessiné dans le sable le plan de la bataille des Ardennes (l'une de mes spécialités) ou du Bulge, comme les Américains l'appellent, et je lui ai expliqué en détail plans de combat, ordre d'apparition des unités, routes à suivre, traversées de rivières, démolition et construction de ponts, activation offensive de la 15e armée, pénétration réelle et pénétration simulée du groupe de combat Peiper, etc. Ensuite, j'ai effacé le plan avec le pied, j'ai aplani le sable et j'ai dessiné le plan de la zone de Smolensk. Là, ai-je dit, le groupe Panzer de Guderian a livré une bataille importante en 1941, une bataille cruciale. Moi, je l'avais toujours gagnée. Avec les Allemands, bien sûr. J'ai effacé le plan de nouveau, aplani le sable, j'ai dessiné un visage. Ce n'est qu'alors que le Brûlé a souri, sans que son attention quitte longtemps le pédalo toujours perdu dans le lointain. J'ai senti un léger frisson. La chair de sa joue, deux ou trois croûtes mal assemblées, s'est hérissée et pendant quelques secondes j'ai craint que grâce à cet effet optique — ce ne pouvait pas être autre chose — il ne puisse m'hypnotiser et ruiner ma vie pour toujours. C'est la voix même du Brûlé qui est venue à mon secours. Comme s'il parlait d'une distance infranchissable, il a dit : tu crois que nous nous comprenons ? J'ai répondu affirmativement d'un mouvement de la tête, plusieurs fois, heureux de pouvoir me délivrer du sortilège qu'exerçait sa joue difforme. Le visage que j'avais dessiné était toujours là, c'était à peine une esquisse (même si, je dois le reconnaître, je ne m'en tire pas mal comme dessinateur), jusqu'à ce que, soudain, je découvre avec horreur que c'était le portrait de Charly. La révélation m'a laissé sans voix. C'était comme si quelqu'un avait guidé ma main. Je me suis empressé de l'effacer et j'ai immédiatement dessiné la carte de l'Europe, l'Afrique du Nord et le Moyen-Orient et j'ai illustré avec une profusion de flèches et de cercles ma stratégie décisive pour gagner le Troisième Reich. Je crains beaucoup que le Brûlé n'ait rien compris.

Le fait nouveau de cette soirée a été l'appel de Hanna. Elle avait téléphoné auparavant deux fois, mais ni Ingeborg ni moi ne nous trouvions à l'hôtel. Lorsque je suis arrivé, le réceptionniste m'a remis le message et la nouvelle m'a plutôt réfrigéré. Je ne voulais pas parler avec Hanna et j'ai croisé les doigts pour qu'Ingeborg se montre avant que ne parvienne le troisième appel. J'ai attendu l'esprit agité dans la chambre. Lorsque Ingeborg a été de retour, nous avons décidé de modifier nos projets, qui étaient de dîner dans un restaurant du port, et de rester dans l'hôtel Del Mar, à attendre.

Nous avons bien fait : Hanna a téléphoné lorsque nous nous apprêtions à attaquer notre frugal repas : des sandwichs *bikinis* et des chips. Je me rappelle qu'un serveur est venu nous chercher et que, lorsque nous nous sommes levés, Ingeborg a affirmé que ce n'était pas la peine d'y aller tous les deux. Je lui ai dit que ça n'avait pas d'importance, que, de toute façon, le repas ne risquait pas de refroidir. À la réception, nous avons trouvé Frau Else. Elle n'était pas habillée de la même façon que cet après-midi, et avait l'air de sortir de la douche. Nous nous sommes souri et avons essayé de bavarder pendant qu'Ingeborg, de dos, le plus loin qu'elle a pu aller, murmurait des phrases comme « pourquoi », « je ne peux pas le croire », « c'est dégoûtant », « mon Dieu », « salauds de porcs », « pourquoi tu ne l'as pas dit avant ? », que je n'ai pas pu éviter d'entendre et qui, peu à peu, m'ont mis les nerfs à vif. J'ai aussi perçu qu'à chaque exclamation le dos d'Ingeborg se rétractait jusqu'à ce qu'il finisse par ressembler à un escargot ; ça m'a fait de la peine ; elle était effrayée. En revanche, Frau Else, les coudes fermement appuyés sur le comptoir et le visage lumineux, avait au contraire de plus en plus une prestance de statue classique : seules ses lèvres remuaient quand elle parlait sans circonlocution de ce qui était arrivé tout à l'heure dans la buanderie. (Je crois qu'elle m'a demandé de ne pas fonder de fausses attentes ; je ne peux pas l'assurer.) Pendant que Frau Else parlait, je souriais, mais tous mes sens étaient braqués sur les paroles d'Ingeborg. Le cordon du téléphone paraissait prêt à lui sauter à la gorge.

La conversation avec Hanna a été interminable. Après avoir raccroché, Ingeborg a dit :

— Heureusement que nous partons demain.

Nous sommes retournés à la salle à manger, mais nous n'avons pas touché à nos assiettes. Avec malignité, Ingeborg a affirmé que Frau Else, sans maquillage, avait l'air d'une sorcière. Ensuite, elle a dit que Hanna était folle, qu'elle ne comprenait rien. Elle fuyait mon regard et donnait des coups sur la table avec la fourchette ; j'ai pensé que, de loin, un étranger ne lui aurait pas donné plus de seize ans. J'ai senti monter en moi une irrésistible tendresse pour elle. Alors, elle s'est mise à crier : comment c'était possible, comment c'était possible. Foudroyé sur place, j'ai craint qu'elle ne se donne en spectacle devant les gens qui étaient encore dans la salle à manger ; mais, comme si Ingeborg avait lu dans mes pensées, elle a soudainement souri et dit qu'elle ne reverrait jamais plus Hanna. Je lui ai demandé ce qu'elle lui avait raconté ; devançant sa réponse, j'ai dit que c'était normal que Hanna soit un peu dérangée. Ingeborg a fait non de la tête. Je me trompais. Hanna était beaucoup plus intelligente que je le croyais. Sa voix a résonné de manière glaciale. Nous avons terminé en silence le dessert et nous sommes montés dans la chambre.

3 septembre

J'ai accompagné Ingeborg à la gare ; pendant une demi-heure, nous avons attendu, assis sur un banc, l'arrivée du train en direction de Cerbère. Nous ne nous sommes quasiment rien dit. Sur les quais déambule une multitude de touristes dont les vacances se terminent et qui se battent encore pour se dégoter un coin au soleil. Il n'y a que les vieux qui s'assoient sur les bancs à l'ombre. Entre eux, ceux qui s'en vont, et moi, il y a un abîme ; Ingeborg, en revanche, ne m'a pas paru déplacée dans ce train bondé. Nous avons même perdu nos dernières minutes à fournir des renseignements : beaucoup de voyageurs ne savaient pas sur quel quai se rendre et les employés de la gare ne contribuaient pas vraiment à les orienter. Les gens agissent comme les troupeaux de moutons. Il a suffi que nous indiquions à deux personnes l'endroit exact où elles devaient prendre le train (rien de difficile à vérifier par soi-même : il n'y a que quatre voies) pour que des Allemands ou des Anglais se mettent à comparer avec nous leurs renseignements. De la fenêtre du train, Ingeborg a demandé si elle me verrait bientôt à Stuttgart. Très vite, ai-je dit. La moue d'Ingeborg, une très petite contraction des lèvres et de l'extrémité du nez, fait comprendre qu'elle ne me croit pas. Ça m'est égal !

J'ai cru jusqu'au dernier moment qu'elle resterait. Non, ce n'est pas vrai, j'ai toujours su que rien n'était capable de l'arrêter, d'abord il y a son travail et son indépendance, sans compter que, après l'appel de Hanna, elle ne pensait plus qu'à partir. Les adieux, donc, ont été pitoyables. Et ça en a surpris plus d'un, à commencer par Frau Else, bien que sa surprise ait peut-être été provoquée par ma décision de rester. En considération de la vérité, la première surprise a été Ingeborg.

À quel moment ai-je su qu'elle partirait ?

Hier, pendant qu'elle parlait avec Hanna, tout a été scellé. Tout a été clair et définitif. (Mais nous n'avons pas prononcé le moindre mot à ce propos.)

Ce matin, j'ai payé sa note, uniquement sa note, et j'ai descendu les valises. Je ne voulais pas que cela ait l'air d'un drame, ou ressemble à une fuite. J'ai été un imbécile. J'imagine que la réceptionniste s'est précipitée pour apporter la nouvelle à Frau Else. Il était encore tôt lorsque j'ai déjeuné au couvent. Du belvédère, la plage paraissait déserte. Je veux dire déserte par rapport aux jours précédents. J'ai de nouveau mangé un ragoût de lapin et bu une bouteille de Rioja. Je crois que je n'avais pas envie de retourner à l'hôtel. Le restaurant était presque vide, seuls des commerçants fêtaient quelque chose autour d'une double table disposée au milieu de la salle. Ils étaient de Gérone et racontaient des blagues en catalan auxquelles leurs épouses faisaient à peine l'effort de rire. Conrad le dit bien : abstenez-vous d'emmener des amies aux réunions. L'ambiance était funèbre ; en réalité, ils avaient l'air tous aussi abasourdis que moi. J'ai fait la sieste dans la voiture, dans une crique proche de la ville et dont je pensais me souvenir à propos d'autres vacances avec mes parents. Je me suis réveillé en sueur et sans séquelle de soûlerie.

L'après-midi, je suis allé rendre visite au gérant du Costa Brava, M. Pere, et je lui ai assuré que je me tenais à sa disposition à l'hôtel Del Mar pour ce qu'il considérerait comme nécessaire. Nous avons échangé des amabilités et je suis reparti. Ensuite, je suis allé à la Comandancia de Marina où personne n'a pu me renseigner au sujet de Charly. La femme qui s'est occupée de moi au départ ne savait même pas de quoi je parlais ; heureusement, est arrivé un fonctionnaire qui connaissait l'affaire et tout est devenu clair. Il n'y avait rien de nouveau. Les recherches se poursuivaient. Patience. Dans la cour, une petite foule a commencé à se former. Un jeune type de la Cruz Roja a dit que c'étaient des proches d'un nouveau noyé. Je suis resté là pendant un moment, assis sur les marches, jusqu'à ce que je décide de retourner à l'hôtel. J'avais un mal de tête gigantesque. Dans l'hôtel Del Mar, j'ai cherché sans résultat Frau Else. Personne n'a su me dire où elle était. La porte du couloir qui mène à la buanderie était fermée à clé. Je sais qu'il est possible d'y accéder par un autre chemin, mais je n'ai pas pu le trouver.

Le désordre dans la chambre est total : le lit est défait et mes effets sont éparpillés par terre. Plusieurs compteurs du Troisième Reich sont aussi tombés. Le plus logique, ce serait de faire mes valises et de foutre le camp. Pourtant, j'ai appelé la réception et j'ai demandé que l'on nettoie la chambre. Peu de temps après est arrivée la jeune fille que je connaissais déjà, celle-là même qui avait essayé, sans succès, d'installer la table. Bon signe. Je me suis assis dans un coin et lui ai dit de tout ramasser. En un clin d'œil, dans la chambre, ordre et clarté (ce dernier point a été simple à obtenir : il a suffi de tirer les rideaux) ont régné. Lorsqu'elle a eu terminé, elle m'a adressé un sourire angélique. Satisfait, je lui ai donné mille pesetas. La fille est intelligente : les compteurs tombés se trouvent maintenant à côté du plateau. Il n'en manque pas un seul.

Le reste de l'après-midi, jusqu'à ce que l'obscurité tombe, je l'ai passé à la plage, à côté du Brûlé, à lui parler de mes jeux.

4 septembre

J'ai acheté les sandwichs dans un bar nommé Lolita et les bières dans un supermarché. Lorsque le Brûlé est arrivé, je lui ai dit de s'asseoir à côté du lit, et moi j'ai pris place à la droite de la table, une main appuyée sur le bord du plateau en une pose relâchée, avec un large angle de vision : d'un côté le Brûlé et derrière lui le lit et la table de nuit, sur laquelle il y a encore le bouquin de Florian Linden !, et de l'autre côté, à gauche, le balcon ouvert, les chaises blanches, le Paseo Maritimo, la plage, la forteresse de pédalos. Je pensais le laisser parler d'abord, mais le Brûlé n'est pas quelqu'un qui a la langue déliée, et c'est donc moi qui ai parlé. J'ai commencé par lui annoncer le départ d'Ingeborg, de manière sommaire, elle a pris le train, le travail, et point final. J'ignore s'il a été convaincu. J'ai poursuivi en évoquant la nature du jeu, je ne me rappelle pas exactement combien de sottises j'ai sorties, j'ai dit notamment que la nécessité de jouer n'est rien d'autre qu'une sorte de chant et que les joueurs sont des chanteurs interprétant une gamme infinie de compositions, compositions-rêves, compositions-puits, compositions-désirs, sur une géographie en perpétuel changement : pareils à des aliments se décomposant, voilà ce qu'étaient les cartes, les lancers de dés, la victoire ou la défaite finale. Des plats pourris. Je crois que c'est alors que j'ai sorti les sandwichs et les bières et, tandis que le Brûlé commençait à manger, j'ai sauté par-dessus ses jambes, vite, et j'ai saisi le livre de Florian Linden comme s'il s'agissait d'un trésor prêt à se volatiliser. Je n'ai trouvé entre ses pages aucune lettre, pas un mot, pas le moindre signe qui m'aurait insufflé un peu d'espoir. Que des paroles isolées, des interrogatoires de policiers et des aveux. Dehors, très lentement la nuit s'emparait de la plage et créait le trompe-l'œil d'un faux mouvement, de petites dunes et de fissures dans le sable. Sans bouger de l'endroit où il se trouvait, dans une zone qui allait s'obscurcissant, le Brûlé mangeait avec une lenteur de ruminant, le regard baissé fixé sur le sol ou sur l'extrémité de ses doigts énormes, poussant à intervalles réguliers des gémissements presque inaudibles. Je dois avouer que j'ai ressenti quelque chose de semblable au dégoût ; une sensation d'étouffement et de chaleur. Les gémissements du Brûlé, chaque fois qu'il avalait une bouchée de fromage et de pain, ou de jambon et de pain — c'était selon le sandwich, parmi ceux achetés pour lui qu'il était en train de manger —, pesaient sur ma poitrine au point de la faire éclater. Presque à bout de forces, je suis arrivé jusqu'à l'interrupteur et j'ai allumé. Tout de suite, je me suis senti mieux, même si un bourdonnement persistait dans les tempes ; un bourdonnement qui ne m'a pas empêché de reprendre la parole, sans me rasseoir, en faisant de petits aller et retour entre la table et la porte de la salle de bains (dont j'ai aussi allumé la lumière) pour décrire la distribution des corps d'armée, les dilemmes que deux fronts ou davantage pouvaient soulever chez le joueur allemand qui posséderait un nombre limité de forces, les difficultés inhérentes au transfert d'énormes masses d'infanterie et de blindés de l'ouest vers l'est, du nord de l'Europe au nord de l'Afrique, et la conclusion finale à laquelle parvenaient les joueurs moyens : le manque fatal d'unités pour couvrir tout. Le Brûlé a réagi à cette réflexion en formulant, la bouche pleine, une question, à laquelle je n'ai pas pris la peine de répondre ; je ne l'ai même pas comprise. J'imagine que j'étais lancé et que, intérieurement, je ne me sentais pas très bien. Donc, au lieu de répondre, je lui ai dit de s'approcher de la carte et de le voir de ses propres yeux. Lentement, le Brûlé s'est approché et m'a donné raison : n'importe qui pouvait voir que les pions noirs ne gagneraient pas. Stop ! Avec ma stratégie, la situation changeait. Je l'ai montré par l'exemple, en lui expliquant une partie jouée à Stuttgart il n'y a pas longtemps, même si, dans mon for intérieur, peu à peu, je me suis rendu compte que ce n'était pas ça que je voulais dire. Qu'est-ce que c'était ? Je ne le sais pas. Mais c'était important. Ensuite : silence total. Le Brûlé s'est rassis à côté du lit avec un petit morceau de sandwich entre les doigts, comme une bague de fiançailles, et moi, je suis sorti sur le balcon en marchant comme au ralenti et je me suis mis à regarder les étoiles et les touristes qui se traînaient en bas. Il aurait mieux valu ne pas le faire. Assis sur le bord du Paseo Maritimo, le Loup et l'Agneau surveillaient ma chambre. En me voyant, ils ont levé les mains et commencé à crier. Bien qu'au début j'aie pensé qu'ils m'insultaient, les cris étaient amicaux. Ils voulaient que nous descendions boire un verre avec eux (comment savaient-ils que le Brûlé était là, c'est un mystère pour moi) et leurs gestes étaient de plus en plus insistants ; je n'ai pas tardé à voir des passants qui levaient les yeux, cherchant le balcon qui était la cause d'un tel vacarme. J'avais le choix : ou reculer et fermer le balcon sans prononcer un seul mot ou me débarrasser d'eux avec une promesse qu'ensuite je ne tiendrais pas ; les deux perspectives me paraissaient désagréables ; le visage rouge (nuance que le Loup et l'Agneau, à la distance où ils se trouvaient, n'ont pas perçue), je leur ai assuré que dans un moment je les retrouverais au Rincón de los Andaluces. Je n'ai pas bougé du balcon jusqu'à ce que je les perde de vue. Dans la chambre, le Brûlé étudiait les pions déployés sur le front oriental. Absorbé, il paraissait comprendre pourquoi et comment étaient réparties les forces sur ces lignes, même si, de toute évidence, il ne le pouvait pas. Je me suis affalé sur une chaise en disant que j'étais fatigué. Le Brûlé n'a même pas cligné des yeux. Ensuite, j'ai demandé comment ça se faisait que ces deux tarés ne me foutaient pas la paix. Qu'est-ce qu'ils voulaient ? Jouer ? a demandé le Brûlé. J'ai remarqué sur ses lèvres une maladroite volonté d'ironie. Non, ai-je répondu, boire, fêter quelque chose, n'importe quoi qui leur donnera la certitude de ne pas être momifiés.

— Une vie monotone, a-t-il croassé.

— Pire encore, des vacances monotones.

— En fait, *eux*, ils sont pas en vacances.

— Ça revient au même, ils vivent sur les vacances des autres, ils vampirisent les vacances et les loisirs des autres et gâchent le temps de quelques touristes. Ce sont les parasites des voyageurs.

Le Brûlé m'a regardé avec incrédulité. Évidemment, le Loup et l'Agneau étaient ses amis, malgré l'apparente distance qui les séparait. De toute façon, je n'en avais rien à faire d'avoir dit ce que j'avais dit. Je me suis rappelé ou, plutôt, j'ai vu le visage d'Ingeborg, frais et rose, et la certitude totale qu'elle me donnait du bonheur. Tout est brisé. Une telle injustice m'a fait accélérer mes mouvements : j'ai pris les pinces et, avec la promptitude d'un caissier comptant les billets, j'ai posé les pions sur les *force pools*, les marqueurs sur les cases ad hoc et, évitant de donner un ton tragique à mes paroles, je l'ai invité à jouer un ou deux tours, bien que mon but ait été de jouer le jeu complet, jusqu'à la Grande Destruction. Le Brûlé a haussé les épaules et souri plusieurs fois, hésitant encore. Ces expressions enlaidissaient son visage de façon presque insupportable pour moi, et donc, pendant qu'il réfléchissait à sa réponse, j'ai fixé un point quelconque de la carte comme on le faisait d'ordinaire lors des championnats quand deux joueurs qui ne s'étaient jamais vus s'affrontaient, fixant un point sur la carte et évitant la présence physique de l'adversaire, jusqu'à ce que commence le premier tour. Lorsque j'ai relevé la tête, j'ai vu les yeux du Brûlé, innocents, et j'ai su qu'il acceptait. Nous avons approché les chaises de la table et nous avons déployé nos forces. Les armées de Pologne, de France et de l'URSS se sont retrouvées dans une situation de départ défavorable, mais pas totalement mauvaise, compte tenu de l'inexpérience du Brûlé. L'armée anglaise, en revanche, occupait des positions raisonnables, avec les flottes réparties équitablement — appuyées en Méditerranée par la flotte française — et quelques rares corps d'armée couvrant des hexagones d'importance stratégique. Le Brûlé s'est révélé être un élève dégourdi. La situation globale sur la carte ressemblait d'une certaine manière à la situation historique, chose qui, d'autre part, n'arrive pas d'ordinaire lorsque ce sont des joueurs expérimentés qui s'affrontent : ceux-ci ne déploieraient pas l'armée polonaise le long de la frontière, ni l'armée française sur *tous* les hexagones de la ligne Maginot, le plus pratique étant, pour les Polonais, de défendre Varsovie en cercle et, pour les Français, de raccourcir d'un hexagone la ligne Maginot. J'ai effectué le premier tour en expliquant mes démarches, de cette manière le Brûlé a saisi et su apprécier l'élégance avec laquelle mes blindés ont brisé le dispositif polonais (supériorité aérienne et exploitation mécanisée), l'augmentation des forces sur la frontière avec la France, la Belgique et les Pays-Bas, la déclaration de guerre italienne et le mouvement du gros des troupes cantonnées en Libye, en marche sur Tunis ! (les recommandations des orthodoxes sont que l'Italie n'entre pas en guerre avant l'hiver 39 et, si possible, que cela ait lieu au printemps 40, stratégie que bien évidemment je désapprouve), l'arrivée de deux corps blindés allemands à Gênes, l'hexagone tremplin (Essen) où j'ai placé mon corps de parachutistes, etc., tout cela avec une dépense minime de BRP. La réponse du Brûlé ne peut être qu'hésitante : sur le front de l'Est, il envahit les pays Baltes et la partie correspondante de la Pologne, mais oublie d'occuper la Bessarabie ; sur le front de l'Ouest, il choisit un conflit d'usure et fait débarquer le corps expéditionnaire britannique (deux corps d'infanterie) en France ; en Méditerranée, il renforce Tunis et

Bizerte. L'initiative est toujours entre mes mains. Pendant le tour d'hiver 39, je lâche l'offensive totale à l'Ouest ; je conquiers les Pays-Bas, la Belgique, le Luxembourg, le Danemark, par le sud de la France j'arrive jusqu'à Marseille et par le nord jusqu'à Sedan et l'hexagone N24. Je restructure mon groupe d'armées de l'Est. Je fais débarquer un corps blindé à Tripoli pendant le redéploiement stratégique. L'option en Méditerranée est l'Usure et je n'obtiens pas de résultats, mais la menace est maintenant tangible : Tunis et Bizerte sont assiégées et le 1er corps mobile italien pénètre en Algérie, totalement sans défense. Sur la frontière avec l'Égypte, les forces sont équilibrées. Le problème pour l'allié, justement, consiste en savoir où appliquer son poids. La réponse du Brûlé ne peut être aussi énergique que la situation le demande ; sur le front Ouest et Méditerranée, il choisit l'option d'Usure et lance au combat tout ce qu'il trouve, mais il joue avec des colonnes basses et, comble de malchance, les dés ne lui sont pas favorables. À l'Est, il occupe la Bessarabie et construit une ébauche de ligne de la frontière avec la Roumanie jusqu'à la Prusse-Orientale. Le tour suivant sera décisif, mais l'heure est avancée et nous devons remettre à plus tard le jeu. Nous sortons de l'hôtel. Au Rincón de los Andaluces, nous retrouvons le Loup et l'Agneau en compagnie de trois jeunes Hollandaises. Celles-ci ont l'air enchanté de nous connaître et s'émerveillent de ma condition d'Allemand. Au début, j'ai cru qu'elles se foutaient de moi ; en réalité, elles étaient surprises qu'un Allemand ait des relations avec ces êtres ridicules. À trois heures du matin, je suis revenu à l'hôtel Del Mar, avec un sentiment de satisfaction que je n'avais pas éprouvé depuis des jours et des jours. Est-ce que je savais, enfin, qu'il n'avait pas été inutile de rester ? Peut-être que oui. À un certain moment de la nuit, du fond de sa défaite (est-ce que nous parlions de mon Offensive à l'Ouest ?), le Brûlé a demandé jusqu'à quand j'allais rester en Espagne. J'ai décelé de la peur dans le ton de sa voix.

— Jusqu'à ce qu'apparaisse le cadavre de Charly, ai-je dit.

5 septembre

Après avoir pris le petit déjeuner, je me suis dirigé vers le Costa Brava. J'ai trouvé le gérant à la réception ; en me voyant, il a expédié quelques affaires et m'a fait signe de le suivre dans son bureau. Je ne sais pas comment il était au courant du départ d'Ingeborg. Il a fait quelques grimaces plutôt déplacées, pour donner à comprendre qu'il saisissait ma situation. Immédiatement après, sans me laisser le temps de répliquer, il s'est mis à me faire un résumé de l'état actuel des recherches : aucun progrès, il y avait eu beaucoup d'abandons, les opérations, si on pouvait appeler comme ça le travail d'un ou deux Zodiac de la police, paraissaient déboucher sur une lente progression bureaucratique. Je lui ai dit que je pensais me renseigner personnellement à la Comandancia de Marina et, si c'était nécessaire, j'étais prêt à flanquer des coups de pied au cul à gauche et à droite. M. Pere a secoué négativement la tête, d'un air paternel ; ce n'était pas nécessaire : il ne fallait pas s'échauffer. En ce qui concerne la paperasserie touchant la disparition, le consulat allemand s'était chargé de tout. La vérité, c'est que vous pourriez partir au moment qui vous convient ; bien sûr, ils comprendraient que Charly avait été mon ami, on le sait, les liens de l'amitié, mais... Même la police espagnole, d'habitude méfiante, était sur le point de classer l'affaire sans suite. Il fallait juste que le corps apparaisse. M. Pere semblait beaucoup plus détendu que lors de notre précédent entretien. À présent, d'une certaine manière, il prend l'affaire comme si lui et moi étions les seuls parents proches et résignés d'un homme mort d'une mort inexplicable mais naturelle. (La mort, alors, est-elle toujours naturelle ? Est-elle, toujours, une composante essentielle de l'ordre ? Même quand elle a eu lieu sur une planche à voile ?) Votre ami, il n'y a pas de doute, a eu un accident, a-t-il affirmé, comme il en arrive tant pendant l'été. J'ai suggéré l'hypothèse d'un suicide, mais M. Pere nie d'un hochement de tête et sourit ; il a été toute sa vie hôtelier et croit connaître l'*âme* des touristes ; Charly, le pauvre malheureux, n'entrait pas dans la typologie des suicidés. De toute façon, à bien y penser, il était toujours triste et paradoxal de mourir pendant les vacances ; M. Pere avait déjà eu l'occasion de faire l'expérience de cas semblables au cours de sa longue carrière : des vieillards qui font une crise cardiaque en août, des enfants noyés dans la piscine sous les yeux de tout le monde, des familles détruites sur l'autoroute, en pleines vacances !... La vie est comme ça, a-t-il conclu, votre ami n'a certainement jamais pensé qu'il mourrait loin de sa patrie. La Mort et la Patrie, murmure-t-il, quelles tragédies. À onze heures du matin, M. Pere avait quelque chose de crépusculaire. Voici un homme satisfait, me suis-je dit. C'était agréable d'être là, à bavarder avec lui, tandis que dans la réception les touristes discutaient avec la réceptionniste et leurs voix, étrangères à ce qui vraiment importait, s'infiltraient dans le bureau, inoffensives ; et, pendant que nous parlions, je me suis vu confortablement assis dans l'hôtel, et j'ai vu M. Pere, et les gens dans les couloirs et les salles, des visages qui s'attiraient, ou faisaient semblant de s'attirer au milieu de dialogues vides ou tendus, des couples qui prenaient le soleil, la main dans la main, des hommes seuls qui travaillaient seuls et des hommes affables qui travaillaient en compagnie d'autres hommes, tous heureux, ou sinon du moins en paix avec eux-mêmes. Insatisfaits ! Mais se sachant le centre de l'univers. Quelle importance que Charly soit vivant ou pas, que moi je sois vivant ou pas. Tout continuerait à dévaler la pente, vers chaque mort particulière. Tous au centre de l'univers ! La bande de crétins ! Rien n'échappait à leur emprise ! Même en dormant, ils contrôlaient tout ! Avec leur indifférence ! J'ai alors pensé au Brûlé. Lui, il était dehors. Je l'ai vu comme s'il avait été sous l'eau : l'ennemi.

J'ai essayé de passer la journée à faire quelque chose de productif, mais ça a été impossible. J'étais incapable d'enfiler mon maillot de bain et de descendre à la plage, alors je me suis installé au bar de l'hôtel et j'ai écrit des cartes postales ; je pensais en envoyer une à mes parents, mais, finalement, je n'ai écrit qu'à Conrad. Je suis resté un long moment à ne rien faire d'autre que regarder les touristes et les serveurs qui circulaient entre les tables avec des plateaux chargés de boissons. Je ne sais pas pourquoi j'ai pensé que c'était l'un des derniers jours de chaleur. Moi, je m'en foutais. Pour faire quelque chose, j'ai avalé une salade et bu un jus de tomate. Je crois que ça m'a fait du mal parce que j'ai commencé à transpirer et à ressentir des nausées, et je suis donc remonté dans ma chambre, j'ai pris une douche froide ; ensuite, je suis ressorti, sans prendre la voiture, et me suis dirigé vers la Comandancia de Marina, mais, une fois devant, j'ai décidé que ça ne valait pas la peine de subir une autre flopée d'excuses et je ne me suis pas arrêté.

La ville était plongée dans une sorte de boule de verre ; tous les gens avaient l'air endormis (transcendantalement endormis !), alors même qu'ils étaient en train de marcher, ou se trouvaient assis aux terrasses. Vers cinq heures de l'après-midi, le ciel s'est couvert de nuages et, à six heures, il a commencé à pleuvoir. Les rues se sont tout à coup vidées ; j'ai pensé que c'était comme si l'automne avait glissé un ongle et gratté : tout se défaisait. Les touristes courant sur les trottoirs à la recherche d'un abri ; les commerçants recouvrant d'une bâche leurs marchandises exposées dans les rues ; les fenêtres de plus en plus nombreuses à être fermées jusqu'au prochain été. Je ne sais pas si cela suscitait en moi de la tristesse ou du mépris. Détaché de tout conditionnement extérieur, je pouvais seulement me voir et me sentir moi-même avec clarté. Tout le reste avait été pilonné par quelque chose d'obscur ; des décors de plateau de cinéma, à mes yeux voués irréversiblement à la poussière et à l'oubli.

La question, alors, était de savoir ce que moi je pouvais bien faire au milieu de cette misère.

J'ai passé le reste de l'après-midi allongé sur le lit, à attendre l'heure à laquelle le Brûlé arriverait à l'hôtel.

En remontant dans la chambre, j'ai demandé si j'avais reçu un appel téléphonique d'Allemagne. La réponse a été négative ; il n'y a pas de messages pour moi.

Du balcon, j'ai vu le moment où le Brûlé quittait la plage et traversait le Paseo Maritimo en direction de l'hôtel. Je me suis pressé de descendre, de manière à être là à l'attendre lorsqu'il arriverait à la porte ; j'imagine que je craignais qu'on ne lui permette pas d'entrer s'il n'était pas avec moi. Lorsque je suis passé à la hauteur de la réception, la voix de Frau Else m'a arrêté d'un coup. C'était à peine plus qu'un murmure mais, distrait comme je l'étais, je l'ai entendu se répercuter dans ma tête avec la force d'un clairon.

— Udo, vous êtes là, a-t-elle dit, comme si elle ne l'avait pas su.

Je me suis figé dans le couloir principal, dans une situation pour le moins gênante. À l'autre extrémité, derrière les portes en verre, le Brûlé attendait. L'espace de quelques instants, je l'ai vu comme s'il faisait partie d'un film projeté sur la porte : le Brûlé et l'horizon bleu foncé sur lequel se détachaient une voiture stationnée sur le trottoir opposé, les têtes des passants et les images tronquées des tables de la terrasse. Il n'y avait de réel que Frau Else, belle et solitaire derrière le comptoir.

— Bien sûr, naturellement… Tu devrais le savoir.

Sous l'effet de mon tutoiement Frau Else a rougi. Je crois que je ne l'avais vue qu'une seule fois ainsi, les défenses baissées. Je ne sais pas si ça me plaisait ou pas.

— Je ne t'avais pas... vu. C'est tout. Je ne contrôle pas chaque pas que tu fais, a-t-elle dit à mi-voix.

— Je resterai ici jusqu'à ce qu'apparaisse le cadavre de mon *ami*. J'espère que tu n'as rien contre.

Elle a détourné le regard avec une moue de contrariété. J'ai craint qu'elle ne voie le Brûlé et ne s'en serve pour changer de sujet.

— Mon mari est malade et a besoin de moi. J'ai été avec lui ces derniers jours, sans rien pouvoir faire d'autre. Ça, *toi*, tu ne le comprends pas, n'est-ce pas ?

— Je le regrette.

— Bon, tout est dit. Je n'avais pas l'intention de t'ennuyer. Au revoir.

Mais ni elle ni moi n'avons bougé.

Le Brûlé m'observait de l'autre côté. Je peux imaginer que les clients de l'hôtel assis à la terrasse ou les gens qui passaient sur le trottoir le regardaient aussi. J'ai pensé qu'à un moment ou un autre quelqu'un s'approcherait de lui et lui demanderait de s'en aller ; alors le Brûlé l'étranglerait en se servant seulement de son bras droit, et tout serait foutu.

— Votre... ton mari, est-ce qu'il va mieux ? Je le souhaite sincèrement. Je crois que je me suis comporté comme un imbécile. Excuse-moi.

Frau Else a incliné la tête et dit :

— Oui... Merci...

— J'aimerais parler avec toi ce soir... Te voir seule... Mais je ne veux pas te forcer à faire quelque chose qui pourrait ensuite te nuire...

Les lèvres de Frau Else ont mis une éternité à dessiner un sourire. Moi, je ne sais pas pourquoi, je m'étais mis à trembler.

— Maintenant, tu ne peux pas parce que l'on t'attend, non ?

Oui, un compagnon d'armes, ai-je pensé, mais je n'ai rien dit et j'ai acquiescé d'un geste qui exprimait le caractère inévitable du rendez-vous. Un compagnon d'armes ? Un ennemi d'armes !

— Souviens-toi que même si tu es un ami de la patronne de l'hôtel, tu ne dois pas trop tirer sur le règlement.

— Quel règlement ?

— Celui qui, entre quantité d'autres choses, interdit certaines visites dans les chambres des clients.

Le ton est redevenu celui de toujours, à moitié ironique et à moitié autoritaire. C'était là sans doute le domaine de Frau Else.

J'ai voulu protester, mais sa main s'est levée et a imposé le silence.

— Je ne suggère ni ne dis rien. Je ne t'accuse de rien. Ce pauvre garçon (elle faisait allusion au Brûlé) me fait pitié à moi aussi. Mais je dois veiller sur l'hôtel Del Mar et sur ses clients. Je dois aussi veiller sur toi. Je ne veux pas qu'il t'arrive quelque chose de mal.

— Que diable pourrait-il m'arriver ? On ne fait que jouer.

— À quoi ?

— Tu le sais bien.

— Ah, le jeu dont tu es le champion. (Ses dents ont dangereusement brillé lorsqu'elle a souri.) Un sport d'hiver ; en cette saison, nager ou jouer au tennis conviennent mieux.

— Si tu veux te moquer de moi, fais-le. Je le mérite.

— D'accord, nous nous verrons ce soir, à une heure sur la place de l'Église. Tu sais comment y arriver ?

— Oui.

Le sourire de Frau Else s'est évanoui. J'ai essayé de m'approcher d'elle, mais j'ai compris que ce n'était pas le bon moment. Nous nous sommes dit au revoir et je suis sorti. Sur la terrasse, tout était normal ; deux marches plus bas que là où se tenait le Brûlé, deux jeunes filles parlaient du temps en attendant leurs amis. Les gens, comme tous les soirs, riaient et faisaient des projets.

J'ai échangé les paroles d'usage avec le Brûlé et nous sommes entrés.

Je n'ai vu personne derrière le comptoir, quand je suis passé devant la réception, même si j'ai pensé que Frau Else pouvait être cachée dessous. J'ai eu du mal à réprimer ma violente envie de m'approcher et d'y jeter un œil.

Je crois que je ne l'ai pas fait parce que j'aurais dû tout expliquer au Brûlé.

Pour le reste, notre partie s'est poursuivie dans les directions prévues : au cours du printemps 40, j'ai monté une option Offensive en Méditerranée et occupé la Tunisie et l'Algérie ; sur le front Ouest, j'ai dépensé 25 BRP qui m'ont permis la conquête de la France ; pendant le redéploiement stratégique, j'ai placé quatre corps blindés, avec appui de l'infanterie et de l'aviation, à la frontière avec l'Espagne ! Sur le front Est, j'ai consolidé mes forces.

La réponse du Brûlé est purement défensive. Il a bougé le peu de pions qu'il pouvait bouger ; il a renforcé quelques défenses ; il a surtout posé plusieurs questions. Ses mouvements témoignent encore de son état de novice. Il ne sait pas empiler les pions, il joue de manière désordonnée, sa stratégie globale n'existe pas, ou est conçue selon des schémas trop rigides, il se fie à la chance, calcule mal les BRP, confond les phases de Création d'unités avec le Redéploiement stratégique.

Cependant, il fait des efforts et je pourrais affirmer qu'il commence à saisir l'esprit du jeu. Les signes qui induisent à le penser : ses yeux qui ne quittent pas le plateau et ses croûtes de peau brûlée qui se tordent quand il s'obstine à calculer des retraites et des coûts.

L'ensemble m'inspire sympathie et tristesse. Une tristesse, je dois le noter, dense, pauvre en couleurs, quadrillée.

La place de l'Église était solitaire et mal éclairée. J'ai garé la voiture dans une rue latérale et je me suis disposé à attendre assis sur un banc de pierre ; je me sentais bien, quoique, lorsque Frau Else est apparue —, elle s'est littéralement matérialisée à partir d'une masse informe d'obscurité à côté du seul arbre de la place — je n'aie pas pu m'empêcher de sursauter de surprise et d'inquiétude.

J'ai proposé de quitter la ville, de garer par exemple la voiture dans un bois ou face à la mer, mais elle a refusé.

Elle a parlé ; elle a parlé sans hâte et sans pause, comme si elle avait gardé le silence pendant des jours et des jours. Le fil conducteur a été une explication confuse et pleine de symboles à propos de la maladie de son mari. Ce n'est qu'après qu'elle m'a permis de l'embrasser. Nos mains, cependant, depuis le début, s'étaient naturellement entrelacées.

Et nous sommes restés ainsi, main dans la main, jusqu'à deux heures et demie du matin. Lorsque nous nous lassions d'être assis, nous faisions le tour de la place ; ensuite nous revenions au banc et nous continuions à parler.

J'imagine que moi aussi j'ai dit beaucoup de choses.

Le silence de la place n'a été interrompu que par une série de cris lointains (de joie ou de désespoir ?) et ensuite des bruits d'échappements de motos.

Je crois que nous nous sommes embrassés cinq fois.

Au retour, j'ai suggéré de stationner la voiture loin de l'hôtel ; je pensais à sa réputation. Elle a refusé tout en riant ; elle ne craint pas le qu'en-dira-t-on. (La vérité, c'est qu'elle ne craint *rien*.)

La place de l'Église est plutôt triste ; petite, sombre et silencieuse. En son centre se dresse une fontaine de pierre d'origine médiévale, avec deux jets d'eau. Avant de nous en aller, nous y avons bu.

— Lorsque tu mourras, Udo, tu seras capable de dire : « Je retourne au lieu d'où je viens : le Rien. »

— Lorsqu'on est en train de mourir, on est capable de dire n'importe quoi, ai-je répondu.

Frau Else avait le visage qui brillait, après avoir

écouté sa propre question et ma réponse, comme si je venais de l'embrasser. C'est exactement ce que j'ai fait tout de suite après ; je l'ai embrassée. Mais lorsque j'ai essayé de glisser ma langue entre ses lèvres, elle a reculé sa tête.

6 septembre

J'ignore si c'est le Loup qui a perdu son travail ou si c'est l'Agneau, ou alors si c'est tous les deux. Ils protestent et grommellent, mais je les écoute à peine. En revanche : je capte la peur et la rage infime que cela provoque en eux. Le patron du Rincón de los Andaluces se moque d'eux et de leur malheur avec un manque total de tact. Il les traite de « pauvres cloches », de « types puants », de « sidéens », de « beaufs minables », de « glandeurs » ; ensuite il me prend à part et me raconte, en riant, une histoire de viol que je ne parviens pas à déchiffrer mais dans laquelle ils sont, d'une manière ou d'une autre, impliqués. Sans témoigner même un peu de curiosité — quoique le patron parle suffisamment fort pour que tout le monde l'entende — le Loup et l'Agneau suivent, absorbés, une émission sportive à la télé. Il fallait que ce soient eux qui aillent donner un coup de main ! L'Espagne allait sortir grandie avec cette minable bande de zombies, bordel de Dieu !, le patron conclut son discours. Il ne me reste plus qu'à acquiescer, retourner à la table avec les Espagnols et commander une autre bière. Plus tard, par la porte entrouverte des toilettes, je vois l'Agneau baisser son pantalon.

Après déjeuner, j'ai mis le cap vers le Costa Brava. J'ai été reçu par M. Pere comme si notre dernière rencontre avait eu lieu il y a des années. La conversation, totalement insignifiante, s'est déroulée cette fois-ci au comptoir du bar du Costa Brava où j'ai eu l'occasion de connaître plusieurs des membres du cercle d'amis du gérant. Ils arboraient tous une expression à la fois distinguée et ennuyée et, bien entendu, ils avaient tous plus de quarante ans ; lorsque je leur ai été présenté, ils ont tous fait montre à mon égard d'une délicatesse unanime. On aurait dit qu'ils se trouvaient devant une célébrité ou, mieux encore, devant une *promesse*. Évidemment, M. Pere et moi, nous étions enchantés.

Plus tard, à la Comandancia de Marina (mes visites au Costa Brava finissent irrémissiblement là), on m'a fait savoir qu'il n'y avait rien de nouveau au sujet de Charly. Sans avoir l'intention de polémiquer, j'ai décidé d'émettre quelques suppositions. Est-ce que ce n'était pas bizarre que son corps n'apparaisse pas ? Est-ce qu'il serait possible qu'il soit vivant, en train d'errer, amnésique, dans l'une des villes de la côte ? Je crois que même les deux secrétaires ennuyées m'ont regardé avec pitié.

Je suis revenu à l'hôtel Del Mar en me baladant et j'ai pu constater ce dont j'avais déjà l'intuition : la ville commence à se vider ; les touristes sont de moins en moins nombreux ; les expressions des autochtones trahissent une fatigue cyclique. L'air, cependant, et le ciel et la mer sont transparents et purs. Cela fait plaisir de respirer. Le promeneur, en outre, peut prendre son temps pour observer n'importe quel caprice visuel, sans courir le risque d'être bousculé ou être pris pour un ivrogne.

Lorsque le patron du Rincón de los Andaluces a disparu dans l'arrière-boutique, j'ai mis le sujet du viol sur le tapis.

Le Loup et l'Agneau ont lâché deux éclats de rire bruyants et m'ont dit que c'étaient des conneries du vieux. J'ai deviné qu'ils se foutaient de moi.

Au moment de partir, j'ai payé seulement ma consommation. Un masque de pierre s'est alors posé sur les visages des Espagnols. Nos paroles de congé, significativement, ont tourné autour de ma date de départ. (On dirait que tout le monde désire ardemment que je m'en aille.) Conciliants, au dernier moment, ils m'ont proposé de m'accompagner à la Comandancia de Marina, mais j'ai refusé.

Été 40. La partie s'est animée ; contrairement au pronostic, le Brûlé est capable de transférer en Méditerranée suffisamment de troupes pour amortir mes coups ; encore plus important : il a deviné que la menace ne planait pas du côté d'Alexandrie, mais de Malte et, par conséquent, il a renforcé l'île avec de l'infanterie, de l'aviation et de la marine de guerre. Sur le front Ouest, la situation reste stabilisée (après la conquête de la France, un tour est nécessaire pour que les armées occidentales se réorganisent et reçoivent la relève et des renforts) ; là-bas, mes troupes sont tournées vers l'Angleterre — dont l'invasion exigerait un effort logistique considérable, mais ça, le Brûlé ne le sait pas — et vers l'Espagne, une proie dont on peut se passer, mais qui ouvre la voie vers Gibraltar dont la perte rendrait le contrôle anglais de la Méditerranée quasiment nul. (Le coup, recommandé par Terry Butcher dans *The General*, consiste à envoyer la flotte italienne dans l'Atlantique.) De toute façon, le Brûlé n'attend pas une attaque terrestre contre Gibraltar ; mes mouvements à l'Est et dans les Balkans, en revanche, lui font craindre une invasion prochaine de l'Union soviétique — j'ai l'impression que mon ami a des sympathies pour les rouges — et l'amènent à délaisser d'autres fronts. Ma position, ça ne fait pas l'ombre d'un doute, est enviable. L'Opération Barbarossa, peut-être avec une variante stratégique turque, promet d'être pleine de rebondissements. L'intérêt du Brûlé ne décroît pas ; ce n'est pas un joueur brillant, ni impulsif : ses mouvements sont sereins et méthodiques. Les heures se sont écoulées en silence ; nous n'avons échangé que les paroles strictement nécessaires, des questions à propos des règles qui ont reçu des réponses claires et honnêtes, dans une harmonie enviable. J'écris ceci tandis que le Brûlé joue. C'est curieux : la partie parvient à le détendre, je le perçois aux muscles de ses bras et de sa poitrine, comme si, enfin, il pouvait se regarder et ne *rien* voir. Ou bien voir seulement le plateau martyrisé de l'Europe et les grandes manœuvres et contre-manœuvres.

La partie s'est déroulée comme dans le brouillard. Lorsque nous sommes sortis dans le couloir, nous sommes tombés sur une employée qui, en nous voyant, a étouffé un cri et s'est mise à courir. J'ai regardé le Brûlé, incapable de dire quoi que ce soit ; j'ai éprouvé une sensation cuisante de honte pour lui jusqu'à ce que nous montions dans l'ascenseur. C'est alors que j'ai pensé que la peur de l'employée n'avait peut-être pas pour cause le visage du Brûlé. Je me suis demandé de manière encore plus insistante si je ne me fourvoyais pas.

Nous nous sommes quittés sur la terrasse de l'hôtel. Une bonne poignée de main, un sourire et finalement le Brûlé a disparu en vacillant sur le Paseo Maritimo.

La terrasse était vide. Au restaurant, plus fréquenté, j'ai vu Frau Else. Elle était installée à une table près du comptoir et deux hommes en costume-cravate lui tenaient compagnie. Je ne sais pas pourquoi j'ai pensé que l'un d'eux était son mari, même si l'image que je conservais de celui-ci n'avait aucune ressemblance avec cet homme-là. Il devait sans doute s'agir d'une réunion d'affaires et je n'ai pas voulu être importun. Je ne désirais pas non plus passer pour quelqu'un de timide et c'est pourquoi je me suis approché du comptoir et ai commandé une bière. Le garçon a mis plus de cinq minutes à me la servir. Sa lenteur ne tenait pas à un excès de travail, ce dernier se réduisant plutôt à pas grand-chose ; il a simplement préféré lambiner par-ci par-là jusqu'à toucher aux limites de ma patience ; ce n'est qu'alors qu'il a apporté la bière et j'ai pu voir la mauvaise volonté, l'intention de me provoquer que son attitude renfermait, comme s'il attendait la plus minime protestation de ma part pour commencer une bagarre. Mais c'était impensable avec Frau Else à côté, et j'ai donc jeté quelques pièces de monnaie sur le comptoir et je suis parti. Il n'y a pas eu de réaction chez lui. Le pauvre type s'est collé contre les étagères des bouteilles et a regardé fixement le sol.

Il avait l'air d'en vouloir à tout le monde, à commencer par lui-même.

J'ai pris ma bière tranquillement. Frau Else, malheureusement, continuait à être plongée dans la conversation avec ses voisins de table et a préféré faire semblant de ne pas me voir. J'ai supposé qu'elle devait avoir une bonne raison pour cela et j'ai décidé de m'en aller.

Dans la chambre, l'odeur de tabac et de renfermé m'a surpris. La veilleuse était restée allumée et, un instant, j'ai pensé qu'Ingeborg était revenue. Mais l'odeur, d'une manière presque tangible, excluait la possibilité de la présence d'une femme. (Curieux : jamais je ne m'étais attardé à la considération des odeurs.) Je crois que tout cela m'a déprimé et j'ai décidé de sortir faire un tour en voiture.

J'ai roulé lentement dans les rues vides de la ville. Un vent léger, tiède, balayait les trottoirs, poussant récipients en papier et prospectus publicitaires.

De temps en temps, seulement, surgissaient de l'ombre des silhouettes de touristes ivres s'aventurant à l'aveugle en chemin de leurs hôtels.

J'ignore ce qui m'a poussé à m'arrêter sur le Paseo Maritimo. Ce qui est certain, c'est que je l'ai fait et, d'une manière naturelle, je me suis engagé plus avant sur la plage, au milieu de l'obscurité, en direction de la demeure du Brûlé.

Qu'est-ce que je m'attendais à trouver là-bas ?

Les voix m'ont immobilisé, alors que je devinais déjà la forteresse de pédalos émergeant du sable.

Le Brûlé avait de la visite.

Avec une extrême prudence, presque en rampant, je me suis approché ; qui que ce fût qui se trouvait là, il avait préféré converser à l'extérieur.

J'ai pu rapidement distinguer deux taches : me tournant le dos, le Brûlé et son invité étaient assis sur le sable et regardaient la mer.

C'était l'autre qui menait la conversation : de brèves séries de grognements dont j'ai pu seulement saisir des mots isolés comme « nécessité » et « courage ».

Je n'ai pas osé m'approcher davantage.

Alors, après un long silence, le vent a cessé et sur la plage est tombée une espèce de dalle tiède.

Quelqu'un, je ne sais pas lequel des deux, d'une manière ambiguë et désinvolte, a parlé d'un « pari », d'une « affaire oubliée ». Ensuite, il a ri... puis il s'est levé et a marché jusqu'au bord de la mer... et après il s'est retourné et a dit quelque chose d'inintelligible.

Pendant un instant — un instant de folie qui m'a fait dresser les cheveux — j'ai pensé que c'était Charly ; son profil, sa manière de laisser tomber la tête comme s'il avait le cou brisé, ses mutismes soudains ; ce brave Charly sorti des sales eaux de la Méditerranée pour... conseiller de manière sibylline le Brûlé. Une sorte de rigidité s'est répandue de mes bras au reste de mon corps, tandis que ma raison luttait pour reprendre le contrôle. En ce moment précis, ce que je désirais le plus, c'était foutre le camp de là. C'est alors que j'ai entendu, comme si la folie se trouvait justifiée par la poursuite du dialogue, le genre de conseils que le visiteur du Brûlé donnait. « Comment freiner l'assaut violent ? » « Ne t'inquiète pas de l'assaut ; inquiète-toi des poches. » « Comment éviter les poches ? » « Conserve une double ligne ; annule les pénétrations des blindés ; conserve toujours une réserve opérationnelle. »

Des conseils pour me vaincre au Troisième Reich !

Plus concrètement, le Brûlé recevait des instructions pour contrecarrer ce qu'il lui paraissait imminent : l'invasion de la Russie !

J'ai fermé les yeux et essayé de prier. Je n'ai pas pu. J'ai pensé que jamais la folie ne quitterait ma tête. J'étais en sueur et les grains de sable se collaient à mon visage sans peine. Mon corps tout entier était la proie de démangeaisons et je craignais, si je peux dire ça comme ça, de voir surgir soudain, au-dessus de moi, le visage brillant de Charly. Le maudit traître. Cette pensée, comme une décharge électrique, a réussi à me faire ouvrir les yeux ; à côté de la baraque de pédalos, il n'y avait personne. J'ai imaginé qu'ils étaient tous deux à l'intérieur. Je me trompais : les ombres, debout, étaient toujours au bord de la mer, les vagues leur léchaient les chevilles. Ils me tournaient le dos. Dans le ciel, pendant quelques secondes, les nuages se sont écartés et la lune a lui faiblement. À présent il était question entre le Brûlé et son visiteur d'un viol, comme si c'était un sujet on ne peut plus plaisant. Non sans efforts, j'ai pu me mettre à genoux et recouvrer un peu de ma sérénité. Ce n'était pas Charly, me suis-je dit deux ou trois fois. Élémentaire : le Brûlé et son visiteur dialoguaient en espagnol et Charly n'était même pas capable de commander une bière dans cette langue.

Avec une sensation de soulagement, mais encore ankylosé et tremblant, je me suis redressé complètement et me suis éloigné de la plage.

À l'hôtel Del Mar, Frau Else était assise dans un fauteuil en osier à l'extrémité du couloir qui menait à l'ascenseur. Les lumières du restaurant étaient éteintes, à l'exception d'une seule, indirecte, qui n'éclairait que les étagères de bouteilles et une partie du comptoir où un garçon s'acharnait sur quelque chose de mystérieux. En passant devant la réception, j'avais vu le veilleur de nuit absorbé dans la lecture d'un journal sportif. Tout l'hôtel n'était pas plongé dans le sommeil.

J'ai pris place à côté de Frau Else.

Elle a dit quelque chose sur l'aspect que j'offrais. Amaigri.

— Tu dors sûrement peu et mal. Ce n'est pas une bonne publicité pour l'hôtel. Ta santé m'inquiète.

J'ai acquiescé. Elle aussi a acquiescé. J'ai demandé qui elle attendait. Frau Else a haussé les épaules ; elle a souri et dit : toi. Évidemment, elle mentait. Je lui ai demandé l'heure. Quatre heures du matin.

— Tu devrais retourner en Allemagne, Udo, a-t-elle dit.

Je l'ai invitée à monter dans ma chambre. Elle n'a pas accepté. Elle a dit : non, je ne *peux* pas. Elle l'a dit en me fixant dans les yeux. Qu'elle était belle !

Nous sommes restés un long moment silencieux. J'aurais aimé lui dire : ne t'inquiète pas pour moi, ne t'inquiète pas vraiment. Mais c'était ridicule, bien sûr. Au bout du couloir, j'ai vu la tête du veilleur de nuit apparaître puis disparaître. J'ai conclu que les employés de Frau Else l'adoraient.

J'ai fait semblant d'être fatigué et je me suis levé. Je ne voulais pas être là, lorsque la personne que Frau Else attendait se montrerait.

Sans bouger de son siège, elle m'a tendu la main et nous nous sommes souhaité une bonne nuit.

J'ai marché jusqu'à l'ascenseur ; par chance, il était arrêté au rez-de-chaussée et je n'ai pas eu besoin d'attendre. Une fois à l'intérieur, j'ai de nouveau pris congé. J'ai dit au revoir sans émettre de son, en remuant les lèvres. Frau Else a soutenu mon regard et mon sourire jusqu'à ce que les portes se ferment avec un fracas pneumatique et j'ai commencé à monter.

Je sentais quelque chose qui tournait dans ma tête.

Après avoir pris une douche chaude, je me suis glissé dans le lit. J'avais les cheveux mouillés et de toute façon le sommeil ne venait pas.

Je ne sais pas pourquoi, peut-être parce que c'était ce qui était le plus proche de moi, j'ai saisi le livre de Florian Linden et l'ai ouvert au hasard :

« L'assassin est le patron de l'hôtel. »

« Vous êtes sûr ? »

J'ai fermé le livre.

7 septembre

J'ai rêvé qu'un appel téléphonique me réveillait. C'était M. Pere qui désirait que je me présente — il se proposait de m'accompagner — à la caserne de la Guardia Civil ; là, ils avaient un cadavre et espéraient que je pourrais le reconnaître. J'ai donc pris une douche et suis sorti sans prendre de petit déjeuner. Les couloirs de l'hôtel offraient un air de désolation qui oppressait la poitrine ; le jour devait être en train de se lever ; la voiture de M. Pere attendait à la porte principale. Pendant notre trajet jusqu'à la caserne, implantée dans les environs de la ville, à une bifurcation de routes saturée de panneaux pointant vers de multiples frontières, M. Pere a déblatéré sur les mutations qui se produisaient chez les autochtones lorsque l'été ou, plus exactement, la saison d'été s'achevait. Dépression générale ! Dans le fond, nous ne pouvons pas vivre sans touristes ! Nous nous sommes habitués à eux ! Un garde civil jeune et pâle nous a conduits jusqu'à un hangar où se trouvaient plusieurs tables disposées horizontalement et, assemblées en grappes sur les murs, une collection d'accessoires d'automobiles.

Sur une dalle noire à bandes blanches, à côté de la porte métallique où attendait déjà le fourgon qui transporterait le cadavre, gisait un corps inanimé dans un état qui m'a semblé proche de la putréfaction. M. Pere, derrière moi, s'est pincé le nez. Ce n'était pas Charly. Il devait avoir le même âge, et peut-être était-il allemand, mais ce n'était pas Charly. J'ai dit que je ne le connaissais pas et nous sommes partis. Lorsque nous l'avons quitté, le garde civil s'est mis au garde-à-vous. Nous sommes revenus en ville en riant et en faisant des projets pour la prochaine saison. L'hôtel Del Mar offrait toujours l'aspect de chose endormie, mais cette fois-ci à travers les vitres j'ai aperçu Frau Else à la réception. J'ai demandé à M. Pere depuis combien de temps il n'avait pas vu le mari de Frau Else

— Il y a longtemps que je n'ai pas eu le plaisir, a dit M. Pere.

— Il semble qu'il soit malade.

— C'est ce qu'il semble, a dit M. Pere, dont le visage se rembrunit, ce qui pouvait signifier n'importe quoi.

À partir de ce moment-là, le rêve a progressé (c'est du moins ce que je me rappelle) par sauts. Sur la terrasse, j'ai pris un petit déjeuner d'œufs au plat et de jus de tomate. J'ai monté des escaliers : des enfants anglais venaient en direction contraire et nous nous sommes presque heurtés. Du balcon, j'ai observé le Brûlé, en face de ses pédalos, ruminant sa misère et la fin de l'été. J'ai écrit des lettres avec une lenteur préméditée et étudiée. Finalement, je me suis mis au lit et j'ai dormi. Un autre appel téléphonique, cette fois-ci réel, m'a arraché au sommeil. J'ai jeté un coup d'œil sur ma montre : deux heures de l'après-midi. C'était Conrad, et sa voix répétait mon nom comme s'il croyait que je n'allais jamais répondre.

Contrairement à ce que j'aurais imaginé, peut-être à cause de la timidité de Conrad et du demi-sommeil où moi je me trouvais encore, la conversation s'est déroulée avec une froideur qui à présent me remplit d'horreur. Les questions, les réponses, les inflexions de la voix, le désir mal dissimulé d'écourter la communication et d'économiser quelques pièces, les sempiternelles expressions d'ironie, tout semblait recouvert d'un suprême manque d'intérêt. Pas question de confidences, sauf une, stupide, à la fin, et en revanche des images fixes de la ville, de l'hôtel, de ma chambre, qui se superposaient tenacement au panorama peint par mon ami, comme si elles voulaient m'avertir du nouvel ordre dans lequel j'étais immergé et dans lequel les coordonnées que l'on me transmettait à travers les câbles téléphoniques avaient peu de valeur. Qu'est-ce que tu fais ? Pourquoi tu ne reviens pas ? Qu'est-ce qui te retient ? À ton travail on est surpris, M. X demande chaque jour après toi et ça ne sert à rien qu'on lui assure que tu seras bientôt de retour parmi nous, une ombre s'est installée dans son cœur et prédit des malheurs. Quel genre de malheurs ? Moi, qu'est-ce que j'en avais à faire. Des informations suivent, sur le club, le travail, les jeux, les revues, le tout raconté sans pause, implacablement.

— Tu as vu Ingeborg ? ai-je dit.

— Non, non, bien sûr que non.

Nous sommes restés silencieux un court instant qui a précédé une nouvelle avalanche de questions et de demandes : à mon bureau, on était *un peu plus* qu'inquiet, dans le groupe, on se demandait si j'allais me rendre à Paris pour recevoir Rex Douglas en décembre. On allait me foutre à la porte du travail ? Est-ce que j'avais des problèmes avec la police ? Ils voulaient tous savoir ce qu'il y avait de si mystérieux qui me retenait en Espagne. Une femme ? La fidélité à un mort ? Quel mort ? Et, entre parenthèses, où en était l'article ? Celui qui allait jeter les bases d'une nouvelle stratégie. On aurait dit que Conrad se moquait de moi. L'espace d'une seconde, je l'ai imaginé en train d'enregistrer la conversation, les lèvres arquées en un sourire malveillant. Le champion exilé ! Hors course !

— Écoute-moi, Conrad, je vais te donner l'adresse d'Ingeborg. Je veux que tu ailles la voir et qu'ensuite tu m'appelles.

— Bon, d'accord, ce que tu voudras.

— Parfait. Fais-le aujourd'hui. Et ensuite téléphone-moi.

— D'accord, d'accord, mais je comprends rien et j'aimerais être utile dans la mesure de mes possibilités. Je sais pas si je suis clair, Udo, tu m'écoutes ?

— Oui. Dis-moi que tu feras ce que je t'ai dit.

— Oui. Bien sûr.

— Bien. Est-ce que tu as reçu une de mes lettres ? Je crois que je t'explique tout dans cette lettre. Elle n'est probablement pas encore arrivée.

— J'ai reçu seulement deux cartes postales, Udo. Une où l'on voit la rangée d'hôtels à côté de la plage et une autre avec une montagne.

— Une montagne ?

— Oui.

— Une montagne à côté de la mer ?

— Je sais pas ! On voit que la montagne et une sorte de monastère en ruine.

— Bon, enfin, elle finira par arriver. Le courrier fonctionne lamentablement dans ce pays.

D'un coup, il m'est venu à l'esprit que je n'avais écrit aucune lettre à Conrad. Je m'en suis fichu un peu.

— Tu as du beau temps, au moins ? Ici, il pleut.

Au lieu de répondre à sa question, comme si je suivais une dictée, j'ai dit :

— Je suis en train de jouer...

Peut-être qu'il m'a semblé important que Conrad le sache. Dans le futur, ça pouvait m'être utile. De l'autre côté, j'ai entendu une espèce de soupir exalté.

— Le Troisième Reich ?

— Oui...

— C'est vrai ? Dis-moi comment tu t'en tires. Tu es fantastique, Udo, il y a qu'à toi que peut venir l'idée de te mettre à jouer *maintenant*.

— Oui, je te comprends, avec Ingeborg loin, et tout suspendu à un fil, ai-je bâillé.

— Je voulais pas dire ça. Je pensais aux risques. À l'audace si particulière que tu as. Tu es unique, mec, le roi du Fandom !

— Il ne faut pas exagérer, ne crie pas, tu vas finir par me rendre sourd.

— Et qui est ton adversaire ? Un Allemand ? Je le connais ?

Pauvre Conrad, il tenait pour acquis que dans une petite ville de la Costa Brava deux joueurs de *wargames* pouvaient coïncider l'un avec l'autre et en plus qu'ils pouvaient être allemands. C'était évident qu'il ne prenait jamais de vacances et que Dieu seul savait quelle pouvait être l'idée qu'il se faisait d'un été sur la Méditerranée ou n'importe où ailleurs.

— Bon, mon adversaire est un peu curieux, ai-je dit et j'ai décrit tout de suite après, à grands traits, le Brûlé.

Après un silence, Conrad a dit :

— Je le sens pas. C'est pas une histoire nette. Vous vous comprenez en quelle langue ?

— En espagnol.

— Et comment il a pu lire les règles ?

— Il ne l'a pas fait. C'est moi qui les lui ai expliquées. En une soirée. Tu serais stupéfait par son intelligence. Tu n'as pas besoin de lui répéter une chose deux fois.

— Et quand il joue, il est aussi intelligent ?

— Sa défense de l'Angleterre est acceptable. Il n'a pas pu éviter la chute de la France, mais qui le peut ? Ce n'est pas mal. Tu es meilleur, bien sûr, et Franz, mais comme sparring-partner, je ne peux pas me plaindre.

— Sa description… donne la chair de poule. Jamais je jouerais avec quelqu'un comme ça, capable de me foutre une peur bleue s'il apparaissait à l'improviste… Dans une partie multiple, d'accord, mais seuls… Et tu dis qu'il vit sur la plage ?

— C'est ça.

— Ce serait pas le Démon ?

— Tu parles sérieusement ?

— Oui. Le Démon, Satan, le Diable, Luzbel, Belzébuth, Lucifer, le Malin…

— Le Malin… Non, il a l'air plutôt d'un bœuf… Costaud et pensif, le ruminant typique, mélancolique. Ah, et il n'est pas espagnol.

— Et tu le sais comment ?

— Ce sont des types espagnols qui me l'ont dit. Au début, évidemment, j'ai pensé qu'il était espagnol, mais ce n'est pas le cas.

— D'où il vient ?

— Je ne sais pas.

Depuis Stuttgart, Conrad s'est faiblement plaint.

— Tu devrais le savoir ; c'est essentiel ; pour ta propre sécurité…

Il m'a semblé qu'il exagérait, mais je lui ai assuré que je poserais la question. Nous avons raccroché peu après et, après avoir pris une douche, je suis sorti marcher un moment, avant de revenir à l'hôtel pour manger. Je me sentais bien, je ne percevais pas le passage du temps dans mon esprit et mon corps se livrait sans réserve au bonheur d'être là où il était, et rien de plus.

Automne 40. J'ai joué l'option Offensive sur le front Est. Mes corps blindés éventrent les flancs du secteur central russe, pénètrent en profondeur et referment une poche gigantesque, un hexagone à l'ouest de Smolensk. Derrière, entre Brest-Litovsk et Riga, plus de dix armées russes sont coincées. Mes pertes sont minimes. Sur le front Méditerranée, j'ai dépensé les BRP pour une autre option Offensive et j'ai envahi l'Espagne. La surprise du Brûlé est totale, il arque les sourcils, se dresse, ses cicatrices vibrent, on dirait qu'il entend passer mes divisions cuirassées sur le Paseo Maritimo, et son ébranlement ne l'aide pas à organiser une bonne défense (il choisit, inconsciemment bien sûr, une variante de la Border Defense de David Hablanian, sans doute la plus mauvaise contre une attaque venant des Pyrénées). Donc, avec seulement deux corps blindés et quatre corps d'infanterie, plus l'appui aérien, je m'empare de Madrid et l'Espagne se rend. Pendant le Redéploiement stratégique, je place trois corps d'infanterie à Séville, Cadix et Grenade, et un corps blindé à Cordoue. À Madrid, je dispose deux flottes aériennes allemandes et une italienne. Le Brûlé, à présent, connaît mes intentions… et sourit. Il me félicite ! Il dit : « Jamais j'en aurais eu l'idée. » Face à un si bon perdant, il est difficile ne serait-ce que de comprendre les préventions et les appréhensions de Conrad. Penché sur la carte, au milieu de son segment de jeu, le Brûlé parle et essaie de réparer l'irréparable. En URSS, il déplace des troupes du sud, où il n'y a presque pas eu de chocs, au nord et au centre, mais sa capacité de mouvement est faible. En Méditerranée, il maintient l'Égypte et renforce Gibraltar, bien que d'une manière pas très convaincue, comme s'il ne croyait pas en son effort. Son torse musclé et calciné survole l'Europe comme un cauchemar. Et il parle, sans me regarder, de son travail, du peu de touristes, du temps capricieux, des retraités qui arrivent en masse dans certains hôtels. Tout en feignant l'indifférence, de fait j'écris pendant que je pose les questions, je fouine et réussis savoir qu'il connaît Frau Else, qu'on appelle dans le quartier « l'Allemande ». Forcé de donner son opinion, il concède qu'elle est belle. Je m'enquiers de son mari. Le Brûlé répond : il est malade.

— Comment tu le sais ? ai-je dit en abandonnant les notes.

— Tout le monde le sait. C'est une maladie longue, ça fait des années et des années. Ça le fait souffrir, mais ça le tue pas.

— Ça le conserve ! ai-je souri.

— Non, ça, pas du tout, dit le Brûlé, se replongeant dans le casse-tête de la partie, avec tout son réseau logistique en miettes.

À la fin nous nous quittons en accomplissant le rituel de toujours : nous buvons les dernières canettes de bière que j'ai achetées pour l'occasion et que je conserve dans le lavabo empli d'eau, nous commentons la partie (le Brûlé se répand en éloges, mais ne reconnaît pas encore sa défaite), nous descendons ensemble en prenant l'ascenseur, nous nous souhaitons bonne nuit sur le seuil de l'hôtel…

C'est alors, au moment où le Brûlé disparaît sur le Paseo Maritimo, qu'une voix, à côté de moi, me fait sursauter de peur.

C'est Frau Else, assise dans la pénombre, dans un coin de la terrasse vide que l'éclairage de l'intérieur de l'hôtel et celui de la rue effleurent à peine.

J'avoue que je me suis avancé vers elle fâché (contre moi, surtout) à cause de la frayeur que je venais d'éprouver. C'est quand je me suis assis face à elle, que j'ai remarqué qu'elle était en train de pleurer. Son visage, d'ordinaire si vivant et coloré, était d'une pâleur spectrale, d'autant plus accentuée que je l'apercevais à moitié recouverte par l'ombre gigantesque d'un parasol que la brise nocturne agitait à un rythme régulier. Sans hésiter, j'ai saisi ses mains et lui ai demandé ce qui l'attristait. Comme par enchantement, sur le visage de Frau Else s'est dessiné un sourire. Vous, toujours aussi attentionné, a-t-elle dit, oubliant sous le coup de l'émotion le tutoiement de règle déjà entre nous. J'ai insisté. La rapidité avec laquelle Frau Else passait d'un état d'esprit à l'autre était surprenante : en moins d'une minute, le fantôme souffrant qu'elle était s'est transformée en sœur aînée inquiète. Elle voulait savoir ce que je faisais, « mais vraiment, sans mensonges », dans ma chambre avec le Brûlé. Elle voulait que je lui promette de retourner rapidement en Allemagne ou, à défaut de partir, de me mettre en contact avec les responsables de mon travail et avec Ingeborg. Elle voulait que je ne me couche pas si tard et que je profite des matinées pour prendre le soleil, « le peu qu'il nous en reste », sur la plage. Tu es pâlichon, je crois que ça fait des mois que tu ne t'es pas regardé dans une glace, a-t-elle murmuré. Bref, elle voulait que je nage et que je mange bien, même si cette dernière exhortation était plutôt contraire à ses intérêts étant donné que je mangeais dans son hôtel. Sur ce, elle s'est remise à pleurer, mais moins fort, comme si tous les conseils donnés avaient été un bain qui l'aurait lavée de sa propre douleur et, peu à peu, elle s'est apaisée et rassérénée.

La situation était idéale, je ne pouvais pas en demander plus, et le temps a filé sans que je m'en rende compte. Je crois que nous aurions continué toute la nuit ainsi, assis face à face, devinant à peine nos regards, et sa main entre les miennes, mais tout a une fin et celle-ci est arrivée sous la forme du veilleur de nuit qui après m'avoir cherché dans tout l'hôtel a surgi sur la terrasse, m'avertissant que j'avais un appel téléphonique longue distance.

Frau Else s'est levée avec une expression de lassitude et m'a suivi à travers le couloir vide jusqu'à la réception ; une fois arrivée, elle a demandé au veilleur de nuit de sortir les derniers sacs-poubelle de la cuisine et nous sommes restés seuls. J'ai eu la sensation immédiate de me trouver dans une île, rien qu'elle et moi, et le téléphone décroché, pareil à un appendice cancéreux que j'aurais volontiers arraché et remis au veilleur de nuit comme un objet de plus pour les ordures.

C'était Conrad. En entendant sa voix, j'ai ressenti une grande désillusion, mais ensuite je me suis souvenu que c'était moi qui lui avais demandé de m'appeler.

Frau Else s'est assise de l'autre côté du comptoir et a essayé de lire la revue que le veilleur, j'imagine, avait oubliée. Elle n'a pas pu. D'autre part, il n'y avait pas grand-chose à lire puisqu'il n'y avait pratiquement que des photos. D'un geste mécanique, elle l'a reposée sur l'extrémité du bureau, dans un équilibre plus que précaire et a fixé son regard sur moi. Ses yeux bleus avaient la teinte d'un crayon d'enfant, un Faber bon marché et aimé.

J'ai été pris du désir de raccrocher et de lui faire l'amour sur place. Je me suis imaginé, ou peut-être que je l'imagine maintenant, et c'est pire, la traînant jusqu'à son bureau particulier, l'installant sur la table, lui déchirant les vêtements et l'embrassant, lui montant dessus et l'embrassant, éteignant toutes les lumières de nouveau et l'embrassant...

— Ingeborg va bien. Elle travaille. Elle a pas l'intention de te passer un coup de fil, mais elle dit qu'elle veut parler avec toi quand tu reviendras. Elle m'a demandé de te saluer, a dit Conrad.

— Bien. Merci. C'était ce que je voulais savoir.

Les jambes croisées, Frau Else fixait maintenant la pointe de ses chaussures et avait l'air plongée dans des pensées pénibles et compliquées.

— Écoute, aucune lettre de toi n'est arrivée, c'est Ingeborg ce soir qui m'a tout expliqué. Telle que moi je vois la chose, tu as aucune obligation à être là-bas.

— Bon, Conrad, ma lettre, elle finira par arriver et alors tu comprendras, maintenant je ne peux rien t'expliquer.

— Comment va la partie ?

— Je suis en train de la lui mettre bien profond, ai-je dit, bien que peut-être l'expression ait été « il est en train de me sucer jusqu'à la dernière goutte », ou « je vais lui filer des hémorroïdes », ou « je suis en train de le baiser lui et toute sa famille », je jure que je ne m'en souviens plus. Peut-être que j'ai dit : je lui fais subir le supplice du feu.

Frau Else a levé les yeux avec une douceur que je n'ai jamais vue chez aucune femme et m'a souri.

J'ai senti une sorte de frisson.

— Vous avez rien parié ?

J'ai entendu des voix, peut-être de l'allemand, je ne peux pas l'assurer, des dialogues inintelligibles et des bruits d'ordinateurs, loin, très loin.

— Rien.

— J'en suis heureux. J'ai passé toute la soirée à craindre que tu aies parié quelque chose. Tu te souviens de notre conversation d'il y a un moment ?

— Oui, tu suggérais que c'était le Démon. Je n'ai pas encore perdu la mémoire.

— T'énerve pas. Je pense qu'à ton bien, tu le sais.

— Bien sûr.

— Je suis heureux que tu aies rien parié.

— Qu'est-ce que tu croyais qui était en jeu ? Mon âme ?

J'ai ri. Frau Else a maintenu en l'air un bras bronzé et parfait, avec au bout une main aux doigts fins et longs qui se sont fermés sur le magazine du veilleur de nuit. Ce n'est qu'à ce moment-là que je me suis rendu compte qu'il s'agissait d'un magazine pornographique. Elle a ouvert un tiroir et l'a mis dedans.

— Le Faust des jeux de guerre, a dit en riant Conrad, comme un écho de mon propre rire ricochant à partir de Stuttgart.

J'ai senti une colère froide monter depuis les talons, par la partie arrière du corps, jusqu'à la nuque et, de là, elle s'est élancée violemment vers tous les recoins de la réception.

— Ce n'est pas drôle, ai-je dit, mais Conrad ne m'a pas entendu. Je n'avais pu tirer de moi qu'un filet de voix.

— Quoi ? Quoi ?

Frau Else s'est levée et s'est approchée de l'endroit où je me tenais. À si peu de distance que j'ai pensé qu'elle entendait, sans le vouloir, les vantardises de Conrad. Elle a posé une main sur ma tête et, immédiatement, elle a senti la colère qui grondait là-dessous. Pauvre Udo, a-t-elle murmuré ; ensuite, avec un geste de velours, comme au ralenti, elle a indiqué la montre, signifiant qu'elle devait s'en aller. Mais elle ne l'a pas fait. Peut-être le désespoir qu'elle a vu sur mon visage l'a-t-elle arrêtée.

— Conrad, je ne veux pas de plaisanteries, je ne les supporte pas, il est tard, tu devrais être couché et ne pas t'inquiéter pour moi.

— Tu es mon ami.

— Écoute, bientôt la mer vomira une bonne foutue fois pour toutes ce qui reste de Charly. Alors, je ferai mes valises et je reviendrai. Pour me distraire, pendant que j'attends, rien que pour me distraire et tirer des exemples pour mon article, je joue une partie de Troisième Reich ; tu ferais la même chose, pas vrai ? De toute façon, la seule chose que je mets en danger, c'est mon boulot au bureau et tu sais bien que c'est une saloperie. Je pourrais trouver quelque chose de mieux en moins d'un mois. Est-ce que c'est vrai ou pas ? Je pourrais en m'occupant exclusivement d'écrire des essais. Possible que j'y gagne. Possible que ce soit là que se trouve mon destin. Dans le fond, peut-être que le mieux serait qu'on me foute à la porte.

— Mais, eux, ils veulent pas le faire. En plus, je sais que le bureau ou, en tout cas, tes collègues de travail, c'est important pour toi ; lorsque j'y suis passé, ils m'ont montré une carte postale que tu leur avais envoyée.

— Tu te trompes, je n'en ai rien à foutre.

Conrad a étouffé un gémissement, ou c'est ce que j'ai cru entendre.

— C'est pas vrai, a-t-il contre-attaqué, très sûr de lui.

— Qu'est-ce que bordel tu veux ? La vérité, Conrad, c'est que des fois on n'arrive pas à te supporter.

— Je veux que tu recouvres la raison.

Frau Else a effleuré de ses lèvres ma joue et a dit : il est tard, je dois y aller. J'ai senti son haleine tiède sur les oreilles et le cou ; une étreinte d'araignée, minime et inquiétante. Du coin de l'œil, j'ai vu le veilleur de nuit à l'extrémité du couloir, docile, attendant.

— Je dois raccrocher, ai-je dit.

— Je t'appelle demain ?

— Non, je ne veux pas que tu dépenses de l'argent inutilement.

— Mon mari m'attend, a dit Frau Else.

— Ça n'a pas d'importance.

— Bien sûr que ça en a.

— Il est incapable de s'endormir avant que je sois arrivée, a dit Frau Else.

— Comment va la partie ? Tu dis que c'est déjà l'automne 40 ? Tu as envahi l'URSS ?

— Oui ! Guerre éclair sur tous les fronts ! Ce n'est pas un rival pour moi ! Merde, ce n'est pas pour rien que je suis le champion, non ?

— Correct, correct... Et moi, je désire de tout cœur que tu gagnes... Comment vont les Anglais ?

— Lâche-moi la main, a dit Frau Else.

— Je dois raccrocher, Conrad, les Anglais sont en train de souffrir, comme toujours.

— Et ton article ? Je suppose que ça va. Souviens-toi que l'idéal, ce serait qu'il soit publié avant que Rex Douglas arrive.

— Il sera au moins écrit. Rex va adorer.

Frau Else a tiré brusquement sur sa main pour la libérer.

— Ne sois pas puéril, Udo ; et si mon mari arrivait maintenant ?

J'ai couvert le combiné de ma main pour que Conrad n'entende pas et j'ai dit :

— Ton mari est dans son lit. J'ai l'impression que c'est ce qu'il préfère. Et s'il n'est pas dans son lit, il doit être sur la plage. C'est l'un de ses autres endroits favoris, surtout quand la nuit tombe. Sans mentionner les chambres des clients. En réalité, ton mari s'arrange pour être partout ; ça ne m'étonnerait pas qu'il soit, là tout de suite, en train de nous espionner, caché derrière le veilleur de nuit.

Il n'a pas les épaules larges, mais je crois que ton mari est mince.

Le regard de Frau Else s'est tourné instantanément vers l'extrémité du couloir. Le veilleur de nuit attendait, une épaule appuyée contre le mur. Dans les yeux de Frau Else, j'ai perçu une lueur d'espoir.

— Tu es fou, a-t-elle dit lorsqu'elle a eu vérifié qu'il n'y avait personne, avant que je l'attire vers moi et l'embrasse.

D'abord avec violence, puis avec lassitude, je ne sais pas combien de temps nous nous sommes embrassés. Je sais que nous aurions pu continuer, mais je me suis rappelé que Conrad était au téléphone et que le temps jouait contre son porte-monnaie. J'ai porté l'écouteur à l'oreille et entendu le fourmillement de milliers de lignes téléphoniques entrecroisées et ensuite le vide. Conrad avait raccroché.

— Il n'est plus là, ai-je dit et j'ai essayé d'entraîner Frau Else avec moi vers l'ascenseur.

— Non, Udo, bonne nuit (elle m'a repoussé avec un sourire forcé).

J'ai insisté pour qu'elle vienne avec moi, en vérité sans beaucoup de conviction. Avec un geste sec et autoritaire, un geste que je n'ai pas compris sur le moment, Frau Else a fait en sorte que le veilleur de nuit s'interpose entre nous. Alors, sur un autre ton de voix, elle m'a de nouveau souhaité bonne nuit et a disparu… en direction de la cuisine !

— Quelle femme, ai-je dit au veilleur de nuit.

Celui-ci s'est glissé derrière le comptoir et a cherché son magazine porno dans les tiroirs du bureau. Je l'ai observé en silence jusqu'à ce qu'il l'ait entre les mains et s'installe dans le fauteuil en cuir de la réception. J'ai soupiré, les coudes posés sur le comptoir, et j'ai demandé s'il y avait beaucoup de touristes au Del Mar. Beaucoup, a-t-il répondu sans me regarder. Au-dessus de la tablette des clés, il y avait une glace de grandes dimensions, de forme allongée, avec un cadre doré et épais qui semblait provenir d'une boutique d'antiquités. Sur le tain brillaient les lumières du couloir et, dans sa partie inférieure, se reflétait la nuque du veilleur de nuit. J'ai ressenti une sorte de malaise à l'estomac en constatant que, en revanche, mon image n'apparaissait pas. Lentement, un peu effrayé, je me suis déplacé vers la gauche, sans m'éloigner du comptoir. Le veilleur m'a regardé et, après avoir hésité, m'a demandé pourquoi je disais « ces choses » à Frau Else.

— Ce n'est pas quelque chose qui te regarde, ai-je dit.

— C'est vrai, a-t-il dit en souriant, mais j'aime pas la voir souffrir, elle est très bonne avec nous.

— Qu'est-ce qui te fait penser qu'elle souffre ? ai-je dit tout en continuant à glisser vers la gauche. Mes mains étaient couvertes de sueur.

— Je sais pas... La manière que vous avez de la traiter...

— J'ai beaucoup d'affection et de respect pour elle, ai-je assuré tandis que peu à peu mon image apparaissait dans le miroir, et même si ce que je voyais était plutôt déplaisant (vêtements froissés, joues en feu, cheveux en désordre) ça n'en était pas moins moi, vivant et tangible. Une peur stupide, je le reconnais.

Le veilleur de nuit a haussé les épaules et a fait mine de se concentrer sur son magazine. J'ai ressenti du soulagement et une profonde fatigue.

— Cette glace... elle a un truc ?

— Comment ?

— La glace ; il y a un moment j'étais devant elle et je ne me voyais pas. C'est seulement maintenant, sur le côté, que je peux me refléter. Par contre, toi, qui es dessous, on te voit.

Le veilleur de nuit a tourné la tête, sans se lever du fauteuil, et s'est regardé dans le miroir. Une grimace de singe : il se voyait et il ne se plaisait pas et ça lui paraissait drôle.

— Il est un peu penché, mais c'est pas un faux miroir ; regardez, ici il y a un mur, vous le voyez ?

En souriant, il a soulevé la glace et a touché le mur comme s'il pétrissait un corps.

Pendant un moment, j'ai réfléchi à cette affaire en silence. Ensuite, après avoir hésité, j'ai dit :

— On va voir. Mets-toi là, lui ai-je demandé en lui montrant l'endroit exact où tout à l'heure je ne me reflétais pas.

Le veilleur de nuit est sorti de derrière le comptoir et s'est placé là où je lui avais ordonné de le faire.

— Je me vois pas, a-t-il reconnu, mais c'est parce que je suis pas en face.

— Bien sûr que tu es en face, merde, ai-je dit en me mettant derrière lui et en le forçant à regarder devant lui.

Par-dessus son épaule, j'ai eu une vision qui a accéléré mon pouls : j'entendais nos voix, mais je ne voyais pas les corps. Les objets du couloir, un fauteuil, un grand vase d'ornement, les lumières indirectes qui surgissaient des hauteurs du plafond et des murs, réfléchies dans le miroir brillaient avec une plus grande intensité que dans le couloir réel qui se trouvait dans mon dos. Le veilleur de nuit a lâché un petit rire compulsif.

— Lâchez-moi, lâchez-moi, je vais vous le prouver.

Sans le vouloir, je le maintenais immobilisé avec une sorte de clé de catch. Il avait l'air faible et effrayé. Je l'ai lâché. D'un bond, le veilleur de nuit s'est retrouvé derrière le comptoir et m'a montré le mur du miroir.

— Le mur est penché. Pen-ché. Il n'est pas droit, venez, allez, vérifiez-le.

Lorsque je me suis introduit par l'ouverture du comptoir, mon équanimité et ma prudence tournoyaient comme des ailes d'un moulin dément ; je crois que j'étais prêt à tordre le cou à ce pauvre homme ; alors, comme si soudain je m'éveillais à une autre réalité, le parfum de Frau Else m'a enveloppé. Tout était différent, j'oserais dire hors des lois physiques, et là, ça sentait son odeur, même si le rectangle de la réception n'était pas isolé de ce couloir, large et, la journée, fréquenté. La trace du passage serein de Frau Else était conservée et cela était suffisant pour me calmer.

Après un examen sommaire, j'ai su que le veilleur de nuit avait raison. Le mur sur lequel la glace était posée n'était pas parallèle au comptoir.

J'ai soupiré et me suis laissé tomber dans le fauteuil de cuir.

— Vraiment blanc, a dit le veilleur de nuit, certainement en se référant à ma pâleur, et il a commencé à m'éventer tranquillement avec le magazine porno.

— Merci, ai-je dit.

Au bout de quelques minutes interminables, je me suis levé et je suis monté dans ma chambre.

J'avais froid, j'ai donc enfilé un jersey et ensuite j'ai ouvert les fenêtres. Depuis le balcon, on pouvait contempler les lumières du port. Un spectacle apaisant. Tous deux, le port et moi, frissonnons à l'unisson. Il n'y a pas d'étoiles. La plage est pareille à la gueule d'un loup. Je suis fatigué et je ne sais pas quand je pourrai m'endormir.

8 septembre

Hiver 40. La règle « Premier hiver russe » doit se jouer lorsque l'armée allemande a pénétré en profondeur en Union soviétique, de telle sorte que sa position, jointe au climat adverse, favorise la contre-attaque décisive, capable de rompre l'équilibre du front et de favoriser les tenailles et les poches ; en un mot : la contre-attaque qui contraint l'armée allemande à reculer. Pour cela, cependant, il est absolument nécessaire que l'armée soviétique compte avec suffisamment de réserves (pas nécessairement des réserves blindées) pour mener à bien la contre-attaque en question. C'est-à-dire que, en ce qui concerne l'armée soviétique, jouer la règle « Premier hiver russe » avec des probabilités de réussite signifie avoir maintenu dans le segment de Création d'unités de l'automne une réserve d'au moins 12 facteurs de force disponibles tout le long du front. En ce qui touche l'armée allemande, jouer la règle « Premier hiver russe » avec un pourcentage élevé de sécurité implique quelque chose de décisif dans la guerre de l'Est et qui annule n'importe quelle précaution russe : la destruction dans chaque tour et dans tous les tours précédents, du plus grand nombre de facteurs de force soviétiques, de cette façon la règle « Premier hiver russe » se transforme en quelque chose d'inoffensif qui, dans le pire des cas, constitue pour l'armée allemande un ralentissement dans la progression vers l'intérieur de la Russie et, dans le cas soviétique, représente un changement instantané dans l'ordre des priorités : l'armée soviétique ne cherchera plus le choc, mais reculera, laissant de vastes espaces à l'armée ennemie en une tentative désespérée de refaire le front.

Par ailleurs, le Brûlé ne sait pas jouer la règle (certainement pas parce que je ne la lui ai pas expliquée) et de ses mouvements, le moins que je puisse dire, c'est qu'ils sont confus : il contre-attaque au nord (c'est à peine s'il érafle mes unités) et, dans le sud, il recule. À la fin du tour, je peux établir le front sur la ligne la plus avantageuse possible, sur les hexagones E42, F41, H42, Vitebsk, Smolensk, K43, Briansk, Orel, Koursk, M45, N45, O45, P44, Q44, Rostov et sur les accès à la Crimée.

Sur le front Méditerranée, le désastre anglais est absolu. Avec la chute de Gibraltar (sans trop de pertes de mon côté), l'armée anglaise d'Égypte est coincée dans une souricière. Il n'y a même pas besoin de l'attaquer : le manque d'approvisionnement, ou plus exactement, l'extension de la ligne d'approvisionnement, qui devra suivre la route Port anglais-Afrique du Sud-golfe de Suez, garantit son inefficacité. De fait, la Méditerranée, à l'exception de l'armée anglaise d'Égypte et un corps d'infanterie qui est en garnison à Malte, est déjà à moi. Maintenant, la flotte italienne a le passage libre vers l'Atlantique, où elle s'unira à la flotte de guerre allemande. Avec elle, et le peu de corps d'infanterie stationnés en France, je peux commencer à penser au débarquement en Grande-Bretagne.

Dans le haut état-major, les plans foisonnent : envahir la Turquie, pénétrer dans le Caucase par le sud (si, à ce moment-là, il n'est pas encore conquis) et attaquer les Russes par l'arrière-garde, sans même mentionner la consolidation de Maïkop et Groznyï. Des plans à court terme : transférer dans le Redéploiement stratégique le plus grand nombre de facteurs des flottes aériennes détachées en Russie pour appuyer le débarquement en Grande-Bretagne. Et des plans à long terme, par exemple, calculer la ligne que l'armée allemande occupera en Russie au printemps 42.

C'est l'anéantissement, la victoire de mes armes. J'avais à peine parlé jusqu'alors. Le prochain tour peut être destructeur, ai-je dit.

— Possible, répond le Brûlé.

Son sourire indique qu'il croit le contraire. Ses mouvements autour de la table, entrant et sortant du coin éclairé de la chambre, ressemblent à ceux d'un gorille. Serein, confiant, il attend qui donc pour le sauver de la défaite ? Les Américains ? Lorsque ceux-ci entreront en guerre, la majeure partie de l'Europe sera probablement contrôlée par l'Allemagne. Peut-être, sur le front Est, ce qui subsistera de l'Armée rouge se battra encore dans l'Oural, rien d'important, en tout cas.

Le Brûlé pense-t-il jouer jusqu'à la fin ? Je crains que oui. C'est ce que nous appelons un joueur bourrique. Une fois, j'ai affronté un spécimen de cette classe. Le jeu était Nato — The Next War in Europe et mon adversaire avait les troupes du pacte de Varsovie. Il a commencé par avoir le dessus, mais je l'ai freiné peu avant qu'il n'arrive au bassin de la Ruhr. À partir de ce moment-là, mon aviation et l'armée fédérale ne lui ont plus laissé de répit, et on a vu clairement qu'il ne pourrait pas gagner la partie. Les amis réunis tout autour de lui ont eu beau lui demander d'abandonner, il a poursuivi. Le match ne suscitait aucune émotion. À la fin, vainqueur déclaré, je lui ai demandé pourquoi il n'avait pas abandonné puisque même pour lui (un imbécile) la défaite était évidente. Il m'a avoué, froidement, qu'il espérait que moi, lassé de son obstination, je l'achève avec une attaque nucléaire, et ainsi avoir cinquante pour cent de chances que l'initiateur de l'holocauste atomique perde la partie.

Espoir absurde. Ce n'est pas pour rien que je suis le champion. Je sais attendre et m'armer de patience.

C'est ça que le Brûlé espère avant de se rendre ? Il n'y a pas d'armes atomiques dans le Troisième Reich. Qu'est-ce qu'il attend alors ? Quelle est son arme secrète ?

9 septembre

Avec Frau Else dans la salle à manger :

— Qu'est-ce que tu as fait hier ?

— Rien.

— Comment ça, rien ? J'ai passé mon temps à te chercher comme une folle et je ne t'ai pas vu de toute la journée. Où est-ce que tu étais fourré ?

— Dans ma chambre.

— Je t'ai cherché là aussi.

— À quelle heure ?

— Je ne m'en souviens plus, vers cinq heures de l'après-midi, et ensuite à huit ou neuf heures du soir.

— C'est curieux. Je crois que j'étais déjà arrivé !

— Ne me mens pas.

— Bon, je suis arrivé un peu plus tard. Je suis sorti faire un tour en voiture ; j'ai mangé dans un village voisin, dans une auberge de campagne. J'avais besoin d'être seul et de réfléchir. Vous avez de bons restaurants dans le coin.

— Et ensuite ?

— J'ai pris la voiture et je suis revenu. En conduisant lentement.

— Rien de plus ?

— Qu'est-ce que tu veux dire ?

— C'est une question. Je veux dire si tu as fait autre chose que te promener et manger à l'extérieur.

— Non. Je suis arrivé à l'hôtel et je me suis enfermé dans la chambre.

— La réceptionniste ne t'a pas vu entrer. Je suis inquiète à ton sujet. Je crois que je me sens responsable. J'ai peur qu'il ne t'arrive quelque chose.

— Je sais m'occuper de moi. Et puis, qu'est-ce qu'il pourrait m'arriver ?

— Quelque chose de mal… Des fois, j'ai des pressentiments… Un cauchemar…

— Tu fais allusion au fait de finir comme Charly ? D'abord, il faudrait que je fasse de la planche à voile. Entre nous, ça me paraît un sport de tarés. Pauvre Charly, dans le fond, je lui suis reconnaissant, s'il n'était pas mort de cette manière si stupide, je ne serais plus là.

— À ta place, moi, je retournerais à Stuttgart et je ferais la paix avec… la jeune fille, ta fiancée. Tout de suite ! Immédiatement !

— Mais toi, tu veux que je reste ; je le vois bien.

— Tu me fais peur. Tu agis comme un enfant irresponsable. Je ne sais pas si tu es capable de tout voir ou si tu es aveugle. Ne fais pas attention à moi, je suis nerveuse. C'est la fin de l'été. En règle générale, je suis une femme assez équilibrée.

— Je le sais bien. Et belle.

— Ne dis pas ça.

— Hier, j'aurais préféré rester avec toi, mais moi non plus je ne t'ai pas trouvée. L'hôtel m'étouffait, bondé de retraités, et j'avais besoin de penser.

— Et ensuite, tu as été avec le Brûlé.

— Hier. Oui.

— Il est monté dans ta chambre. J'ai vu le jeu. Il était préparé.

— Il est monté avec moi. Je l'attends toujours à la porte de l'hôtel. Par sécurité.

— Et ça a été tout ? Il est monté avec toi et il n'est pas ressorti jusqu'à minuit passé ?

— Plus ou moins. Un peu plus tard, peut-être.

— Qu'est-ce que tu as fait pendant tout ce temps ? Ne me dis pas que tu as joué.

— Eh bien, oui.

— Difficile à croire.

— Si tu es vraiment entrée dans ma chambre, tu as dû voir le plateau. Le jeu est ouvert.

— Je l'ai vu. Une carte bizarre. Je n'aime pas ça. Ça ne sent pas bon.

— La carte ou la chambre ?

— La carte. Et les pions. En réalité, tout pue dans ta chambre. Est-ce que quelqu'un ose entrer et faire le ménage ? Non. C'est peut-être ton ami le responsable. Possible que les brûlures dégagent cette puanteur.

— Ne sois pas ridicule. La mauvaise odeur vient de la rue. Vos égouts ne sont pas faits pour la saison d'été. Ingeborg le disait bien, à partir de sept heures du soir les rues empestent. L'odeur vient des égouts remplis à ras bord !

— De la station d'épuration municipale. Oui, c'est possible. De toute façon, ça ne me plaît pas que tu montes avec le Brûlé dans ta chambre. Tu sais ce qu'on dirait de mon hôtel, si un touriste te voyait t'esquiver dans les couloirs avec cette espèce de masse roussie ? Que les employés murmurent, je m'en fiche. Les clients, c'est autre chose, eux, il faut les soigner… Je ne peux pas mettre en jeu la réputation de l'hôtel rien que parce que tu t'ennuies.

— Je ne m'ennuie pas, au contraire. Si tu préfères, je peux descendre le plateau et m'installer dans le restaurant. Bien sûr, là, tout le monde verrait le Brûlé, et ce ne serait pas une bonne publicité. En plus, je crois que je perdrais un peu de concentration. Je n'aime pas jouer devant trop de gens.

— Tu crois qu'on te prendrait pour un fou ?

— Enfin, eux, ils passent les après-midi à jouer aux cartes. Évidemment, mon jeu est plus compliqué. Il exige un esprit froid, spéculatif, téméraire. C'est difficile de réussir à le dominer, tous les deux, trois mois, on ajoute des variantes et de nouvelles règles. On écrit sur lui. Tu ne comprendrais pas. Je veux dire que tu ne comprendrais pas le fait qu'on y *consacre* du temps.

— Le Brûlé réunit ces qualités ?

— Il me semble que oui. Il est froid et téméraire. Spéculatif, pas tellement.

— Je m'en doutais. J'imagine qu'intérieurement il doit te ressembler assez.

— Je ne le crois pas. Moi, je suis plus gai.

— Je ne vois pas ce qu'il y a de gai à s'enfermer dans une chambre pendant des heures, alors que tu pourrais être dans une boîte de nuit ou en train de lire sur la terrasse ou de regarder la télé. L'idée que toi et le Brûlé vous traîniez à gauche et à droite dans mon hôtel me met les nerfs à vif. Je n'arrive pas à vous imaginer immobiles dans la chambre. Vous bougez tout le temps !

— Nous bougeons les pions. Et nous faisons des calculs mathématiques…

— Et, pendant ce temps, la réputation de mon hôtel pourrit comme le corps de ton ami.

— Elle pourrit comme le corps de quel ami ?

— Du noyé, Charly.

— Ah oui, Charly. Ton mari, qu'est-ce qu'il pense de tout ça ?

— Mon mari est malade, et s'il apprenait ce qu'il se passe, il te ficherait à la porte de l'hôtel à coups de pied.

— Moi, je crois qu'il est déjà au courant. Non, j'en suis sûr ; sacré numéro que ton mari.

— Mon mari en mourrait.

— Concrètement, qu'est-ce qu'il a ? Il est nettement plus âgé que toi, non ? Et il est mince et grand. Et il n'a pas beaucoup de cheveux, non ?

— Je n'aime pas que tu parles comme ça.

— C'est que je crois avoir vu ton mari.

— Je me souviens que tes parents l'aimaient beaucoup.

— Non, je parle de ces temps-ci. Il y a peu. Lorsque, prétendument, il était couché, avec de la fièvre et des trucs comme ça.

— Le soir ?

— Oui.

— En pyjama ?

— Moi, je dirais qu'il portait une robe de chambre.

— Ce n'est pas possible. Une robe de quelle couleur ?

— Noire. Ou rouge foncé.

— Parfois, il se lève et fait un tour dans l'hôtel. Dans le coin des cuisines et des toilettes. Il est toujours attentif à la qualité et à la propreté de tout.

— Je ne l'ai pas vu dans l'hôtel.

— Alors tu n'as pas vu mon mari.

— Est-ce qu'il sait que toi et moi ?...

— Bien sûr, nous nous racontons tout… Ce qu'il y a entre nous, ce n'est qu'un jeu, Udo, et il me semble qu'il est temps d'y mettre fin. Il peut finir par devenir aussi obsédant que celui que tu joues avec le Brûlé. À propos, comment il s'appelle ?

— Le Brûlé ?

— Non, le jeu.

— Troisième Reich.

— Quel nom horrible.

— Ça dépend…

— Et qui gagne ? Toi ?

— L'Allemagne.

— Et toi, tu joues avec quel pays ? Avec l'Allemagne, bien sûr.

— Avec l'Allemagne, bien sûr, que tu es bête.

Printemps 41. Le nom du Brûlé, je ne le connais pas. Et je n'en ai rien à faire. Comme je n'en ai rien à faire maintenant de sa nationalité. Qu'il vienne d'ici ou de là, ça n'a aucune importance. Il connaît le mari de Frau Else et ça c'est important ; ça dote le Brûlé d'une capacité de mouvement insoupçonnée ; non seulement il fréquente le Loup et l'Agneau, mais il a aussi du goût pour la conversation plus élaborée (on peut supposer) du mari de Frau Else. Cela dit, pourquoi parlent-ils sur la plage, en pleine nuit, comme des conspirateurs, au lieu de le faire dans l'hôtel ? La scène réunit plus les caractéristiques d'un complot que d'une conversation détendue. Et de quoi parlent-ils ? Le sujet de leurs rencontres, je n'en ai pas le moindre doute, c'est moi. Donc, le mari de Frau Else me connaît par deux biais : le Brûlé lui raconte la partie et sa femme lui raconte notre flirt. Ma situation, face à lui, est désavantageuse, je ne sais rien, sauf qu'il est malade. Mais je devine certaines choses. Il désire que je m'en aille ; il désire que je perde la partie ; il désire que je ne couche pas avec sa femme. L'offensive à l'Est se poursuit. Le coin blindé (quatre corps) entre en contact et brise le front russe à Smolensk, et ensuite prend en tenailles Moscou, qui tombe dans un Combat d'Exploitation. Au sud, je conquiers Sébastopol, après une bataille sanglante et, depuis Rostov-Kharkov, j'avance jusqu'à la ligne Elista-Don. L'Armée rouge contre-attaque le long de la ligne Kalinine-Moscou-Toula, mais je parviens à la repousser. La perte de Moscou entraîne le gain de 10 BRP du côté allemand — ceci avec la variante Beyma ; avec l'ancienne règle, j'en aurais gagné 15 et mis le Brûlé non plus au bord de l'effondrement, mais en plein effondrement même. De toute façon, les pertes russes sont élevées : aux BRP de l'option Offensive pour essayer de reprendre Moscou, il faut ajouter les armées qui succombent dans l'opération, et dont le remplacement rapide est à peine garanti par suffisamment de BRP. Au total, rien que dans le secteur central du front, le Brûlé a perdu plus de 50 BRP. La situation dans la zone de Leningrad n'a pas connu de changements ; la ligne reste établie à Tallin et dans les hexagones G42, G43 et G44. (Questions que je ne pose pas au Brûlé, mais que j'aimerais bien lui poser : le mari de Frau Else lui rend-il visite tous les soirs ? Qu'est-ce qu'il sait des jeux de guerre ? Le mari de Frau Else s'est-il servi du passe-partout pour entrer fouiner dans ma chambre ? Noter : répandre du talc — je n'en ai pas — sur le pas de la porte ; n'importe quel objet qui révélerait une quelconque intrusion. Le mari de Frau

Else serait-il, par hasard, un amateur ? Et de quoi diable peut-il être malade ? Du sida ?) Sur le front Ouest, l'Opération Seelöwe est menée jusqu'au bout avec succès. La deuxième phase, invasion et conquête de l'île, se réalisera en été. Pour le moment, le plus difficile est déjà fait : une tête de pont en Angleterre, protégée par une puissante force aérienne stationnée en Normandie. Comme il était prévisible, la flotte anglaise a réussi à m'intercepter dans la Manche ; après un long combat dans lequel j'ai engagé toute la flotte allemande, une partie de la flotte italienne et plus de la moitié de mon aviation, j'ai réussi à débarquer dans l'hexagone L21. J'ai mis en réserve, peut-être avec une prudence excessive, mon corps de parachutistes, ce qui explique que la tête de pont n'est pas aussi fluide que je le voudrais (impossible d'effectuer un redéploiement stratégique dans sa direction), mais même dans ces conditions, la situation est favorable. À la fin du tour, les hexagones occupés par l'armée britannique sont les suivants : le 5e et le 12e corps à Londres ; le 13e corps blindé à Southampton-Portsmouth ; le 2e corps d'infanterie à Birmingham ; cinq facteurs aériens à Manchester-Sheffield ; et des unités de remplacement à Rosyth, J25, L23 et Plymouth. Les pauvres troupes anglaises aperçoivent mes unités (les 4e et 10e corps d'infanterie) depuis leurs dunes-hexagones, depuis leurs tranchées-hexagones, et ne bougent pas. Ce qui a été si souvent espéré a eu lieu. Un courant paralysant passe tout le long des pions et va finir entre les doigts du Brûlé ; la 7e armée débarquant en Angleterre ! J'ai essayé de contenir mon rire, mais je n'ai pas pu. Le Brûlé ne l'a pas mal pris. Très bien planifié ! reconnaît-il, même si, dans le ton, je perçois un fond de moquerie. Au nom de la vérité, je dois dire que c'est un adversaire qui ne perd pas son calme ; il joue, absorbé, comme si la tristesse d'une véritable guerre s'était emparée de lui. Finalement, quelque chose de curieux à prendre en compte : avant que le Brûlé s'en aille, je suis sorti sur le balcon respirer de l'air pur, et qui ai-je vu sur le Paseo Maritimo, en train de parler avec le Loup et l'Agneau, escortée, c'est vrai, par le veilleur de nuit de l'hôtel ? Frau Else.

10 septembre

Aujourd'hui, à dix heures du matin, un appel téléphonique m'a tiré de mon sommeil et j'ai appris la nouvelle. Le corps de Charly avait été retrouvé et on désirait que je me présente dans les locaux de la police pour l'identifier. Peu après pendant que je prenais le petit déjeuner, le gérant du Costa Brava est apparu, radieux et excité.

— Enfin ! Nous devons y aller aux heures ouvrables ; le corps part aujourd'hui même pour l'Allemagne. Je viens de parler avec le consulat de votre pays. Je dois reconnaître que ce sont des gens efficaces.

Nous sommes arrivés à midi dans un bâtiment des environs de la ville, qui ne ressemblait en rien à celui du rêve d'il y a quelques jours, et où un jeune homme de la Croix-Rouge et le délégué de la Comandancia de Marina que je connaissais déjà nous attendaient. À l'intérieur, dans une salle d'attente sale et puante, le fonctionnaire allemand lisait la presse espagnole pour tuer le temps.

— Udo Berger, l'ami du défunt, a présenté le gérant.

Le fonctionnaire s'est levé, m'a tendu la main

et a demandé si l'on pouvait procéder à l'identification.

— Il faut attendre la police, a expliqué M. Pere.

— Mais est-ce que nous ne sommes pas dans les locaux de la police ? a dit le fonctionnaire.

M. Pere a fait un signe affirmatif et a haussé les épaules. Le fonctionnaire s'est rassis. Peu de temps après, tous les quatre — qui parlions en cercle et en murmurant — nous l'avons imité.

Une demi-heure plus tard, les policiers ont fait leur apparition. Ils étaient trois et n'avaient pas l'air d'avoir idée des raisons de notre attente. C'est encore le gérant du Costa Brava qui s'est chargé de fournir minutieusement des explications, après quoi ils nous ont demandé de les suivre à travers des couloirs et des escaliers jusqu'à ce que nous arrivions dans une salle blanche et rectangulaire, souterraine, ou c'est ce qu'il m'a semblé, où nous avons trouvé le cadavre de Charly.

— C'est lui ?

— Oui, c'est lui, ai-je dit, et aussi M. Pere, et aussi tous les autres.

Avec Frau Else, sur la terrasse du bâtiment :

— C'est ton refuge ? La vue est magnifique. Tu peux te prendre pour la reine de la ville.

— Je ne me prends pour rien.

— En réalité, c'est plus agréable maintenant qu'en août. C'est moins violent. Si le coin était à moi, je monterais des pots de fleurs ; une touche de vert. Ce serait plus accueillant.

— Je ne veux pas me sentir accueillie. J'aime comme c'est. Et puis, ce n'est pas mon refuge.

— Je le sais, c'est le seul endroit où tu peux être seule.

— Même pas.

— D'accord, je t'ai suivie parce que j'avais besoin de parler avec toi.

— Moi non, Udo. Pas maintenant. Plus tard, si tu veux, je descendrai dans ta chambre.

— Et nous ferons l'amour ?

— Ça, on ne sait jamais.

— Mais c'est que toi et moi, on ne l'a jamais fait ensemble. On s'embrasse, on s'embrasse, et on ne s'est pas encore décidé à coucher ensemble. Notre comportement est infantile !

— Tu ne devrais pas t'inquiéter pour ça. Ça arrivera quand les conditions seront réunies.

— Et quelles sont ces conditions ?

— Attraction, amitié, désirs de laisser quelque chose qui ne s'oublie pas. Tout spontanément.

— Moi, je coucherais avec toi tout de suite. Le temps file à toute vitesse, tu ne t'en rends pas compte ?

— Maintenant, je souhaite rester seule, Udo. Et puis j'ai un peu peur de dépendre émotionnellement de quelqu'un comme toi. Parfois, je crois que tu es quelqu'un d'irresponsable et, à d'autres moments, je crois tout le contraire. Je te vois comme un être tragique. Dans le fond, tu dois être assez déséquilibré.

— Tu crois que je suis encore un gamin…

— Tu es idiot, je ne me souviens même pas de toi enfant, est-ce que tu l'as été une fois ?

— Vraiment, tu ne te souviens pas ?

— Bien sûr. J'ai un vague souvenir de tes parents et rien de plus. On ne se souvient pas des touristes comme des gens normaux. Ce sont comme des morceaux de films, non, pas de films, de photos, de portraits, de milliers de portraits, et tous vides.

— Je ne sais pas si ce truc alambiqué que tu viens de dire me soulage ou m'effraie… Hier soir, pendant que je jouais avec le Brûlé, je t'ai vue. Tu étais avec le Loup et l'Agneau. Pour toi, ce sont des gens normaux qui te laisseront un souvenir normal et pas vide ?

— Ils te cherchaient. Je leur ai dit de s'en aller.

— Tu as bien fait. Pourquoi tu as mis autant de temps ?

— On a parlé d'autres choses.

— De quelles choses ? De moi ? De ce que j'étais en train de faire ?

— On a parlé de choses qui ne te regardent pas. Pas de toi.

— Je ne sais pas si je dois te croire, mais je te remercie de toute façon. Je n'aurais pas aimé qu'ils montent me déranger.

— Qu'est-ce que tu es ? Rien qu'un joueur de *wargames* ?

— Bien sûr que non. Je suis quelqu'un de jeune qui essaie de s'amuser… d'une manière saine. Et je suis allemand.

— Et c'est quoi être allemand ?

— Je ne le sais pas exactement. Il va sans dire que c'est quelque chose de difficile. Quelque chose que nous avons oublié peu à peu.

— Moi aussi ?

— Nous tous. Bien que toi peut-être un peu moins.

— Ça devrait me flatter, j'imagine.

Le soir, je suis allé au Rincón de los Andaluces. Avec le départ des touristes, le bar retrouve peu à peu son véritable caractère sinistre. Le sol est sale, collant, couvert de mégots et de serviettes en papier, sur le comptoir s'empilent des assiettes, des tasses, des bouteilles, des restes de sandwichs, le tout baignant dans une curieuse atmosphère de désolation et de paix. Les jeunes Espagnols sont toujours rivés à la vidéo et, assis à une table à côté d'eux, le patron lit un journal sportif ; évidemment, ils savent tous que le corps de Charly a été retrouvé et même si, au cours des premières minutes, ils gardent une certaine distance respectueuse, rapidement le patron s'approche sans préambule pour me présenter ses condoléances : « La vie est brève », dit-il tout en me servant le café au lait puis en s'installant à mon côté. Surpris, je réponds par une banalité. « Maintenant, tu vas t'en aller chez toi et tout va reprendre son cours. » J'ai acquiescé de la tête ; les autres clients ont commencé à faire semblant de suivre le film en vidéo alors qu'en réalité ils étaient attentifs aux paroles que j'allais prononcer. Derrière le comptoir, appuyée là contre, la main sur le front, une femme âgée ne me quittait pas des yeux. « Ta fiancée doit être en train de t'attendre. La vie continue et il faut la vivre du mieux possible. » J'ai demandé qui était la femme. Le patron a souri. « C'est ma mère. La pauvre, elle comprend rien. Elle aime pas que l'été finisse » J'ai fait remarquer son âge. « Oui, elle m'a eu à quinze ans. Je suis l'aîné de dix frères. La pauvre est très usée. » Je lui ai dit qu'elle était très bien conservée. « Elle travaillait dans la cuisine. Toute la journée à faire des sandwichs, à préparer de la saucisse aux haricots, des paellas, des frites avec des œufs au plat, des pizzas. » Il faudrait que je vienne goûter la paella, ai-je dit. Le patron a cligné des yeux qu'il avait larmoyants. L'été prochain, ai-je ajouté. « Ce n'est plus ce que c'était, a-t-il dit d'un ton lugubre. Aussi bonnes qu'avant, pas la peine de rêver. » Avant quoi ? « Le passage des ans. » Ah, ai-je dit, c'est normal, peut-être que vous êtes trop habitué et vous ne leur trouvez plus le même goût. « C'est possible. » La femme, dans la même position, a fait une moue, qui pouvait aussi bien m'être adressée qu'être un commentaire sur le temps et la vie. Derrière son sourire triste et ridé, j'ai cru deviner une sorte d'enthousiasme féroce. Le patron a eu l'air de réfléchir un moment puis, avec un effort évident, s'est levé et m'a offert un verre, « cadeau de la maison », que j'ai refusé, car je n'avais pas encore fini le café au lait. En passant à côté du comptoir, le patron s'est retourné et, tout en me regardant, a embrassé sa mère sur le front. Il est revenu avec du cognac à la main, et nettement plus en train. J'ai demandé ce qu'étaient devenus le Loup et l'Agneau. Ils cherchent du travail. Quel genre, il ne le savait pas, n'importe quoi, dans le bâtiment, ou autre chose. Le sujet ne lui plaisait pas. J'espère qu'ils vont trouver quelque chose qui leur convienne, ai-je dit. Il ne le croyait pas. Il avait employé le Loup deux étés auparavant et il ne se souvenait pas d'un serveur pire que lui. Il n'a tenu qu'un mois. « De toute façon, c'est mieux de chercher du travail, même si personne a l'intention de t'en donner, que de t'ennuyer comme un porc. » J'ai été d'accord, c'était préférable. C'était au moins une attitude positive. « Maintenant que tu vas t'en aller, celui qui va s'ennuyer comme un chien, c'est le Brûlé. » (Pourquoi *chien* et pas *porc* ? Le patron savait marquer les différences.) On est de bons amis, ai-je dit, même si je ne croyais pas qu'on en était là. « Je fais pas allusion à ça (les yeux du patron ont étincelé), mais au jeu. » Je l'ai observé sans rien dire, le pauvre type avait les mains sous la table et remuait comme s'il se masturbait. Quoi qu'il en soit, la situation l'amusait. « Ton jeu ; le Brûlé est enthousiasmé par ton jeu. Jamais je l'avais vu aussi intéressé par quelque chose. » Je me suis éclairci la voix et j'ai dit que oui. La vérité est que j'étais surpris que le Brûlé se promène par-ci par-là en racontant notre partie. Les jeunes de la vidéo regardaient du coin de l'œil, de moins en moins discrètement, du côté de ma table. J'ai eu la sensation qu'ils attendaient, menaçants, que quelque chose se passe. « Le Brûlé est un garçon intelligent même s'il est timide ; à cause des brûlures, bien sûr », la voix du patron s'est transformée en un murmure à peine audible. À l'autre extrémité, sa mère, ou je ne sais trop qui, m'a de nouveau gratifié d'un sourire féroce. C'est naturel, ai-je dit. « Ton jeu, c'est une sorte de jeu d'échecs, un sport, non ? » Quelque chose comme ça. « Un jeu de guerre, de la Seconde Guerre mondiale, non ? » Oui, c'est bien ça. « Et le Brûlé est en train de perdre ou du moins c'est ce que tu crois, non ? Parce que tout est confus. » En effet « Bon, la partie va pas finir ; c'est mieux comme ça. » J'ai demandé pourquoi il croyait que c'était mieux que la partie ne se termine pas. « Par humanité ! » Le patron a eu un haut-le-corps et a tout de suite souri de manière apaisante. « Moi, à ta place, je m'en prendrais pas à lui. » J'ai préféré opter pour un silence interrogateur. « Je crois qu'il aime pas les Allemands. » Charly aimait bien le Brûlé, me suis-je rappelé, et il assurait que la sympathie était réciproque. Ou peut-être que c'était Hanna qui avait dit ça. Soudain, je me suis senti déprimé et j'ai eu envie de retourner à l'hôtel Del Mar, faire mes valises et foutre le camp immédiatement. « Les brûlures, tu sais ?, on les lui a faites exprès, ça a pas été du tout un accident. » Des Allemands ? C'est pour ça qu'il n'aimait pas les Allemands ? Le patron, recroquevillé sur lui-même, le menton frôlant presque la surface de plastique rouge de la table, a dit « la bande des Allemands » et j'ai compris qu'il faisait allusion au jeu, au Troisième Reich. Le Brûlé doit être fou, me suis-je exclamé. En guise de réponse, j'ai senti physiquement les regards de haine de tous ceux qui se trouvaient à côté de la vidéo. C'était juste un jeu, rien de plus, et le type parlait comme s'il existait des pions de la Gestapo (ha ! ha !) prêts à sauter à la figure du joueur allié. « J'aime pas le voir souffrir. » Il ne souffre pas, ai-je dit, il s'amuse. Et il pense ! « C'est ça le pire, ce garçon pense trop. » La femme du comptoir a agité la tête d'un côté à l'autre puis s'est fourré un doigt dans l'oreille. J'ai pensé à Ingeborg. C'est dans cet endroit sale et puant que nous avons bu et parlé de notre amour ? Ce n'est pas étonnant qu'elle en ait assez de moi. Ma pauvre et lointaine Ingeborg. Le malheur, l'irrémédiable imprégnaient chaque recoin de ce bar. Le patron a fait une grimace avec la partie gauche de son visage : sa joue s'est gonflée et est remontée jusqu'à l'œil qu'elle a caché. Je ne l'ai pas félicité pour son talent. Le patron n'a pas eu l'air vexé, dans le fond, il était d'excellente humeur. « Les nazis, a-t-il dit. Les véritables soldats nazis qui se baladent librement sur la planète. » Ah bon, ai-je dit. J'ai allumé une cigarette, tout cela était en train de prendre peu à peu une tournure décidément surnaturelle. Alors le bruit courait que c'étaient des nazis qui l'avaient brûlé ? Et où est-ce que c'était arrivé, quand et pourquoi ? Le patron m'a regardé avec un air de supériorité avant de répondre que le Brûlé, en des temps lointains et imprécis, avait exercé le métier de soldat, « une sorte de soldat luttant avec désespoir ». Infanterie, ai-je précisé. Et j'ai tout de suite demandé, le sourire aux lèvres, si le Brûlé était juif ou russe, mais le patron n'avait rien à faire de ces subtilités. Il dit : « Lui, personne vient le chercher, rien que d'y penser, ils ont l'âme qui a la tremblote (il doit faire allusion aux voyous du Rincón de los Andaluces), toi, par exemple, tu as déjà touché ses bras ? » Non, moi non. « Moi oui », dit le patron d'une voix sépulcrale. Ensuite il ajoute : « L'été dernier, il a travaillé ici, à la cuisine, de sa propre initiative, pour ne pas me faire perdre des clients, tu sais bien que les touristes aiment pas ce genre de gueule, encore moins lorsqu'ils sont en train de boire. » J'ai dit que sur ce sujet il y aurait beaucoup à dire ; tous les goûts sont dans la nature, c'est bien connu. Le patron a nié de la tête. Ses yeux brillaient d'une lumière maligne. Jamais plus je ne remettrai les pieds dans ce trou. « J'aurais voulu qu'il reste avec moi, je l'apprécie vraiment, c'est pour ça que je suis content que la partie soit nulle, je voudrais pas le voir dans des problèmes. » À quel genre de problèmes pensait-il ? ai-je demandé. Le patron, comme s'il admirait le paysage, a longuement contemplé sa mère, son comptoir, ses étagères garnies de bouteilles poussiéreuses, ses affiches de clubs de football. « Le pire problème, c'est lorsque tu peux pas tenir une promesse », a-t-il dit, pensif. Quel genre de promesse ? La lumière qu'il y avait dans les yeux du patron s'est tout à coup éteinte. J'avoue que pendant un moment j'ai craint qu'il ne se mette à pleurer. Je me trompais, le très sournois riait et attendait, comme un vieux chat, gros et pervers. C'est quelque chose qui a un rapport avec mon ami mort ? ai-je avancé avec prudence. Avec la femme de mon ami mort ? Le patron a porté une main à son ventre et s'est exclamé « Ah, je sais pas, vraiment je sais pas, mais je suis en train de me boyauter. » Je n'ai pas compris ce qu'il avait voulu dire et je me suis tu. Je devais retrouver bientôt le Brûlé à la porte de l'hôtel et la perspective, pour la première fois, me causait une certaine inquiétude. Derrière le comptoir, faiblement éclairé par des lampes jaunes qui pendaient du plafond, il n'y avait plus de femme. Vous connaissez le Brûlé, dites-moi comment il est. « Impossible, impossible », a murmuré le patron. Par les fenêtres à moitié fermées, la nuit et l'humidité ont commencé à filtrer. Dehors, sur la terrasse, il ne restait plus que quelques ombres traversées de temps en temps par la lueur des phares qui quittaient le Paseo en direction de l'intérieur de la ville. Mélancoliquement, je me suis imaginé en train de chercher la route bien cachée qui menait en France, loin de la ville et des vacances. « Impossible, impossible », a-t-il murmuré avec tristesse, recroquevillé sur lui-même, comme si soudainement il avait très froid. Au moins, dites-moi d'où diable il vient ? L'un des jeunes types de la vidéo a allongé son cou dans la direction de notre table et a dit c'est un fantôme. Le patron l'a regardé avec de la peine. « Maintenant, il doit se sentir vide, mais en paix. » D'où ? ai-je répété. Le jeune de la vidéo m'a regardé avec un sourire obscène. De la ville.

Été 41. Situation de l'armée allemande en Angleterre : satisfaisante. Corps d'armée : le 4e d'infanterie à Portsmouth, renforcé en SR avec le 48e blindé. Sur la tête de pont, le 10e est toujours là, renforcé par le 20e et le 29e d'infanterie. Les Anglais concentrent des forces à Londres et retardent leurs unités aériennes en prévision d'une attaque air-air. (Est-ce que j'aurais dû marcher directement sur Londres ? Je ne le crois pas.) Situation de l'armée allemande en Russie : optimale. Siège de Leningrad ; les unités finlandaises et allemandes se rejoignent sur l'hexagone C46 ; à partir de Iaroslavl, je commence à faire pression en direction de Vologda ; à partir de Moscou en direction de Gorki ; sur les cases hexagonales comprises entre I49 et L48, le front reste stable ; dans le Sud, j'avance jusqu'à Stalingrad ; le Brûlé se renforce maintenant de l'autre côté de la Volga et entre Astrakhan et Maïkop. Unités engagées dans la zone nord de la Russie : cinq corps d'infanterie, quatre corps blindés, quatre corps d'infanterie finlandais. Unités engagées dans la zone centrale : sept corps d'infanterie, quatre corps blindés. Unités engagées dans la zone sud : six corps d'infanterie, trois corps blindés, un corps d'infanterie italien, quatre corps d'infanterie roumains et trois corps d'infanterie hongrois. Situation des armées de l'Axe en Méditerranée : sans nouveauté ; options d'Usure.

11 septembre

Surprise : à mon lever, alors qu'il ne devait pas être encore midi, la première chose que j'ai vue, en ouvrant le balcon, ça a été le Brûlé ; il marchait sur la plage, les mains derrière le dos, le regard baissé comme s'il cherchait quelque chose dans le sable, la peau, celle que le soleil avait noircie et celle que le feu avait brûlée, luisante, laissant presque derrière elle un sillage sur la plage de couleur or.

Aujourd'hui, c'est jour de fête. Le dernier contingent de retraités et de Surinamiens est parti après déjeuner, et, avec ce départ, l'hôtel s'est retrouvé au quart seulement de sa capacité. D'autre part, la moitié des employés a pris un jour de congé. Les couloirs résonnaient de manière assourdie et triste lorsque je me suis allé prendre le petit déjeuner. (Les bruits d'une canalisation crevée, ou quelque chose de ce genre, retentissaient dans l'escalier, mais personne ne semblait s'en rendre compte.)

Dans le ciel, un Cessna s'obstinait à dessiner des lettres que le vent violent effaçait avant que je puisse déchiffrer les mots en entier. Une mélancolie gigantesque m'a alors tenaillé le ventre, la colonne vertébrale, les dernières côtes, jusqu'à ce que mon corps se retrouve plié en deux sous le parasol !

J'ai compris d'une manière vague, un peu comme dans un rêve, que le matin du 11 septembre se déroulait au-dessus de l'hôtel, à la hauteur des ailerons du Cessna, et que nous, qui nous trouvions en dessous, retraités abandonnant l'hôtel, serveurs assis à la terrasse contemplant la course de l'avion, Frau Else affairée et le Brûlé se prélassant sur la plage, nous étions condamnés d'une manière ou d'une autre à avancer dans l'obscurité.

Ingeborg aussi, protégée par l'ordre d'une ville raisonnable et d'un travail raisonnable ? Mes chefs et mes collègues de bureau aussi, qui comprenaient, doutaient et attendaient ? Conrad aussi, qui était loyal et transparent et le meilleur ami que l'on pouvait désirer ? Tous au-dessous ?

Tandis que je prenais le petit déjeuner, un soleil énorme glissait ses tentacules sur tout le Paseo Maritimo et sur toutes les terrasses sans parvenir à rien réchauffer vraiment. Pas même les sièges en plastique. J'ai fugacement vu Frau Else à la réception et, même si nous ne nous sommes pas parlé, j'ai cru percevoir dans son regard une trace de tendresse. J'ai demandé au serveur qui s'occupait de moi que diable essayait d'écrire l'avion là-haut. Il est en train de commémorer le 11 septembre, a-t-il dit. Et qu'est-ce qu'il y a à commémorer ? C'est aujourd'hui le jour de la Catalogne, a-t-il dit. Le Brûlé, sur la plage, continuait à marcher d'un côté à l'autre. Je l'ai salué en levant un bras ; il ne m'a pas vu.

Ce qui est à peine visible dans la zone des hôtels et des campings est manifeste dans la partie ancienne de la ville. Les rues sont pavoisées et des drapeaux pendent des fenêtres et balcons. La plupart des commerces sont restés fermés et c'est aux bars bondés de monde que l'on se rend compte de l'importance de la date. Devant le cinéma, quelques adolescents ont installé deux tables avec des livres, des brochures, des fanions à vendre. Quand je demande ce que c'est comme littérature, un jeune type maigre, qui n'avait pas plus de quinze ans, me répond qu'il s'agit de « livres patriotiques ». Qu'est-ce qu'il voulait dire par là ? L'un de ses camarades, en riant, a crié quelque chose que je n'ai pas compris. Ce sont des livres catalans ! a dit le jeune type maigre. J'en ai acheté un et me suis éloigné. Sur la place de l'Église — deux vieilles seulement sur un banc chuchotant — je l'ai feuilleté puis l'ai jeté dans la première poubelle venue.

Je suis retourné à l'hôtel en faisant un grand détour.

L'après-midi, j'ai appelé Ingeborg. Auparavant, j'ai arrangé la chambre : les papiers sur la table de nuit, le linge sale sous le lit, toutes les fenêtres ouvertes pour pouvoir voir le ciel et la mer, et le balcon ouvert pour pouvoir voir la plage jusqu'au port. La conversation a été plus froide que je m'y attendais. Sur la plage, il y avait des gens qui se baignaient et, dans le ciel, il ne restait plus de traces de l'avion. J'ai dit que l'on avait retrouvé Charly. Après un silence gêné, Ingeborg a répondu que cela devait arriver tôt ou tard. Téléphone à Hanna, ai-je dit. Ce n'était pas nécessaire, d'après Ingeborg. Le consulat allemand transmettrait la nouvelle aux parents de Charly et comme ça Hanna serait mise au courant par eux. Au bout d'un moment, je me suis aperçu que nous n'avions rien à nous dire. De toute façon, ce n'est pas moi qui ai raccroché. J'ai dit comment ça allait avec le temps, avec l'hôtel et la plage, j'ai dit comment ça allait avec les boîtes de nuit, même si je n'ai plus remis les pieds dans une seule depuis qu'elle était partie. Cela, je ne l'ai pas dit, bien sûr. Finalement, comme si nous craignions de réveiller quelqu'un qui dormirait tout près, nous avons raccroché. Ensuite, j'ai appelé Conrad, et je lui ai répété plus ou moins la même chose. Ensuite, j'ai décidé de ne plus appeler.

Retour sur le 31 août. Ingeborg dit ce qu'elle pense et elle pense que je suis parti. Bien évidemment, j'ai été assez stupide pour ne pas lui demander où j'étais supposé pouvoir m'en aller. À Stuttgart ? Est-ce qu'elle avait une raison quelconque pour penser que j'aurais pu m'en aller à Stuttgart ? Également : à mon réveil, nous nous sommes regardés et nous ne nous sommes pas reconnus. Je m'en suis aperçu et elle *aussi* s'en est aperçue et elle m'a tourné le dos. Elle ne voulait pas que je la regarde ! Que je ne la reconnaisse pas, moi, qui venais de me réveiller, c'est même normal ; ce qui est inacceptable c'est que le sentiment d'être étrangers soit mutuel. Est-ce à cet instant que notre amour se brise ? C'est possible. Quoi qu'il en soit, à cet instant, *quelque chose* se brise. J'ignore quoi, même si j'en devine l'importance. Elle m'a dit : j'ai peur, l'hôtel Del Mar me fait peur, la ville me fait peur. Est-ce qu'elle percevait justement cela, la seule chose, sur quoi, moi, je ne m'arrêtais pas ?

Sept heures du soir. Sur la terrasse, avec Frau Else.

— Où est ton mari ?

— Dans sa chambre.

— Et où se trouve sa chambre ?

— Au premier étage, au-dessus de la cuisine. Un petit endroit où les clients ne vont jamais. Interdiction totale.

— Aujourd'hui, il se sent bien ?

— Non, pas trop. Tu veux lui rendre visite ? Non, bien sûr, tu ne veux pas.

— J'aimerais le connaître.

— En fait, tu n'as plus le temps. Moi aussi, j'aurais aimé que tu le connaisses, mais pas comme il est en ce moment. Tu comprends, n'est-ce pas ? À conditions égales, tous deux debout.

— Pourquoi penses-tu que je n'ai plus le temps ? Parce que je m'en vais à Stuttgart ?

— Oui, parce que tu repars.

— Eh bien, tu te trompes, je n'ai pas encore décidé de m'en aller, donc, si ton mari se portait mieux et si tu pouvais l'amener à la salle à manger, par exemple, après dîner, j'aurais le plaisir de le connaître et de bavarder avec lui. Surtout de bavarder. À conditions égales.

— Tu ne t'en vas pas...

— Pourquoi est-ce que je le ferais ? Tu ne pensais tout de même pas que je restais dans ton hôtel uniquement pour attendre le cadavre de Charly. Dans un sale état, en plus. Je dis : le cadavre. Ça ne t'aurait pas du tout plu d'aller là-bas et de le voir.

— Tu restes pour moi ? Parce qu'on n'a pas couché ensemble ?

— Il avait le visage ravagé. Des oreilles jusqu'à la mâchoire, tout dévoré par les poissons. Il n'avait plus d'yeux et la peau, la peau du visage et du cou, avait pris une couleur grise laiteuse. À certains moments, je pense que ce malheureux n'est pas Charly. Possible que ça ait été lui, possible que non. On m'a dit que le corps d'un Anglais qui s'était noyé plus ou moins au même moment n'avait pas été retrouvé. Qui sait. Je n'ai rien voulu dire au type du consulat, pour qu'il ne me prenne pas pour un dingue. Mais c'est ce que je pense. Comment vous pouvez dormir au-dessus de la cuisine ?

— C'est la plus grande chambre de l'hôtel. Elle est très jolie. La chambre que toutes les jeunes filles désirent. Et puis, c'est le lieu que la tradition désigne comme celui où doivent dormir les patrons de l'hôtel. Avant nous, les parents de mon mari. Et voilà tout, une tradition bien récente, mes beaux-parents ont fait bâtir l'hôtel. Tu sais que tu vas décevoir tout le monde avec ton faux départ ?

— Qui ça, tout le monde ?

— En fait, mon cher, trois ou quatre personnes, ne te fâche pas, s'il te plaît.

— Ton mari ?

— Non, lui, concrètement, non.

— Qui alors ?

— Le gérant du Costa Brava, mon veilleur de nuit qui ces derniers temps est très susceptible, Clarita, ma femme de chambre…

— Quelle femme de chambre ? Celle qui est très jeune et maigrelette ?

— Celle-là même.

— Elle a peur de moi. J'imagine qu'elle croit que je vais la violer à un moment ou un autre.

— Je ne sais pas, je ne sais pas. Tu ne connais pas les femmes.

— Qui d'autre désire que je parte ?

— Personne d'autre.

— Quel intérêt peut avoir M. Pere à ce que je m'en aille ?

— Je ne sais pas, peut-être que pour lui c'est comme classer l'affaire.

— L'affaire de Charly ?

— Oui.

— Quel imbécile. Et ton veilleur de nuit ? Quel intérêt, il a lui ?

— Il en a assez de toi. Assez de te voir la nuit comme un somnambule. Je crois que tu le rends nerveux.

— Comme un somnambule ?

— Ce sont ses mots.

— Mais je n'ai parlé avec lui que deux fois !

— Ce n'est pas ça qui compte. Il parle avec beaucoup de gens différents, en particulier avec des ivrognes. Il aime bavarder. Toi, en revanche, il t'observe la nuit, lorsque tu arrives et lorsque tu sors... avec le Brûlé. Et il sait que la dernière lumière allumée que l'on voit de la rue est celle de ta chambre.

— Je pensais qu'il me trouvait sympathique.

— Notre veilleur ne trouve aucun client sympathique. Et encore moins s'il l'a vu en train d'embrasser sa patronne.

— C'est un individu très spécial. Où est-ce qu'il est maintenant ?

— Je t'interdis de parler avec lui, je ne veux pas que ça s'embrouille encore plus, c'est clair ? Il doit être en train de dormir à l'heure qu'il est.

— Lorsque je te raconte tout ce que je raconte, tu me crois ?

— Mmm, oui.

— Lorsque je te dis que j'ai vu ton mari, en pleine nuit, sur la plage, avec le Brûlé, tu me crois ?

— Je trouve que c'est tellement injuste qu'on le mêle à tout ça, tellement déloyal de ma part.

— Mais c'est lui qui s'en est mêlé tout seul !

— ...

— Lorsque je te dis qu'il est possible que le cadavre que la police m'a montré ne soit pas celui de Charly, tu me crois ?

— Oui.

— Je ne dis pas qu'ils le sachent, je dis que nous faisons tous erreur.

— Oui. Ce ne serait pas la première fois.

— Tu me crois, alors ?

— Oui.

— Et si je te dis que je sens quelque chose d'intangible, de bizarre, tournant autour de moi, menaçant, tu me crois ? Une force supérieure qui m'observe. Je laisse de côté, bien sûr, ton veilleur de nuit, bien que lui *aussi* s'en soit rendu compte, inconsciemment, c'est pourquoi il me repousse. Travailler la nuit met en éveil certains sens.

— Sur ce point, je ne peux pas te croire, ne me demande pas de te suivre dans tes délires.

— C'est dommage, parce que tu es la seule qui m'aide, la seule à qui je peux me fier.

— Tu devrais retourner en Allemagne.

— Avec la queue entre les jambes.

— Non, avec l'esprit calme, prêt à réfléchir à ce que tu as ressenti.

— Passer inaperçu, comme ce que désire le Brûlé pour lui-même.

— Pauvre garçon. Il vit dans une prison permanente.

— Oublier qu'à un certain moment tout, musicalement, m'a paru infernal.

— De quoi as-tu si peur ?

— Je n'ai peur de rien. Tu auras le temps de le voir de tes propres yeux.

Nous sommes lentement montés jusqu'à la partie la plus élevée du promontoire. Sur le mirador, une centaine de personnes, des adultes et des enfants, contemplait la ville illuminée en retenant la respiration, indiquant un point à l'horizon, entre le ciel et la mer, comme si on attendait qu'un miracle se produise et que là-bas le soleil apparaisse à contretemps. C'est la fête de la Catalogne, a-t-on murmuré à mon oreille. Je le sais déjà, ai-je dit. Qu'est-ce qu'il va se passer maintenant ? Frau Else a souri et a pointé son index, transparent à force d'être si long, dans la direction vers laquelle tout le monde tournait son regard. Soudain, d'une ou de deux embarcations de pêcheurs, ou de plus peut-être, embarcations que personne ne voyait, ou que, du moins, moi je ne voyais pas, se sont élevées, précédées d'un bruit pareil à celui de la craie crissant sur un tableau, plusieurs fusées artificielles qui ont formé, à en croire Frau Else, le drapeau de Catalogne. Quelques instants après, il ne restait plus que les tentacules de fumée et les gens ont regagné leurs voitures et commencé à descendre en ville où la nuit tardive de la fin de l'été les attendait tous.

Automne 41. Combats en Angleterre. L'armée allemande ne prend pas Londres, l'armée britannique ne parvient pas à me rejeter à la mer. Pertes élevées. La capacité de récupération britannique augmente. En URSS, option d'Usure. Le Brûlé attend l'année 42. Jusque-là, il tient le coup.

Mes généraux :

— En Grande-Bretagne : Reichenau, Salmuth et Hoth.

— En URSS : Guderian, Kleist, Busch, Kluge, Weichs, Küchler, Manstein, Model, Rommel, Heinrici et Geyr.

— En Afrique : Reinhart et Hoeppner.

Mes ERP : faibles, ce qui rend impossible de choisir l'option Offensive à l'Est, à l'Ouest ou en Méditerranée. Assez pour reconstruire des unités. (Le Brûlé ne s'en est-il pas rendu compte ? Qu'est-ce qu'il attend ?)

12 septembre

Le jour est couvert. Il pleut depuis quatre heures du matin et le communiqué parle de dégradation. Il ne fait pas froid cependant et, du balcon, on peut voir sur la plage des enfants avec leurs maillots de bain enfilés, même si ce n'est que pour pas bien longtemps, en train de jouer à sauter les vagues. L'atmosphère de la salle à manger, envahie par des clients qui font des parties de cartes et tournent leurs regards mélancoliques vers les baies embuées, est chargée d'électricité et de méfiance. Ce sont des visages désapprobateurs qui m'observent lorsque je m'assois et commande le petit déjeuner, des visages qui peuvent à peine comprendre qu'il existe des personnes qui se lèvent après midi. Un autocar, aux portes de l'hôtel, attend depuis des heures (le chauffeur n'est plus là) un groupe de touristes pour les emmener à Barcelone. Le véhicule est du même gris perle que l'horizon où apparaissent découpés de manière ténue (ce doit être une illusion d'optique) des tourbillons laiteux, comme des explosions ou des fentes de lumière sous le plafond de l'orage. Après le petit déjeuner, je sors sur la terrasse : les gouttes froides me frappent la figure immédiatement et je recule. Un temps de chien, dit un vieil Allemand assis dans la salle de télévision, en short, fumant un cigare. C'est lui que l'autocar attend, mais il ne semble pas pressé. De mon balcon, je peux constater que les seuls pédalos qui restaient sur la plage, désespérés, plus cahute que jamais, étaient ceux du Brûlé ; pour les autres, la saison d'été est morte. J'ai fermé le balcon et je suis ressorti ; à la réception, on m'a dit que Frau Else avait quitté l'hôtel très tôt ce matin et qu'elle ne reviendrait qu'à la nuit tombée. J'ai demandé si elle était sortie seule. Non, avec son mari. J'ai franchi la distance séparant les hôtels Costa Brava et Del Mar en voiture. Quand j'en suis descendu, j'étais en sueur. Au Costa Brava, j'ai trouvé M. Pere en train de lire le journal. « Mon cher ami Udo, quelle joie de vous voir ! » J'ai pensé qu'il était vraiment heureux et cela m'a incité à ne pas me méfier. Pendant un moment, nous avons échangé des banalités sur le temps. Ensuite, M. Pere a dit qu'il mettait son médecin à ma disposition. Cela m'a inquiété et j'ai refusé. « Prenez quelques petits cachets, au moins ! » J'ai demandé un cognac que j'ai bu cul sec. Ensuite un autre. Lorsque j'ai voulu payer, M. Pere a dit que c'était l'hôtel qui invitait. « Vous êtes en train de payer maintenant l'angoisse de l'attente et avec ça, vous en avez assez ! » Je l'ai remercié et peu après je me suis levé. M. Pere m'a suivi jusqu'à la porte. Avant de le quitter, je lui ai dit que j'étais en train d'écrire un journal. Un journal ? Un journal de mes vacances, de ma vie, comme on avait l'habitude de dire. Ah, je comprends, a dit M. Pere. À mon époque, c'était un truc de gamines... et de poètes. J'ai perçu la moquerie : infime, imperceptible, profondément maligne. Face à nous, la mer semblait prête à sauter d'un moment à l'autre sur le Paseo Maritimo. Je ne suis pas un poète, ai-je dit en souriant. Je m'intéresse aux choses quotidiennes, même celles qui sont désagréables, par exemple, j'aimerais consigner dans mon journal quelque chose de relatif au viol. M. Pere est devenu blanc. Quel viol ? Celui qui s'est produit peu avant que mon ami se noie. (À cet instant, peut-être parce que je faisais allusion à Charly comme ami, j'ai été pris d'un accès de nausée qui est parvenu à faire courir un frisson le long de ma colonne vertébrale.) Vous vous trompez, a balbutié M. Pere. Il n'y a eu ici aucun viol, même si c'est évident que par le passé nous n'avons pas pu éviter de si honteuses actions, généralement commises par des éléments étrangers à notre collectivité, vous savez bien, de nos jours, le principal problème est la baisse de la qualité du tourisme que nous avons ici, etc. Alors, je dois me tromper, ai-je admis. Sans aucun doute, sans aucun doute. Nous nous sommes serré la main et j'ai couru jusqu'à la voiture pour éviter l'averse.

Hiver 41. Je désirais parler avec Frau Else, ou la voir un moment, mais le Brûlé se présente avant elle. Pendant un moment, je soupèse la possibilité de ne pas le recevoir. La seule chose que je dois faire, c'est de ne pas me montrer à la porte principale de l'hôtel, à partir de là, si je ne vais pas le chercher, le Brûlé n'ira pas plus avant. Mais il doit m'avoir vu depuis la plage, et maintenant je me demande si je ne me suis pas placé à cet endroit justement pour que le Brûlé me voie ou pour me prouver à moi-même que je n'avais pas peur d'être vu. Une cible facile : je m'exhibe derrière les vitres mouillées pour que le Brûlé, le Loup et l'Agneau me voient.

Il continue à pleuvoir ; pendant tout l'après-midi, progressivement, l'hôtel s'est vidé de touristes que venaient chercher des autocars hollandais. Que doit être en train de faire Frau Else ? Maintenant que son hôtel est vide, attend-elle la visite d'un médecin ? Marche-t-elle, au bras de son mari, dans les rues du centre de Barcelone ? Se dirigent-ils vers un petit cinéma, presque caché par les arbres ? Contre toute attente, le Brûlé lance une offensive en Angleterre. Il échoue. Ma carence en BRP rend ma riposte limitée. Sur le reste des fronts, il n'y a pas de changement, même si la ligne soviétique se consolide. La vérité, c'est que je me désintéresse du jeu (ce qui n'est pas le cas du Brûlé, qui passe la nuit à tourner autour de la table — et à faire des calculs dans un cahier qu'il étrenne aujourd'hui !), la pluie, le souvenir tenace de Frau Else, une vague et languide nostalgie m'ont amené à rester appuyé sur la table, fumant et feuilletant les photocopies apportées avec moi de Stuttgart et qui, je le soupçonne, vont rester ici, dans une poubelle quelconque. Combien de ces chroniqueurs pensent vraiment ce qu'ils écrivent ? Combien le ressentent ? Moi, je *pourrais* travailler dans *The General* ; même endormi — somnambule, comme dit le veilleur de nuit de Frau Else — je peux les réfuter. Combien ont regardé l'abîme ? Il n'y a que Rex Douglas à savoir quelque chose de cette affaire ! (Beyma, peut-être, est historiquement rigoureux, et Michael Enchors, original et débordant d'enthousiasme, une espèce de Conrad américain.) Le reste des auteurs : très ennuyeux et inconsistants. Lorsque je dis au Brûlé que les documents que je lis sont des plans destinés à le battre, tous les mouvements et les contre-mouvements prévus, tous les coûts prévus, toutes les stratégies passées au crible indéfectiblement, un sourire atroce passe sur son visage (je dois supposer que c'est malgré lui) et c'est là toute sa réponse. Pour finir, quelques petits pas, le dos qui ploie, des pinces à la main et mouvement de troupes. Je ne le surveille pas. Je sais qu'il ne trichera pas. Ses BRP descendent aussi, jusqu'à atteindre des niveaux très faibles, juste assez pour que ses armées continuent à respirer. Est-ce que la pluie a causé la liquidation de son affaire ? Le Brûlé, de manière surprenante, dit que non. Que le soleil finira bien par réapparaître. Et pendant ce temps, quoi ? Tu vas continuer à vivre à l'intérieur de tes pédalos ? De dos, déplaçant des pions, il répond mécaniquement que ça n'est pas un problème pour lui. Ce n'est pas un problème de dormir sur du sable mouillé ? Le Brûlé siffle une chanson.

Printemps 42

Le Brûlé est arrivé aujourd'hui plus tôt que d'habitude. Et il monte seul, sans attendre que j'aille le chercher. Quand la porte s'ouvre, il apparaît comme une silhouette effacée à la gomme. (Il apparaît comme un fiancé qui, au lieu de fleurs, apporterait, serrées contre la poitrine, des photocopies.) Je comprends vite les raisons de ce changement. L'initiative lui appartient à présent. L'offensive lancée par l'armée soviétique se déroule dans la zone comprise entre le lac Onega et Iaroslavl ; ses blindés percent mon front dans l'hexagone E48 et exploitent le succès du côté nord, en direction de la Carélie, laissant coincés dans une poche quatre corps d'infanterie et un corps blindé allemand aux portes de Vologda. Avec cette action, le flanc gauche des armées qui font pression en direction de Kuibyshev et Kazan reste complètement exposé. La seule solution immédiate est d'amener là-bas, au cours de la phase de Redéploiement stratégique, des unités du groupe d'armées Sud déployées sur les lignes de la Volga et du Caucase, affaiblissant en contrepartie la pression sur Batoum et Astrakhan. Le Brûlé le sait et en profite. Bien que son visage demeure le même que d'habitude, plongé dans Dieu sait quels enfers, je peux deviner — aux stries de ses joues ! — la délectation avec laquelle il effectue ses mouvements de plus en plus amples. L'offensive, calculée en détail, a été *préparée* avec un tour d'avance. (Par exemple, dans la zone de l'offensive, je ne pouvais utiliser comme aérodrome que la ville de Vologda ; Kirov, la plus proche, était trop éloignée ; pour résoudre ce problème et étant donné qu'une grande concentration d'appui aérien était nécessaire, au cours de la phase d'hiver 41, j'ai placé mon pion de Base aérienne sur l'hexagone C51...) Il n'improvise pas ; absolument pas. À l'Ouest, le seul changement substantiel est l'entrée en guerre des États-Unis ; une entrée en guerre molle, due aux limitations de ID, en conséquence l'armée britannique garde une attitude attentiste, jusqu'à atteindre les conditions propres d'une guerre de matériel (les coûts en BRP des alliés occidentaux sont canalisés, dans leur plus grande partie, en appui à l'URSS). La situation finale de l'armée américaine transportée en Grande-Bretagne est la suivante : le 5e et le 10e corps d'infanterie à Rosyth, cinq facteurs aériens à Liverpool et neuf navals à Belfast. Il choisit pour l'Ouest l'option d'Usure et il n'a pas de chance avec les dés. Mon option est également d'Usure, et je réussis à occuper un hexagone dans le sud-ouest de l'Angleterre, vital pour mes projets au cours de la prochaine phase. Au cours de l'été 42, je prendrai Londres, je forcerai les Britanniques à capituler et les Américains auront leur Dunkerque. En attendant, je m'amuse avec les photocopies du Brûlé. Des photocopies qu'au bout d'un moment il reconnaît avoir faites pour moi. Un cadeau. La lecture est surprenante. Mais je n'ai pas envie de me mettre en mode susceptible et je choisis donc d'en voir l'aspect comique et de lui demander d'où il les a tirées. Les réponses du Brûlé — et mes questions peu à peu s'adaptent à son rythme — sont lentes, hérissées, comme si elles commençaient tout juste à se redresser et à marcher. Elles sont pour toi, dit-il. Ce sont des photocopies d'un livre que j'ai faites. Un livre à lui, un livre qu'il conserve sous les pédalos ? Non. Un livre prêté par la bibliothèque de la Caisse des pensions de Catalogne. Il me montre sa carte de membre. Il ne manquait plus que ça. Il est allé fouiner dans la bibliothèque d'une *banque* et il a retiré cette merde pour m'en barbouiller la figure, ni plus ni moins. Le Brûlé me regarde du coin de l'œil à présent, attendant que la peur affleure dans la chambre ; son ombre est projetée contre le mur de la porte, indéfinissable, parcourue de frissons. Je ne vais pas lui faire ce plaisir. Avec indifférence, mais aussi précaution, je pose les photocopies sur la table de nuit. Plus tard, lorsque je le raccompagne à la porte de l'hôtel, je lui demande que nous nous arrêtions un instant à la réception. Le veilleur est en train de lire un magazine. Notre irruption dans ses domaines l'irrite, mais c'est la crainte qui l'emporte. Je réclame des punaises. Des punaises ? Son regard, méfiant, saute du Brûlé à moi, comme s'il s'attendait à une plaisanterie pénible et ne voulait pas être pris au dépourvu. Oui, imbécile, fouille dans les tiroirs et donne-moi des punaises, lui dis-je en criant. (J'ai découvert que le veilleur est un individu lâche et vil qu'il faut traiter durement.) Dans les tiroirs du bureau, j'arrive à entrevoir, pendant qu'il les met sens dessus dessous, deux ou trois magazines pornographiques. Finalement, mi-triomphant et mi-hésitant, il brandit une petite boîte en plastique transparent pleine de punaises. Vous les voulez toutes ? murmure-t-il comme s'il mettait fin à un cauchemar. En haussant les épaules, je demande au Brûlé combien il y a de photocopies. Quatre, dit-il, gêné, fixant le sol. Il n'aime pas mes leçons de force. Je répète quatre punaises et je tends la paume de la main dans laquelle le veilleur, avec précaution, dépose deux punaises à tête verte et deux à tête rouge. Ensuite, sans regarder en arrière, j'accompagne le Brûlé jusqu'à la porte et nous prenons congé l'un de l'autre. Le Paseo Maritimo est désert et mal éclairé (on a cassé l'ampoule de l'un des lampadaires), mais je reste derrière les vitres jusqu'à ce que je me sois assuré que le Brûlé saute en direction de la plage et se perde du côté des pédalos ; ce n'est qu'alors que je retourne dans ma chambre. Une fois arrivé, je choisis calmement un mur (celui de la tête du lit) et je punaise les photocopies. L'étape suivante consiste à me laver les mains puis à examiner attentivement le jeu. Bien que le Brûlé apprenne rapidement, la prochaine phase sera à moi.

14 septembre

Je me suis levé à deux heures de l'après-midi. J'avais le corps malade et une voix intérieure me disait que je devais m'efforcer de rester le moins de temps possible à l'hôtel. Je suis sorti sans même être passé sous la douche. Après avoir pris un café au lait dans un bar à proximité et lu un peu la presse allemande, je suis retourné au Del Mar et j'ai demandé des nouvelles de Frau Else. Elle n'est pas revenue de Barcelone. Son mari, bien évidemment, non plus. L'atmosphère à la réception était hostile. Même chose au bar. Des regards torves de serveurs et des trucs dans ce genre, rien de sérieux. Le soleil brillait, même si à l'horizon flottaient encore quelques nuages noirs chargés de pluie, de sorte que j'ai enfilé mon maillot de bain et je suis allé tenir compagnie au Brûlé. Les pédalos étaient désencastrés, mais le Brûlé n'était visible nulle part. J'ai décidé de l'attendre et je me suis allongé sur le sable. Je n'avais pris aucun livre et n'avais donc rien d'autre à faire que regarder le ciel, d'un bleu profond, et repasser dans ma mémoire de jolies choses pour que le temps passe rapidement. À un moment donné, naturellement, je me suis endormi ; la plage se prêtait à ça, sa température tiède et ses rares baigneurs, le brouhaha d'août désormais éteint. C'est alors que j'ai rêvé de Florian Linden. Ingeborg et moi nous trouvions à l'hôtel, dans une chambre qui ressemblait à la nôtre, et quelqu'un appelait à la porte. Ingeborg ne voulait pas que j'ouvre. Ne fais pas ça, disait-elle, si tu m'aimes, ne fais pas ça. Ses lèvres tremblaient, quand elle parlait. C'est peut-être quelque chose d'urgent, disais-je d'un ton décidé, mais alors que j'essayais de me diriger vers la porte, Ingeborg s'accrochait à moi de ses deux mains, m'empêchant de faire le moindre mouvement. Lâche-moi, criais-je, lâche-moi, tandis que les coups à la porte étaient de plus en plus forts, au point que j'en arrivais à penser que Ingeborg avait peut-être raison et qu'il serait plus prudent de se tenir tranquille. Au cours de ses efforts, Ingeborg tombait à terre. Je la regardais d'en haut, elle était comme évanouie, les jambes très écartées. N'importe qui pourrait te violer maintenant, lui disais-je, et alors elle ouvrait un œil, rien qu'un, l'œil gauche, je crois, énorme et super bleu, et me fixait, où que je me déplace, il me suivait ; il avait une expression, je ne sais pas comment dire, pas celle d'un œil qui surveille ou qui accuse, plutôt d'un œil qui est attentif, attentif à une nouveauté, et terrorisé. Alors, je n'y résistais plus et je collais l'oreille à la porte. On ne frappait pas, on était en train de *gratter* à la porte de l'autre côté ! Qui est-ce ? demandais-je. Je suis Florian Linden, détective privé, répondait un filet de voix. Vous voulez entrer ? demandais-je. Non, n'ouvrez la porte pour rien au monde ! disait de manière insistante la voix de Florian Linden, avec plus d'énergie, mais pas beaucoup, on se rendait bien compte qu'il était blessé. Pendant un moment, nous étions tous deux restés silencieux, cherchant à écouter, mais la vérité c'est qu'on n'entendait rien. L'hôtel semblait plongé au fond de la mer. Même la température était différente, il faisait froid à présent et, comme nous étions en tenue d'été, nous y étions plus sensibles. Très vite, le froid est devenu insupportable et j'ai dû me lever et tirer des couvertures de l'armoire pour nous envelopper Ingeborg et moi. De toute façon, ça n'a servi à rien. Ingeborg s'est mise à sangloter : elle disait qu'elle ne sentait plus ses jambes et que nous allions mourir gelés. C'est seulement si tu t'endors, que tu mourras gelée, lui assurais-je, en évitant de la regarder. De l'autre côté de la porte me parvenait enfin quelque chose. Des pas, quelqu'un s'approchait, comme sur la pointe des pieds, puis s'en allait. Trois fois, la même chose s'est passée. Vous êtes là, Florian ? Oui, je suis là, mais je dois partir maintenant, répondait Florian Linden. Qu'est-ce qu'il s'est passé ? Des affaires louches, je n'ai pas le temps de vous les expliquer, pour le moment vous êtes en sécurité, mais, si vous êtes intelligent et pratique, demain matin vous retournerez chez vous. Chez nous ? La voix du détective arrivait pleine de grincements et de crissements. Je pensais : ils sont en train de le désintégrer ! Ensuite, je tentais d'ouvrir la porte et ne réussissais pas à me lever. Mes mains et mes jambes étaient insensibles. J'étais gelé. Je devinais, en pleine terreur, que nous ne pourrions pas partir et que nous allions mourir dans l'hôtel. Ingeborg ne bougeait déjà plus ; étalée à mes pieds, la couverture ne laissait à découvert que ses longs cheveux blonds sur le sol de carreaux noirs. J'aurais aimé la serrer contre moi et me mettre à pleurer, si fort était mon désarroi, lorsque précisément à ce moment-là, sans que j'y sois pour rien, la porte s'est ouverte. Là où aurait dû être Florian Linden, il n'y avait personne, rien qu'une ombre, énorme, au fond du couloir. J'ai alors ouvert les yeux, tremblant, et j'ai vu le nuage, gigantesque, sombre, recouvrant la ville et se déplaçant en direction des collines pareil à un lourd porte-avions. J'avais froid ; les gens avaient quitté la plage et le Brûlé n'allait pas venir. Je ne sais pas combien de temps je suis resté immobile, étendu, à regarder le ciel. Je n'avais rien qui me pressait. J'aurais pu rester là des heures et des heures. Lorsque, finalement, j'ai décidé de me lever, je ne me suis pas dirigé vers l'hôtel, mais vers la mer. L'eau était tiède et sale. J'ai nagé un peu. Le nuage sombre continuait à se déplacer au-dessus de moi. J'ai alors cessé de faire des brasses et je me suis laissé couler jusqu'à toucher le fond. Je ne sais pas si j'y suis parvenu ; je crois que, pendant que j'étais sous l'eau, j'avais les yeux grand ouverts, mais je n'ai rien vu. La mer était en train de m'entraîner vers le large. Une fois hors de l'eau, j'ai remarqué que je m'étais moins éloigné du rivage que je le croyais. Je suis retourné à côté des pédalos, j'ai pris la serviette et me suis mis à me sécher avec soin. C'était la première fois que le Brûlé ne venait pas travailler. Mon corps, soudain, était parcouru de frissons. J'ai fait quelques exercices : des flexions, des abdominaux, j'ai couru un peu. Lorsque j'ai été sec, je me suis noué la serviette de bain autour de la taille et j'ai mis le cap sur le Rincón de los Andaluces. Une fois arrivé, j'ai commandé un cognac et prévenu le patron que je le paierais plus tard. Ensuite, j'ai demandé des nouvelles du Brûlé. Personne ne l'avait vu.

L'après-midi s'est étiré en longueur. Frau Else ne s'est pas montrée dans l'hôtel, le Brûlé ne s'est pas laissé voir sur la plage, même si, vers six heures, le soleil a fait son apparition et que j'ai pu apercevoir à la pointe des campings un pédalo, des parasols ouverts et des gens jouant dans les vagues. Dans la partie de la plage où je me trouvais, l'agitation était moindre. Les clients de l'hôtel s'étaient inscrits à une excursion, je crois me souvenir que c'était pour visiter une cave ou un célèbre monastère, et, sur la terrasse, il ne restait que quelques vieux et les serveurs. Lorsque l'obscurité a commencé à tomber, j'avais déjà les idées assez claires et peu après j'ai demandé à la réception de me passer l'Allemagne. J'avais auparavant vérifié l'état de mes finances et au bout du compte j'avais seulement de quoi régler mon séjour, dormir au Del Mar une nuit de plus et mettre un peu d'essence dans la voiture. À la cinquième ou sixième tentative, j'ai réussi à établir le contact avec Conrad. Sa voix me parvenait comme s'il était à moitié endormi. Et on entendait d'autres voix. Je suis allé directement à l'essentiel. Je lui ai dit que j'avais besoin d'argent. Je lui ai dit que je pensais rester quelques jours de plus.

— Combien de jours ?

— Je ne sais pas, ça dépend.

— C'est quoi la raison ?

— C'est mon affaire. Je te rendrai l'argent à peine je serai de retour.

— C'est qu'à ton attitude on dirait que tu as l'intention de ne jamais revenir.

— Quelle idée absurde. Qu'est-ce que je pourrais bien faire ici toute ma vie ?

— Rien, ça je le sais, mais toi, tu le sais ?

— En fait, pas rien ; je pourrais travailler comme guide touristique ; monter ma propre affaire. C'est plein de touristes et quelqu'un qui maîtrise plus de trois langues peut toujours s'en tirer.

— Ta place est ici. Ta carrière est ici.

— De quelle carrière tu parles ? De celle d'employé de bureau ?

— De l'écriture, Udo, des articles pour Rex Douglas, des romans, oui, permets-moi de te le dire, des romans que tu pourrais écrire si tu n'étais pas si peu raisonnable. Des projets que nous avons faits ensemble... Les cathédrales... tu t'en souviens ?

— Merci, Conrad ; oui, je crois que je pourrais...

— Reviens le plus tôt possible. Je t'envoie l'argent dès demain. Le cadavre de ton ami doit déjà être en Allemagne. Fin de l'histoire. Qu'est-ce que tu veux faire de plus là-bas ?

— Qui t'a dit qu'on avait retrouvé Charly ?... Ingeborg ?

— Bien sûr. Elle est inquiète pour toi. On se voit presque tous les jours. Et nous parlons. Je lui raconte des choses à ton sujet. D'avant votre rencontre. Avant-hier, je l'ai emmenée chez toi, elle voulait voir ton appartement.

— Chez moi ? Merde ! Et elle est entrée ?

— Évidemment. Elle avait sa clé, mais elle ne voulait pas y aller seule. Nous nous sommes mis à deux pour faire le ménage. L'appartement en avait besoin. Elle a pris quelques affaires à toi, ton pull, quelques disques... Je ne crois pas qu'elle aimerait savoir que tu as demandé de l'argent pour rester plus longtemps. C'est une fille bien, mais sa patience a des limites.

— Qu'est-ce qu'elle a fait d'autre chez moi ?

— Rien. Je te l'ai déjà dit : balayer, jeter à la poubelle des trucs pourris du frigo...

— Elle n'a pas jeté un coup d'œil sur mes papiers ?

— Bien sûr que non.

— Et toi, qu'est-ce que tu as fait ?

— Bon Dieu, Udo, la même chose qu'elle.

— Bon... Merci... Alors vous vous voyez souvent ?

— Tous les jours. Je crois que c'est parce qu'elle n'a personne avec qui parler de toi. Elle voulait appeler tes parents, mais j'ai réussi à l'en dissuader. Je pense que ce n'est pas une bonne idée de les inquiéter.

— Mes parents ne s'inquiéteraient pas. Ils connaissent la ville... et l'hôtel.

— Je n'en sais rien. Je connais à peine tes parents, je ne sais pas comment ils pourraient réagir.

— Ingeborg, tu la connais à peine aussi.

— C'est vrai. C'est toi le lien. Même si on dirait qu'entre nous est née une sorte d'amitié. Ces derniers jours, je l'ai mieux connue et je la trouve très sympathique ; elle est intelligente et pratique, en plus d'être belle.

— Ça, je le sais. Ça se passe toujours comme ça. Elle t'a...

— Séduit ?

— Non, pas séduit ; elle est pareille à de la glace. Elle te calme. Toi et n'importe qui d'autre. C'est comme si tu étais seul, occupé exclusivement par tes affaires, tranquille.

— Ne parle pas comme ça. Ingeborg t'aime. Demain sans faute, je t'envoie l'argent. Tu vas revenir ?

— Pas tout de suite.

— Je ne comprends pas ce qui t'empêche de t'en aller. Tu m'as bien tout raconté comme ça s'est passé ? Je suis ton meilleur ami…

— Je veux rester quelques jours de plus, c'est tout. Il n'y a pas de mystère. Je veux penser, et écrire, et profiter de l'endroit, maintenant qu'il n'y a plus grand monde.

— Et rien de plus ? Rien qui ait une relation avec Ingeborg ?

— Quelle sottise, bien sûr que non.

— Je suis content de l'entendre. Où en es-tu de ta partie ?

— Été 42. J'ai l'avantage.

— Je m'en doutais. Tu te souviens de cette partie avec Mathias Müller ? Celle que nous avons jouée, il y a un an, au club de jeu d'échecs ?

— Quelle partie ?

— Un Troisième Reich. Franz, toi et moi contre le groupe de *Marches forcées*.

— Oui ; et qu'est-ce qui est arrivé ?

— Tu ne t'en souviens pas ? Nous avons gagné et Mathias, il était tellement fâché, il ne sait pas perdre, ça c'est un fait, qu'il a cassé sa chaise sur le petit Bernd Rahn.

— Il l'a cassée ?

— Bien sûr. Les membres du club d'échecs l'ont foutu dehors à coups de pied et il ne s'est plus montré par là. Tu te souviens comme on avait ri cette nuit-là ?

— Oui, ça y est, ma mémoire est toujours aussi bonne. Ce qui se passe c'est ce qu'il y a des choses qui ne semblent pas aussi drôles. Mais je me souviens de tout.

— Je le sais bien, je le sais bien…

— Pose-moi une question, celle que tu voudras, et tu verras…

— Je te crois, je te crois…

— Pose-moi une question. Demande-moi si je me souviens des divisions parachutistes à Anzio.

— C'est sûr que oui.

— Pose la question.

— Bon, quelles étaient…

— La 1re division, composée des 1er, 3e et 4e régiments, la 2e division, composée des 2e, 5e et 6e régiments, et la 4e division, composée des 10e, 11e et 12e régiments.

— Très bien…

— Maintenant pose-moi la question sur les divisions Panzer SS dans Fortress Europa.

— D'accord, dis-les-moi.

— La 1re Leibstandarte Adolf Hitler, la 2e Das Reich, la 9e Hohenstaufen, la 10e Frundsberg et le 12e Hitler Jugend.

— Parfait. Ta mémoire fonctionne parfaitement.

— Et la tienne ? Tu te rappelles qui commandait la 352e, la division d'infanterie de Heimito Gerhardt ?

— Bon, ça suffit avec ça.

— Alors, dis-le, tu t'en souviens ou pas ?

— Non…

— C'est très simple, tu peux le vérifier ce soir dans Omaha Beachhead ou dans n'importe quel livre d'histoire militaire. Le général Dietrich Kraiss était le commandant de la division et le colonel Meyer était le chef du régiment de Heimito, le 915e.

— D'accord, je jetterai un œil. C'est tout ?

— Je pensais à Heimito, lui, il sait ce genre de choses. Il peut réciter de mémoire la formation complète du Jour le plus long au niveau du bataillon.

— Bien sûr, facile, puisque c'est là qu'on l'a fait prisonnier.

— Ne te moque pas, Heimito est un cas à part. Maintenant, qui sait comment il va ?

— Il va bien, pourquoi est-ce qu'il devrait aller mal ?

— Eh bien parce qu'il est vieux et que tout change, parce qu'il commence à se retrouver seul, Conrad, on croirait que tu ne te rends pas compte.

— C'est un vieux coriace et heureux. Et il n'est pas seul. En juillet, il est allé en Espagne, avec sa femme, en vacances. Il m'a envoyé une carte postale de Séville.

— Oui, à moi aussi. La vérité, c'est que je ne suis pas arrivé à la lire. J'aurais dû prendre les vacances en juillet.

— Pour faire le voyage avec Heimito ?

— Peut-être.

— On peut encore le faire pour décembre. Pour le congrès de Paris. Il n'y a pas longtemps, j'ai reçu le programme, ce sera quelque chose de formidable.

— Ce n'est pas la même chose. Je ne faisais pas allusion à ça…

— On va avoir l'occasion de lire notre communication. Tu pourras connaître *personnellement*

Rex Douglas. On jouera un World in Flames avec des nationaux. Tu devrais y mettre un peu plus d'enthousiasme, ça va être fantastique.

— Qu'est-ce que c'est que ce World in Flames avec des nationaux ?

— Eh bien, une équipe d'Allemands va jouer avec l'Allemagne, une équipe de Britanniques va jouer avec la Grande-Bretagne, une équipe de Français va jouer avec la France, chaque groupe sous son propre pavillon.

— Je n'en avais pas la moindre idée. Qui va s'occuper de l'Union soviétique ?

— Je suppose que là il va y avoir un problème. Je crois que ce sont les Français, mais on ne sait jamais, il peut y avoir des surprises.

— Et le Japon ? Il y aura des Japonais qui viendront ?

— Je n'en sais rien, peut-être. Si Rex Douglas vient, pourquoi pas les Japonais... Mais peut-être que c'est nous qui allons mener le Japon, ou alors la délégation belge. C'est sûr que l'organisation française a déjà dû le décider.

— En tant que Japonais, les Belges vont se ridiculiser.

— Je préfère ne pas m'avancer.

— Tout ça sent la farce, je ne le trouve pas sérieux. Alors, comme ça, le jeu vedette du congrès va être un World in Flames ? Qui a eu cette idée ?

— Pas vraiment le jeu vedette ; il est dans le programme et il a plu aux gens.

— Je pensais qu'on allait donner un espace privilégié au Troisième Reich.

— Et on le lui donnera, Udo, pendant les communications.

— Bien sûr, et pendant que je me trouverais à

pérorer sur les multiples stratégies, tout le monde sera en train de suivre la partie de World in Flames.

— Tu te trompes. Notre communication a lieu le 21 après-midi et la partie commence le 20 et finit le 23, toujours après les communications. Et le jeu a été choisi parce que plusieurs équipes pouvaient participer.

— Je n'ai plus envie d'y aller... Bien sûr, les Français veulent s'occuper de l'URSS, parce qu'ils savent que le premier après-midi on les met hors de combat... Pourquoi ils ne prendraient pas le Japon ?... Par fidélité avec les anciens blocs, c'est naturel... Ils vont sûrement accaparer Rex Douglas dès qu'il aura atterri...

— Tu ne devrais pas faire ce genre de conjectures, elles sont stériles.

— Et les gars de Cologne, ça va sans dire, seront au rendez-vous.

— Oui.

— Bon. Point final. Salue Ingeborg.

— Reviens bientôt.

— Oui, je reviendrai bientôt.

— Ne déprime pas.

— Je ne déprime pas. Ici, je suis bien. Heureux.

— Appelle-moi. Souviens-toi que Conrad est ton meilleur ami.

— Je le sais. Conrad est mon meilleur ami. Salut...

Été 42. Le Brûlé apparaît à onze heures du soir. J'entends ses cris alors que je suis étendu sur le lit en train de lire le roman de Florian Linden. Udo, Udo Berger, sa voix résonne dans le Paseo Maritimo vide. Ma première réaction a été de ne pas bouger et d'attendre que le temps passe. Dans l'appel du Brûlé il y a quelque chose de rauque, de déchiré, comme si le feu avait aussi endommagé l'intérieur de sa gorge. J'ouvre le balcon et je le vois sur le trottoir d'en face, assis sur le parapet du Paseo Maritimo, en train de m'attendre comme s'il avait tout le temps du monde, un grand sachet en plastique à ses pieds. Notre salut, nos signes de reconnaissance ont un air familier de terreur contenu pour l'essentiel dans la façon soudain silencieuse et absolue de lever nos mains Il s'établit entre nous une connaissance muette et impétueuse qui nous galvanise. Mais cette impression est brève et dure jusqu'à ce que le Brûlé, une fois dans la chambre, dévoile le contenu du sachet en plastique : des bières en quantité et des sandwichs. Corne d'abondance misérable mais témoignant de sincérité ! (Auparavant, en passant par la réception, j'ai de nouveau demandé des nouvelles de Frau Else. Elle n'est pas encore revenue, dit le veilleur de nuit, sans me regarder en face. À côté de lui, assis dans un fauteuil blanc et énorme, un vieillard avec un journal allemand sur les genoux m'observe avec un sourire sur ses lèvres décharnées à peine dissimulé. À son aspect, on ne lui donnerait pas plus d'un an de vie. Cependant, sous cette extrême maigreur, qui marque surtout les pommettes et les tempes, le vieillard me fixe avec une intensité inhabituelle, comme s'il me connaissait. Comment va la guerre ? dit le veilleur et alors le sourire du vieillard s'élargit. Si, en tendant la main par-dessus le comptoir, je pouvais saisir la chemise du veilleur et le secouer, mais celui-ci, devinant quelque chose, s'écarte un peu plus. Je suis un admirateur de Rommel, explique-t-il. Le vieillard hoche la tête, acquiesçant. Je réfute : non, tu n'es qu'un pauvre diable. Le vieillard fait un o minuscule avec les lèvres et acquiesce de nouveau. Peut-être, dit le veilleur. Les regards de haine que nous nous lançons sont manifestes et constituent tout un défi. J'ajoute, désirant venir à bout de sa patience ou au moins faire de sorte qu'il s'approche de quelques centimètres du comptoir : en plus tu es un pouilleux. Bon, tout est résolu, murmure en allemand le vieillard et il se redresse. Il est très grand et ses bras, comme ceux d'un homme des cavernes, pendent presque jusqu'aux genoux. En réalité, c'est une fausse impression produite par le fait que le vieillard est voûté. Quoi qu'il en soit, sa taille est remarquable : debout il mesure ou a dû mesurer plus de deux mètres. Mais c'est dans la voix, une voix d'agonisant obstiné, que réside son autorité. Presque immédiatement, comme s'il avait seulement voulu qu'on le voie dans toute sa hauteur, il se laisse retomber dans le fauteuil et demande : encore un problème ? Non, bien sûr que non, s'empresse de dire le veilleur. Non, aucun, dis-je. Parfait, dit le vieillard, imprégnant le mot de malice et de virulence ; par-fait, et il ferme les yeux.)

Le Brûlé et moi mangeons assis sur le lit, le regard sur le mur où j'ai punaisé les photocopies. Sans avoir besoin de le dire, il comprend quelle dose de défi il y a dans mon attitude. Quelle dose d'acceptation. De toute façon, nous mangeons enveloppés dans un silence uniquement interrompu par des observations banales, qui, en réalité, ne sont que des silences ajoutés au grand silence qui depuis une heure ou à peu près encercle l'hôtel et la ville.

Finalement, nous nous lavons les mains pour ne pas tacher d'huile les pions et commençons à jouer.

Ensuite je vais prendre Londres, et je vais le perdre immédiatement. Je vais lancer une contre-attaque à l'Est, et je devrai reculer.

Anzio. Fortress Europa. Omaha Beachhead. Été 42

J'ai parcouru la plage, lorsque tout était Obscur, récitant les noms oubliés, rejetés dans des archives, jusqu'à ce que le soleil se lève de nouveau. Mais ce sont des noms oubliés ou seulement des noms qui attendent ? Je me suis souvenu du joueur que Quelqu'un voit d'en haut, rien que tête, épaules, dos des mains, et le plateau et les pions comme une scène où se déroulent des milliers de débuts et de fins, éternellement, un théâtre kaléidoscopique, unique pont entre le joueur et sa mémoire, sa mémoire qui est désir et qui est regard. Les divisions d'infanterie, les affaiblies, les inexpertes, qui ont tenu le front occidental, combien y en a-t-il eu ? Quelles sont celles qui, malgré la trahison, ont freiné l'avancée en Italie ? Quelles sont les divisions blindées qui ont perforé les défenses françaises en 40 et les défenses russes en 41 et 42 ? Et avec quelles troupes, les troupes décisives, le maréchal Manstein a reconquis Kharkov et exorcisé le désastre ? Quelles divisions d'infanterie ont combattu pour frayer un chemin aux chars en 44, dans les Ardennes ? Et combien de groupes de combat se sont immolés, innombrables, pour retarder l'ennemi sur tous les fronts ? Personne ne se met d'accord. Seule la mémoire qui joue le sait. Errant sur la plage ou blotti dans ma chambre, moi, j'invoque les noms et ceux-ci arrivent à grands flots et m'apaisent. Mes pions préférés : la 1re parachutiste dans Anzio, la Panzer Lehr et la 1re SS LAH dans Fortress Europa, les 11 pions de la 3e parachutiste dans Omaha Beachhead, la 7e division blindée en France 40, la 3e division blindée dans Panzerkrieg, le 1er corps blindé dans Russian Front, la 1re SS LAH dans Bataille des Ardennes, la Panzer Lehr et la 1re SS LAH dans Cobra, le corps blindé Gross Deutschland dans le Troisième Reich, la 21e division blindée dans Le Jour le plus long, le 104e Régiment d'infanterie dans Panzer Armee Afrika… Même lire en hurlant Sven Hassel ne pourrait être plus revigorant… (Ah, comment s'appelait le type qui ne lisait que Sven Hassel ? Tout le monde dirait M. M., ça lui ressemble, ça va avec son caractère, mais il y en avait un autre, un type qui avait l'air d'être sa propre ombre, et dont Conrad et moi on se moquait de bon cœur. Ce type a organisé des Journées de jeux de rôle, à Stuttgart, en 85. Il a monté un macrojeu avec la ville entière comme scène, avec les règles retouchées de Judge Dredd, sur les derniers jours de Berlin. En racontant maintenant cela au Brûlé, je remarque l'intérêt que l'anecdote éveille en lui, un intérêt peut-être feint, pour que je ne me concentre pas sur la partie, stratagème légitime, mais vain, car je suis capable de déplacer mes corps les yeux fermés. En quoi consistait le jeu — nommé Berlin Bunker —, quels étaient ses objectifs, comment on pouvait remporter la victoire — et qui la remportait —, ce sont des choses qui n'ont jamais été complètement claires. Il y avait douze joueurs qui interprétaient le cercle de soldats autour de Berlin. Six joueurs interprétaient le Peuple et le Parti, et ils ne pouvaient jouer qu'à l'intérieur du cercle protecteur. Trois joueurs interprétaient la Direction et devaient être capables de mettre en relation les dix-huit autres joueurs, pour qu'ils ne se retrouvent pas en dehors du périmètre lorsque celui-ci se contractait, ce qui était fréquent, et surtout pour que le périmètre ne se brise pas, ce qui était inévitable. Il y avait un joueur dont la fonction était obscure et souterraine ; celui-ci pouvait et devait se déplacer dans la ville, mais c'était le seul joueur qui ne connaissait pas les autres participants, il était habilité à destituer des membres de la Direction et à élever un membre du Peuple, par exemple, mais il faisait cela à l'aveuglette, laissant des ordres écrits et recevant des rapports dans un lieu convenu. Son pouvoir était aussi grand que sa cécité — son innocence, selon Sven Hassel —, sa liberté était aussi grande que sa constante exposition au danger. Une sorte de tutelle invisible et attentive s'exerçait sur lui, car le sort final de tous dépendait de son sort. Le jeu, comme c'était prévisible, s'est achevé de manière désastreuse, avec des joueurs perdus dans les banlieues, des pièges, des machinations, des protestations, des secteurs du cercle abandonnés à la tombée de la nuit, des joueurs qui n'ont vu que l'arbitre au cours de la partie, etc. Il va sans dire que ni Conrad ni moi n'y avons participé, même si Conrad a pris la peine de suivre les événements depuis le gymnase de l'école de techniciens industriels qui accueillait les Journées, et a su m'expliquer plus tard la déstabilisation, d'abord, et ensuite le naufrage moral de Sven Hassel face à son échec complet. Peu de mois après, il a quitté Stuttgart et, à présent, d'après Conrad, qui sait tout, il vit à Paris et s'adonne à la peinture. Cela ne m'étonnerait pas de le revoir au congrès...)

À minuit passé, les photocopies punaisées au mur prennent un air funèbre, petites portes sur le vide.

— Il commence à faire frais, dis-je.

Le Brûlé porte une veste de velours, trop petite, sans doute le cadeau d'une âme charitable. La veste est vieille, mais de bonne qualité ; lorsqu'il s'approche du plateau de jeu, après avoir mangé, il l'enlève et la pose en la repliant avec soin sur le lit. Son attitude, à la fois absorbée et correcte, est émouvante. Le carnet où il note les changements stratégiques et économiques de son alliance (peut-être est-ce un journal, comme le mien ?) ne le quitte jamais... On dirait qu'il a trouvé dans le Troisième Reich une forme de communication satisfaisante. Ici, à côté du plan et des *force pools*, ce n'est pas un monstre, mais une tête qui réfléchit, qui s'articule autour de centaines de pions... C'est un dictateur et un créateur... Et, en plus, il s'amuse... S'il n'y avait pas les photocopies, je dirais que je lui ai rendu service. Mais ces photocopies sont un avertissement clair, le premier avis qui m'est donné de faire attention à moi.

— Brûlé, lui dis-je, le jeu te plaît ?

— Oui, il me plaît.

— Et tu crois que parce que tu m'as freiné tu vas gagner ?

— Je sais pas, c'est trop tôt.

Alors que j'ouvre en grand les portes de mon

balcon pour que la nuit nettoie la fumée de la chambre, le Brûlé, comme un chien, la tête penchée de côté, hume l'air avec difficulté et dit :

— Dis-moi quels sont tes pions préférés. Quelles sont les divisions que tu trouves les plus belles (oui, littéralement !) et les batailles les plus difficiles ? Raconte-moi des choses sur les jeux…

Avec le Loup et l'Agneau

Le Loup et l'Agneau font leur apparition dans ma chambre. L'absence de Frau Else a assoupli les normes apparemment strictes de l'hôtel et maintenant on y entre et on en sort comme on veut. L'anarchie se répand doucement à toutes les couches du service, progressant inversement à la fin des jours de chaleur. C'est comme si les gens ne savaient travailler que s'ils sont trempés, ou nous voient trempés, nous, les touristes, de sueur. Ce pourrait être une bonne occasion de partir sans payer, action ignoble que je commettrais seulement dans l'hypothèse où un lutin me garantirait que je pourrais voir la tête de Frau Else, sa surprise, sa stupéfaction. Peut-être, avec la fin de l'été et la conclusion consécutive du contrat de nombreux travailleurs saisonniers, la discipline se relâche et arrive l'inévitable ; larcins, mauvais service, saleté. Aujourd'hui, par exemple, personne n'est monté faire le lit. J'ai dû le faire moi-même. Des draps propres seraient aussi nécessaires. Personne, lorsque j'ai téléphoné à la réception, n'a pu me donner une explication convaincante. La visite du Loup et de l'Agneau se produit alors que j'attends, justement, que quelqu'un m'apporte de la buanderie des draps propres.

— On a qu'un petit moment de libre et on en a profité pour venir te voir. On voulait pas que tu partes sans te dire adieu.

Je les rassure. Je n'ai pas encore décidé quel jour je m'en irai.

— Alors, on devrait sortir fêter ça avec quelques verres.

— Peut-être que tu vas rester et habiter ici, dit l'Agneau.

— Peut-être qu'il a trouvé quelque chose d'important qui vaut la peine de rester, réplique le Loup en lui faisant un clin d'œil. Il fait allusion à Frau Else, ou à quelque chose d'autre ?

— Qu'est-ce qu'il a trouvé, le Brûlé ?

— Du travail, répondent-ils tous deux, comme si c'était complètement normal.

Ils travaillent comme manœuvres et portent des vêtements appropriés, en coutil, tachés de peinture et de ciment.

— C'est fini, la belle vie, dit l'Agneau.

Pendant ce temps, les mouvements nerveux du Loup l'amènent jusqu'à l'autre bout de la chambre, où il observe avec curiosité le plateau de jeu et les *force pools*, à cette étape de la guerre, un chaos de pions difficilement compréhensibles pour un néophyte.

— C'est ça le célèbre jeu ?

Je hoche la tête en signe d'acquiescement. J'aimerais savoir *qui* l'a rendu célèbre. Ce n'est probablement que de ma faute.

— Et c'est très difficile ?

— Le Brûlé a appris, lui dis-je en guise de réponse.

— Mais le Brûlé, c'est particulier, dit l'Agneau sans fouiner autour du jeu ; la vérité c'est qu'il ne le regarde même pas du coin de l'œil, comme s'il craignait de laisser ses empreintes digitales à proximité du corps du délit. Florian Linden ?

— Si le Brûlé a appris, moi aussi je pourrais, dit le Loup.

— Est-ce que tu parles anglais ? Est-ce que tu pourrais lire les règles en anglais ?

L'Agneau s'adresse au Loup, mais c'est moi qu'il regarde, avec un sourire complice et compatissant.

— Je sais quelques trucs, un peu, du temps où j'étais serveur, pas pour lire mais…

— Mais rien du tout, tu es même pas capable de lire le *Mundo Deportivo* en espagnol, comment tu vas être capable d'avaler un règlement en anglais, dis pas de bêtises…

Pour la première fois, le petit Agneau, du moins devant moi, a pris un air de supériorité face au Loup. Celui-ci, encore hypnotisé par le jeu, montre les hexagones où se déroule la Bataille pour l'Angleterre (mais sans toucher ni la carte ni les empilements de pions à aucun moment !) et dit que d'après ce qu'il comprend, « par exemple », là, il fait allusion au sud-ouest de Londres, « il s'est produit ou va se produire un affrontement ». Comme je lui donne raison, le Loup fait un geste de la main à l'Agneau, que je suppose obscène, mais que je n'avais jamais vu auparavant, et dit tu vois que ce n'est pas si difficile que ça.

— Fais pas ton pitre, mon vieux, répond l'Agneau qui s'obstine à ne pas regarder en direction de la table.

— D'accord, je l'ai deviné juste par hasard, tu es content ?

L'attention du Loup se déplace maintenant, prudemment, de la carte aux photocopies. Les mains sur les hanches, il les examine en sautant de l'une à l'autre, sans prendre le temps de les lire. On dirait qu'il les contemple comme s'il s'agissait de peinture.

Partie du règlement ? Non, bien sûr que non.

— Compte rendu de la réunion du Conseil des ministres du 12 novembre 1938, lit le Loup. C'est le début de la guerre, merde !

— Non, la guerre commence plus tard. En automne de l'année suivante. Les photocopies nous aident simplement… dans notre mise en scène. Ce genre de jeux fait naître un élan documentaire assez curieux. C'est comme si nous voulions savoir tout ce qui s'était fait pour transformer ce qui avait été mal fait.

— D'accord, je comprends, dit le Loup, sans évidemment rien comprendre.

— C'est que si vous répétiez tout, du coup ce serait pas amusant. Ce serait plus un jeu, murmure l'Agneau en se laissant tomber sur la moquette, barrant le chemin de la salle de bains.

— Quelque chose dans ce genre… Quoique ça dépende de la raison… du point de vue…

— Combien de livres il faut lire pour bien jouer ?

— Tous les livres et aucun. Pour jouer une partie sans prétention, il suffit de connaître les règles.

— Les règles, les règles, où est-ce qu'elles sont les règles ?

Le Loup, assis sur mon lit, soulève du sol la boîte du Troisième Reich et en retire les règles en anglais. Il les soupèse d'une main et remue admirativement la tête.

— J'arrive pas à comprendre…

— Quoi donc ?

— Comment le Brûlé, avec tout le travail qu'il avait, a pu lire un pavé comme ça.

— Exagère pas, les pédalos donnent plus un seul rond, dit l'Agneau.

— Des ronds, non, mais du boulot, je te dis pas. J'ai été avec lui, je l'ai aidé, sous le soleil, et je sais ce que c'est.

— Toi, tu faisais que voir si tu pouvais harponner une étrangère, me raconte pas d'histoires…

— Ça aussi, bien sûr…

La supériorité, l'ascendant de l'Agneau sur le Loup était indéniable. J'ai supposé que quelque chose d'extraordinaire était arrivé à ce dernier qui avait bouleversé, ne serait-ce que de manière momentanée, la hiérarchie entre eux.

— Il n'a rien lu du tout. Au Brûlé, c'est moi qui lui ai expliqué les règles, peu à peu, et avec beaucoup de patience ! ai-je précisé.

— Mais, ensuite, il les a lues. Il a photocopié les règles et le soir, dans le bar, il les revoyait avec attention, en soulignant les passages qui l'intéressaient le plus. J'ai cru qu'il était en train d'étudier pour passer le permis ; il m'a dit que non, que c'étaient les règles de ton jeu.

— Les règles photocopiées ?

Le Loup et l'Agneau ont acquiescé.

J'ai été surpris parce que je savais bien que je n'avais prêté les règles à personne. Deux possibilités : ou bien ils se trompaient, ayant mal compris le Brûlé ou celui-ci, pour se débarrasser d'eux, leur avait raconté la première chose qui lui passait par la tête, ou alors ils avaient raison et le Brûlé, à mon insu, avait soustrait l'original pour le photocopier, et l'avait remis à sa place le lendemain. Tandis que le Loup et l'Agneau se répandaient en d'autres considérations (la qualité et le confort de la chambre, son prix, les *choses* qu'eux feraient dans un lieu comme celui-ci au lieu de perdre du temps à jouer avec un « puzzle », etc.), j'ai réfléchi aux possibilités réelles qu'a eues le Brûlé de sortir le règlement et le lendemain, une fois qu'il l'a photocopié, de le remettre dans la boîte. Il n'y en a aucune. La nuit dernière exceptée, il porte toujours un tee-shirt, de surcroît effiloché, et des shorts ou des pantalons qui n'offraient absolument pas la place nécessaire pour dissimuler un livret deux fois moins volumineux que celui du Troisième Reich ; en outre, il entrait et sortait habituellement sous mon escorte, et si, d'emblée, il était difficile d'imaginer des intentions cachées chez le Brûlé, il était encore plus difficile d'admettre que je n'aurais pas fait attention à une différence, une protubérance révélatrice !, même vraiment minime, entre la silhouette du Brûlé à son arrivée et celle du même à son départ. La conclusion logique le disculpait ; c'était matériellement impossible. À ce moment précis entrait en jeu une troisième explication, à la fois simple et inquiétante ; une autre personne, une personne de l'hôtel, utilisant le passe, était venue dans ma chambre. Je n'en voyais qu'une : le mari de Frau Else.

(Rien que de l'imaginer, marchant sur la pointe des pieds, au milieu de mes affaires, me retournait l'estomac. Je me le figurais grand et squelettique, sans visage ou avec le visage enveloppé dans une sorte de nuage sombre et changeant ; en train d'examiner mes documents et mes vêtements, attentif aux pas dans le couloir, au bruit de l'ascenseur, ce fils de pute, comme s'il avait passé dix ans à m'attendre, rien qu'à m'attendre et à tenir le coup, pour me jeter, le moment arrivé, à son chien brûlé et me déchiqueter...)

Un bruit que j'ai trouvé au début saugrenu et qui, plus tard, allait me paraître prémonitoire, a réussi à me faire reprendre pied dans la réalité.

On appelait à la porte.

J'ai ouvert. C'était la femme de chambre avec les draps propres. Je l'ai fait entrer d'une manière assez brusque, car son arrivée ne pouvait pas être plus inopportune. À cet instant, je souhaitais seulement la voir finir rapidement sa tâche et prendre mon pourboire, pour pouvoir rester un moment encore avec les Espagnols, que j'allais soumettre à une série de questions impossibles à différer me semblait-il.

— Mets les draps tout de suite, dis-je. Les autres, je les ai donnés ce matin.

— Alors, Clarita, comment ça va ? a dit le Loup en se laissant tomber sur le lit, comme pour souligner sa condition d'invité, et il l'a saluée d'un mouvement de la main.

La femme de chambre, celle-là même qui, d'après Frau Else, désirait mon départ de l'hôtel, a hésité quelques secondes comme si elle s'était trompée de chambre, hésitation que ses yeux, fallacieusement éteints, ont mis à profit pour découvrir l'Agneau, encore étendu sur la moquette et qui la saluait, et, immédiatement, la timidité ou la méfiance (ou la terreur !) qu'elle manifestait rien qu'en franchissant le seuil de ma chambre a disparu. Elle a répondu aux salutations d'un sourire et s'est disposée, c'est-à-dire qu'elle a pris possession d'un lieu stratégique à côté du lit, à mettre les draps propres.

— Enlève-toi de là, a-t-elle dit au Loup. Celui-ci s'est appuyé contre le mur et a commencé à faire des mimiques et des pitreries. Je l'ai observé avec curiosité. Ses grimaces, au début simplement idiotes, peu à peu prenaient une *couleur*, elles s'assombrissaient, de plus en plus, jusqu'à recouvrir le visage du Loup d'un masque noir, à peine adouci par quelques stries rouges et jaunes.

Clarita a déplié les draps d'un geste brusque. Même s'il n'y paraissait pas, elle était nerveuse.

— Attention, ne va pas foutre en l'air les pions, ai-je averti.

— Quels pions ?

— Ceux qui sont sur la table, les pions du jeu, a dit l'Agneau. Tu peux provoquer un tremblement de terre, Clarita.

Elle a hésité à poursuivre son travail ou bien à partir, puis a choisi de rester sans bouger. Il était difficile de croire que cette jeune fille était la même employée qui avait une si mauvaise opinion de moi, celle qui avait reçu plus d'une fois mes pourboires en silence, celle qui jamais n'ouvrait la bouche en ma présence. Elle était maintenant en train de rire, enfin riant aux plaisanteries, disant des choses du genre « vous apprendrez jamais », « regardez dans quel état c'est », « comme vous êtes désordonnés », comme si la chambre était louée par le Loup et l'Agneau, et non par moi.

— Moi, jamais j'habiterais une chambre comme celle-là, a dit Clarita.

— Je ne vis pas ici, je ne fais que passer, ai-je précisé.

— C'est pareil, a dit Clarita. C'est un puits sans fond.

J'ai compris plus tard qu'elle faisait allusion au travail, au fait que le ménage dans une chambre d'hôtel est quelque chose d'infini ; mais, à ce moment-là, j'ai pensé que c'était une appréciation qui me concernait personnellement et cela m'a rendu triste que même une adolescente s'estime en droit d'émettre un jugement critique à propos de ma situation.

— J'ai besoin de parler avec toi, c'est important.

Le Loup a contourné le lit et, sans plus faire de détour, a saisi le bras de Clarita. Celle-ci a tremblé, comme si elle venait d'être mordue par une vipère.

— Plus tard, a-t-elle dit, son regard fixé sur moi et non sur lui, un sourire crispé flottant sur les lèvres, quêtant mon approbation, mais mon acquiescement à quoi ?

— Maintenant, Clarita, on doit parler maintenant.

— C'est ça, maintenant.

L'Agneau a décollé du sol et a observé l'air d'approuver les doigts qui enserraient le bras de la jeune fille.

Petit sadique, ai-je pensé, il n'osait pas la bousculer, mais il aimait regarder et alimenter le feu. Ensuite, c'est le regard de Clarita qui a de nouveau attiré mon attention, un regard qui avait déjà éveillé mon intérêt au cours du malheureux incident de la table, mais à cette occasion, peut-être parce que je l'avais confronté avec d'autres regards, celui de Frau Else, il est resté dans un deuxième plan, dans les limbes des regards, pour resurgir maintenant, dense et calme comme un paysage — méditerranéen ? africain ?

— Clarita, mais c'est qu'on dirait que c'est toi qui es blessée, c'est amusant.

— Tu nous dois une explication, au moins.

— Ce que tu as fait, ça a pas été bien.

— Le Javi est à ramasser à la petite cuillère, et toi, tu t'en fous.

— Ils veulent plus rien avoir à voir avec toi.

— Rien de rien.

Clarita, d'un mouvement brusque, a échappé au Loup, laissez-moi travailler !, et elle a mis les draps, les a coincés sous le matelas, a changé la taie de l'oreiller, a étendu et lissé la couverture légère de couleur crème ; la tâche terminée, au lieu de s'en aller, car l'activité déployée avait laissé le Loup et l'Agneau sans arguments et sans envie de continuer, elle s'est croisé les bras de l'autre côté de la chambre, séparée de nous par le lit immaculé et a demandé s'il y avait encore quelque chose d'autre qu'elle devait entendre. Pendant quelques instants, j'ai pensé qu'elle s'adressait à moi. Son attitude de défi, en contraste total avec sa petite taille, semblait être chargée de symboles que moi seul pouvais lire.

— J'ai rien contre toi. Le Javi, c'est un crétin.

Le Loup s'est assis sur l'un des coins du lit et a commencé à rouler un joint tandis qu'un pli se creusait, net, solitaire, et finissait par atteindre l'autre extrémité de la couverture, le précipice.

— C'est un con, a dit l'Agneau.

J'ai souri et remué la tête plusieurs fois, comme si je faisais comprendre à Clarita que je m'occupais de l'affaire. Je n'ai rien voulu dire, même si, dans le fond, ça me déplaisait qu'ils ne se gênent pas pour fumer dans ma chambre sans même me demander la permission. Que penserait Frau Else, si elle apparaissait à l'improviste ? Quelle opinion auraient de moi les clients et les employés de l'hôtel, si cela venait à leurs oreilles ? Qui, en dernière instance, pouvait assurer que Clarita n'allait pas tout raconter ?

— Tu en veux ?

Le Loup a tiré deux ou trois fois sur le joint et me l'a passé. Pour ne pas paraître impoli, par timidité, j'ai aspiré profondément une seule fois, me félicitant de ne pas trouver le filtre mouillé puis je l'ai tendu à Clarita. Nos doigts, inévitablement, se sont frôlés, peut-être plus longtemps qu'il ne l'aurait fallu, et j'ai eu l'impression que ses joues rougissaient. Avec une expression de résignation, en réalité une manière implicite de considérer comme enterré le mystérieux différend qu'elle avait avec les Espagnols, Clarita s'est assise à côté de la table, dos au balcon, et a laissé consciencieusement la fumée recouvrir la carte. Quel jeu compliqué ! a-t-elle dit à voix haute, et elle a ajouté, dans un murmure, rien que pour des grosses têtes !

Le Loup et l'Agneau se sont jeté un regard, consterné ou indécis, je ne saurais l'affirmer, puis ont cherché mon approbation, eux aussi, mais moi je ne pouvais pas détacher mes yeux de Clarita, et pas tant de celle-ci, que de la fumée, de l'immense nuage en suspension sur l'Europe, bleu et hyalin, renouvelé par les lèvres sombres de la jeune fille qui exhalait, avec une minutie digne d'un constructeur, les fins et longs jets tubulaires qui allaient ensuite s'aplatir, au ras de la France, de l'Allemagne, des vastes espaces de l'Est.

— Allez, Clarita, fais-le passer, s'est plaint l'Agneau.

Comme si on la tirait d'un rêve heureux et héroïque, l'employée nous a regardés et, sans se lever, a tendu le bras avec le joint au bout des doigts ; elle avait les bras maigres, tachetés de petits ronds plus clairs que le reste de la peau. J'ai suggéré qu'elle se sentait peut-être mal, qu'elle n'était pas habituée à fumer, que le mieux serait que chacun retourne à ses affaires, en incluant dans cette dernière proposition le Loup et l'Agneau.

— Pas du tout, elle adore ça, a dit le Loup en me passant le joint, qui cette fois-ci était vraiment trempé de salive et que j'ai fumé avec les lèvres tournées à l'intérieur.

— Qu'est-ce que j'adore ?

— Les joints, salope, a craché l'Agneau.

— C'est pas vrai, a dit Clarita en se mettant debout d'un bond, d'une manière plus théâtrale que spontanée.

— Du calme, Clarita, du calme, a dit le Loup avec une voix soudain mielleuse, veloutée, efféminée même, tandis qu'il la tenait par une épaule et, de la main libre, lui donnait de petits coups sur les côtes, tu vas pas bousculer les pions, que va penser notre ami allemand, que tu es une imbécile, pas vrai ?, et toi tu as rien d'une imbécile.

L'Agneau m'a fait un clin d'œil et s'est assis sur le lit, derrière la jeune fille, se livrant à des gesticulations sexuelles doublement silencieuses car même le sourire qui lui fendait le visage d'oreille à oreille n'était pas tourné vers moi ou le dos de Clarita mais tourné vers… une sorte de règne de pierre…, une zone muette (avec les yeux ouverts à même la chair vive) qui s'était subrepticement installée dans la moitié de ma chambre, disons… du lit jusqu'au mur orné de photocopies.

La main du Loup — c'est seulement alors que j'ai remarqué qu'elle était serrée en poing et que ses petits coups *avaient pu* faire mal — s'est ouverte et refermée sur un sein de la jeune fille. Le corps de Clarita a matériellement semblé céder, amolli par l'assurance avec laquelle le Loup l'explorait. Sans se lever du lit, le tronc anormalement rigide et bougeant les bras comme un poupon articulé, l'Agneau a saisi à pleines mains les fesses de la jeune fille et a murmuré une obscénité. Il a dit pute, ou garce ou salope. J'ai pensé que j'allais assister à un viol et je me suis souvenu des paroles de M. Pere sur les statistiques des viols dans l'agglomération. Quelles qu'aient été leurs intentions, ils n'étaient pas pressés : pendant un instant à eux trois ils ont formé un tableau vivant où le seul élément dissonant était la voix de Clarita, qui, de temps à autre, disait non, chaque fois de manière plus ferme, comme si elle ne savait pas quel était le ton le plus approprié à prendre pour se refuser et qu'elle le cherchait.

— On la met plus à l'aise ? La question m'était adressée.

— Bien sûr, comme ça elle sera mieux, a dit l'Agneau.

J'ai acquiescé de la tête, mais aucun des trois n'a bougé : le Loup debout tenant par la ceinture une Clarita qui semblait avoir du coton à la place des muscles et des os, et l'Agneau, au bord du lit, caressant les fesses de la jeune fille avec des mouvements circulaires et réguliers, comme s'il mélangeait des dominos. Un tel manque de dynamisme m'a conduit à une action irréfléchie. Je me suis demandé si tout n'était pas un coup monté, un piège pour me ridiculiser, une plaisanterie bizarre dont eux seuls pourraient s'amuser. J'en ai déduit que, si j'avais raison, le couloir ne devait pas être vide à cet instant. Comme c'était moi qui me trouvais le plus près de la porte, il ne me coûtait rien de tendre le bras, de l'ouvrir pour en avoir le cœur net. Avec un mouvement d'une rapidité inutile, c'est ce que j'ai fait. Il n'y avait personne. Malgré tout j'ai maintenu la porte ouverte. On aurait dit qu'ils venaient de recevoir un baquet d'eau froide : le Loup et l'Agneau ont interrompu leurs tripotages avec un brusque sursaut ; la jeune fille, au contraire, m'a gratifié d'un regard de sympathie que j'ai su apprécier et comprendre. Je lui ai ordonné de partir. Sur-le-champ et sans un mot ! Obéissante, Clarita a dit au revoir aux Espagnols et s'est éloignée dans le couloir de ce pas fatigué familier à toutes les femmes de ménage des hôtels ; vue de dos, elle avait l'air sans défense et peu attirante. Elle devait probablement l'être.

Quand nous nous sommes retrouvés seuls, j'ai demandé aux Espagnols encore sous le coup de la surprise, sur un ton qui n'admettait ni discussion ni tours de passe-passe, si Charly avait *violé* quelqu'un. À cet instant, j'avais la certitude qu'un dieu inspirait mes paroles. Le Loup et l'Agneau ont échangé un regard où se mêlaient à parts égales l'incompréhension et la méfiance. Ils ne soupçonnaient pas ce qui allait leur tomber dessus !

— Violé une fille ? Le pauvre Charly, paix à son âme ?

— Ce salopard de Charly, ai-je acquiescé.

Je crois que j'étais prêt à leur faire cracher la vérité au besoin en leur donnant des coups. Seul pouvait être considéré comme un adversaire digne de moi le Loup ; l'Agneau mesurait à peine un mètre soixante et était du genre malingre, mis hors de combat à la première baffe. Même si je ne devais pas pécher par excès de confiance, il n'y avait pas non plus de raisons pour agir avec plus de précaution. Ma situation stratégique était on ne peut plus favorable pour une bagarre : je contrôlais la seule sortie, que je pouvais bloquer à ma guise, ou utiliser comme voie de fuite, en cas de nécessité. Et je comptais sur l'effet de surprise. Sur la terreur des confessions imprévues. Sur la lenteur mentale prévisible du Loup et de l'Agneau. Bon, si je dois être sincère, rien de tout ceci n'avait été prémédité ; simplement, c'est arrivé, comme dans les films policiers, où l'on voit une image, de façon répétée, jusqu'au moment où on se rend compte que c'est la clé du crime.

— Il faut respecter les morts, et plus encore s'ils ont été des amis, a dit l'Agneau.

— Merde, ai-je crié.

Ils étaient pâles tous les deux et j'ai compris qu'ils n'allaient pas se battre, que la seule chose qu'ils voulaient, c'était sortir de la chambre le plus tôt possible.

— Qui c'est qu'il aurait violé, d'après toi ?

— C'est ce que je veux savoir. Hanna ? ai-je dit.

— Hanna était sa femme, comment tu veux qu'il la viole ?

— Il l'a fait ou il ne l'a pas fait ?

— Non, bien sûr que non, tu as de drôles d'idées ! a dit l'Agneau.

— Charly a violé personne, a dit le Loup. Il était bon comme le pain.

— Charly était bon comme le pain ?

— C'était ton ami et on dirait pas que tu le savais.

— Ce n'était pas mon ami.

Le Loup a eu un petit rire de gorge qu'il n'a pas cherché à dissimuler, un rire qui lui sortait des os, et il a dit qu'il s'en était déjà aperçu, qu'il fallait pas croire, qu'il n'était pas aussi bête. Ensuite, il a répété que Charly était un brave type, incapable de forcer qui que ce soit, et s'il y a quelqu'un qu'on a essayé d'enculer, c'est bien lui, Charly, la nuit où il a abandonné Ingeborg et Hanna au bord de la route. Une fois arrivé en ville, il s'est soûlé avec des inconnus ; d'après le Loup ça devait être un groupe d'étrangers, des Allemands à tous les coups. Ils ont tous quitté le bar, difficile de dire combien ils étaient, rien que des hommes, pour aller sur la plage. Charly se souvenait des injures, qui ne lui étaient pas toutes adressées, des bousculades, peut-être des blagues lourdes et du moment où on avait essayé de lui baisser le pantalon.

— C'est lui qu'on a violé, alors ?

— Non. Il a fait fuir celui qui s'était approché de lui en lui donnant un coup de pied et il est parti. Ils étaient pas nombreux et Charly était costaud. Mais ça l'avait foutu assez en rogne et il voulait se venger. Il est venu me chercher chez moi. Lorsqu'on est retournés sur la plage, il n'y avait personne.

Je les ai crus ; le silence de la chambre, le bruit étouffé du Paseo Maritimo, même le soleil qui se cachait et la mer voilée par les rideaux du balcon, tout conspirait en faveur de ces deux misérables.

— Tu crois que pour Charly, c'était un suicide, pas vrai ? Eh bien, ça l'a pas été, Charly, jamais il se serait suicidé. Ça a été un accident.

Nous avons abandonné tous trois les positions défensives et interrogatrices et, sans transition, avons adopté une attitude triste (même si le terme est excessif et vague) qui nous a conduits à nous asseoir sur le lit ou par terre, tous trois sous la tiède couverture de la solidarité, comme si nous avions été vraiment des amis ou venions de baiser la jeune femme de ménage, les uns prononçant lentement de brefs discours que les autres approuvaient avec des monosyllabes, et supportant la tierce présence, la palpitante, qui nous montrait son dos puissant à l'autre extrémité de la chambre.

Par chance, l'Agneau a rallumé la cigarette de haschisch et nous nous la sommes passée jusqu'à ce qu'il n'en reste plus rien. Il n'y avait plus de haschisch. La cendre répandue sur la moquette, le Loup s'est occupé à l'éparpiller en soufflant.

Nous sommes sortis tous trois boire de la bière au Rincón de los Andaluces.

Le bar était vide et nous avons chanté une chanson.

Une heure après, je ne pouvais plus les sentir et je leur ai dit au revoir.

Mes Généraux favoris

Chez eux, je ne recherche pas la perfection. La perfection, sur un plateau de jeu, que signifie-t-elle sinon la mort, le vide ? Dans leurs noms, dans leurs carrières fulgurantes, dans ce qui donnera forme à la mémoire, je recherche l'image de leurs mains au milieu du brouillard, blanches et sûres, je recherche leurs yeux observant des batailles (bien que les photos qui les montrent ainsi soient rares), imparfaits et singuliers, délicats, distants, revêches, audacieux, prudents, en chacun d'eux il est possible de trouver du courage et de l'amour. Chez Manstein, chez Guderian, chez Rommel. Mes Généraux favoris. Et chez Rundstedt, chez Bock, chez Leeb. Je ne demande pas de perfection ni chez eux, ni chez les autres ; je conserve en mémoire les visages, ouverts ou impénétrables, avec les bureaux, parfois avec seulement un nom et un acte minuscule. Je ne me souviens même pas si Machin a commencé la guerre à la tête des blindés ou de l'infanterie, je confonds les scènes et les opérations. Ce n'est pas pour autant qu'ils brillent moins. La totalité les estompe, d'après la perspective, mais les contient toujours. Aucun geste, aucune faiblesse, aucune résistance, brève ou prolongée, ne se perd. Si le Brûlé connaissait ou appréciait un peu la littérature allemande de ce siècle (et il est probable qu'il la connaît et l'apprécie !), je lui dirais que Manstein est comparable à Günter Grass et que Rommel est comparable à... Celan. De la même manière, Paulus est comparable à Trakl et son prédécesseur, Reichenau, à Heinrich Mann. Guderian est l'égal de Jünger et Kluge celui de Boll. Il ne le comprendrait pas. Du moins, il ne le comprendrait pas encore. En revanche, à moi, il m'est facile, de leur trouver des occupations, des surnoms, des hobbies, des genres de maison, des saisons de l'année, etc. Ou de passer des heures à faire des comparaisons et à faire des statistiques à partir de leurs états de service respectifs. Les classant encore et encore : par jeux, par décorations, par victoires, par défaites, par années de vie, par livres publiés. Ce ne sont pas des saints, et ils n'en ont pas l'air, mais je les ai vus parfois dans le ciel, comme dans un film, leurs visages en surimpression sur les nuages, nous souriant, regardant vers l'horizon, faisant des essais de saluts, certains acquiesçant, comme s'ils mettaient fin à des doutes non dits. Ils partagent ciel et nuages avec les généraux de Frédéric le Grand, comme si les deux époques et tous les jeux se fondaient en un seul jet de vapeur. (J'imagine parfois que Conrad est malade, enfermé dans un hôpital, sans visites, bien que je sois peut-être debout à côté de la porte, et, au cours de son agonie, il découvre, réfléchis sur le mur, les cartes et les pions qu'il ne touchera désormais plus ! L'époque de Frédéric le Grand et de tous les généraux échappés des lois de l'autre monde ! Le creux contre lequel cogne le poing de mon Conrad !) Figures sympathiques, malgré tout. Comme Model le Titan, Schörner l'Ogre, Rendulio le Bâtard, Arnim l'Obéissant, Witzleben l'Écureuil, Blaskowitz le Droit, Knobeldorff le Joker, Balck le Poing, Mantuffel l'Intrépide, Student le Croc, Hausser le Noir, Dietrich l'Autodidacte, Heinrici le Roc, Busch le Nerveux, Hoth le Maigre, Kleist l'Astronome, Paulus le Triste, Freith le Silencieux, Vietinghoff l'Obstiné, Bayerlein le Studieux, Hoeppner l'Aveugle, Salmuth l'Académique, Geyr l'Inconstant, List le Lumineux, Reinhardt le Petit Muet, Meindl le Sanglier, Died le Patineur, Wöhler le Têtu, Chevallerie le Distrait, Bittrich le Cauchemar, Falkenhorts le Sauteur, Wenck le Charpentier, Nehring l'Enthousiaste, Weichs l'Intelligent, Eberbach le Dépressif, Dollman le Cardiaque, Halder le Majordome, Sodenstern le Rapide, Kesselring la Montagne, Küchler le Renfermé, Hube l'Infatigable, Zangen l'Obscur, Weiss le Transparent, Friessner le Boiteux, Stumme le Cendré (le Guignard ?), Mackensen l'Invisible, Lindemann l'Ingénieur, Westphal le Calligraphe, Marcks l'Irrité, Stulpnagel l'Élégant, Thoma l'Insolent... Encastrés dans le Ciel... Dans le même nuage que Ferdinand, Brunswick, Schwerin, Lehwaldt, Ziethen, Dohna, Kleist, Wedell, des généraux de Frédéric... Dans le même nuage que l'armée de Blücher, vainqueur à Waterloo : Bülow, Ziethen, Pirch, Thielman, Hiller, Losthin, Schwerin, Schulenberg, Watzdorf, Jagow, Tippelskirchen, etc. Des figures emblématiques capables de mettre à sac tous les rêves au cri d'Eurêka ! Eurêka ! Réveille-toi ! pour que vous ouvriez les yeux, si vous avez pu entendre son appel sans peur, et que vous trouviez au pied du lit les Situations favorites qui ont été et les Situations favorites qui auraient pu être. Parmi les premières, je mettrais en avant la chevauchée de Rommel avec la 7e blindée en 1940, Student fondant sur la Crète, l'avancée de Kleist avec la 1re armée blindée dans le Caucase, l'offensive de la 5e armée blindée de Manteuffel dans les Ardennes, la campagne de la 11e armée de Manstein en Crimée, le canon Dora en lui-même, le Drapeau dans l'Elbrouz pour lui-même, la résistance de Hube en Russie et en Sicile, la 10e armée de Reichenau tordant le cou aux Polonais. Parmi les Situations favorites qui n'ont pas existé, j'ai une prédilection spéciale pour la prise de Moscou par les troupes de Kluge, pour la conquête de Stalingrad par les troupes de Reichenau et non celles de Paulus, pour le débarquement de la 9e et 16e armée en Grande-Bretagne, avec lâcher de parachutistes inclus, pour la réussite de la ligne Astrakhan-Arkhangelsk, pour le succès à Koursk et Mortain, pour la retraite en ordre jusqu'à l'autre côté de la Seine, pour la reconquête de Budapest, pour la reconquête d'Anvers, pour la résistance indéfinie en Courlande et Könisberg, pour la fermeté de la ligne de l'Oder, pour le réduit alpin, pour la mort de la tsarine, et le changement des alliances… Des bêtises, des niaiseries, fastes inutiles, comme dit Conrad, pour ne pas voir le dernier adieu des généraux : satisfaits dans la victoire, bons perdants dans la défaite. Même dans la défaite absolue. Ils clignent d'un œil, essaient des saluts militaires, contemplent l'horizon ou hochent la tête en signe d'acquiescement. Qu'est-ce qu'ils ont à voir avec cet hôtel qui tombe en morceaux ?

Rien, mais ils aident ; ils réconfortent. Ils prolongent l'adieu jusqu'à l'éternité et m'amènent à me souvenir de vieilles parties, de soirées, de nuits, dont il ne reste non pas le triomphe ou l'échec, mais un mouvement, une feinte, un choc, et les tapes des amis dans le dos.

Automne 42. Hiver 42

— J'ai pensé que tu étais parti, dit le Brûlé.

— Où ça ?

— Chez toi, en Allemagne.

— Pourquoi est-ce que je devrais partir, Brûlé ? Tu crois que j'ai peur ?

Le Brûlé dit non non non, très lentement, presque sans bouger les lèvres, évitant que mon regard rencontre le sien ; il ne fait que fixer le plateau, le reste retient à peine quelques secondes son attention. Nerveux, il se déplace d'un mur à l'autre, comme un prisonnier, mais il évite la zone du balcon, comme s'il voulait ne pas être découvert depuis la rue ; il porte un tee-shirt à manches courtes, sur les brûlures on peut distinguer une pellicule de mousse verte, très fine, sans doute les restes d'une crème solaire. Aujourd'hui, pourtant, il n'a pas fait soleil et, si je me souviens bien, même au cours des jours les plus torrides je ne l'ai pas vu se badigeonner de crème. Est-ce que je dois déduire qu'il s'agit d'une floraison de sa peau ? Est-ce que ce que je prends pour de la mousse est de la peau neuve, refaite ? Est-ce de cette manière que son organisme change la peau morte ? Quoi que ce soit, c'est répugnant. À voir sa tête, on dirait que quelque chose le préoccupe, même si, avec ces types-là, on ne sait jamais à quoi s'attendre. Pour le moment, sa chance aux dés est stupéfiante. Il réussit tout, même les attaques où il n'a pas l'avantage. Ses mouvements obéissent-ils à une stratégie globale ou sont-ils le produit du hasard, du fait qu'il lance des attaques à gauche et à droite, je l'ignore, mais on ne peut nier qu'il bénéficie de la chance du débutant. En Russie, après des attaques et des contre-attaques successives, je dois reculer jusqu'à la ligne Leningrad-Kalinine-Toula-Stalingrad-Elista, pendant qu'une nouvelle menace rouge plane sur l'extrême sud, dans le Caucase, dans deux directions : vers Maïkop, presque sans défense, et vers Elista. En Angleterre, je parviens à conserver au moins un hexagone, Portsmouth, après une offensive en masse des unités anglo-américaines qui, malgré tout, n'atteignent pas leur objectif : m'expulser de l'île. Comme je tiens Portsmouth, ma menace sur Londres reste d'actualité. Au Maroc, le Brûlé fait débarquer deux corps d'infanterie américains, seul coup simpliste auquel je ne vois d'autre but que d'ennuyer et de soustraire des forces allemandes à d'autres fronts. Le gros de mon armée se trouve en Russie et, pour le moment, je ne crois pas qu'il puisse sortir de là même un seul pion de renforts.

— Mais si tu croyais que je n'étais pas là, pourquoi tu es venu ?

— Parce qu'on a un engagement.

— On a un engagement, toi et moi, Brûlé ?

— Oui. On joue le soir, c'est ça l'engagement ; moi je viens même si tu n'es pas là, jusqu'à ce que la partie soit finie.

— Un jour, on ne va pas te laisser entrer, ou on te foutra dehors à coups de pied.

— C'est possible.

— Un jour, aussi, je déciderai de partir et, comme ce n'est pas toujours facile de te voir, peut-être que je ne pourrai pas te dire au revoir. Je peux te laisser un mot sur les pédalos, bien sûr, s'ils sont encore sur la plage. Mais, un jour, je partirai à l'improviste et tout sera fini avant 45.

Le Brûlé sourit férocement (et, dans sa férocité, il est possible de deviner les traces d'une géométrie précise et démente) avec la certitude que ses pédalos seront sur la plage même si tous les pédalos de la ville prennent leurs quartiers d'hiver ; la forteresse persistera sur la plage, lui persistera à m'attendre ou à attendre l'ombre bien qu'il n'y ait pas de touristes ou que les pluies arrivent. Son obstination est une sorte de prison.

— La vérité, c'est qu'il n'y a rien, Brûlé. Tu veux dire engagement par obligation ?

— Non, pour moi c'est un pacte.

— Eh bien, on n'a aucune espèce de pacte, on est seulement en train de jouer à un jeu, rien de plus.

Le Brûlé sourit, il dit que oui, qu'il comprend, qu'il n'y a rien de plus, et dans le fracas du combat, tandis que les dés sont en sa faveur, il tire de sa poche, pliées en quatre, de nouvelles photocopies qu'il m'offre. Certains paragraphes sont soulignés et, sur le papier, on peut voir les taches de gras et de bière dues à la probable relecture sur la table d'un bar. Comme la première fois, une voix intérieure dicte mes réactions ; ainsi, au lieu de lui reprocher le cadeau, qui pourrait bien dissimuler une insulte ou une provocation, même s'il est aussi possible que ce soit le naïf mécanisme avec lequel le Brûlé se joint à mes réflexions, de la politique et non de l'histoire militaire !, je m'emploie impassiblement à les punaiser à côté des premières photocopies, de telle sorte qu'à la fin de l'opération le mur à la tête du lit offre une apparence totalement différente de celle qu'il donne d'habitude. Pendant un instant, j'ai l'impression d'être dans la chambre de quelqu'un d'autre — celle d'un correspondant étranger dans un pays chaud et violent ? Autre chose aussi : la chambre semble plus petite. D'où proviennent les photocopies ? De *deux* livres, l'un de Machin et l'autre de Truc. Je ne les connais pas. Quel type de leçons stratégiques peut-on tirer de ces livres ? Le Brûlé détourne le regard, ensuite il sourit ouvertement et dit qu'il n'est pas opportun de révéler ses plans ; son intention est de me faire rire ; par courtoisie, c'est ce que je fais.

Le lendemain, le Brûlé revient avec plus d'énergie, si la chose est possible. Il attaque à l'Est et moi je dois reculer de nouveau, il accumule des effectifs en Grande-Bretagne et commence à bouger, bien que pour le moment très lentement, à partir du Maroc et de l'Égypte. La tache sur le bras a disparu. Il ne reste que la brûlure, lisse et unie. Ses déplacements dans la chambre sont assurés, on pourrait dire même graciles, et ne laissent plus transparaître la nervosité de la veille. Mais il faut le dire : il parle peu. Son sujet préféré est le jeu, le monde des jeux, les clubs, les revues, les championnats, les parties par correspondance, les congrès, etc., et toutes mes tentatives pour amener la conversation sur d'autres terrains, par exemple sur la personne qui lui a fourni les photocopies du règlement du Troisième Reich, sont vaines. Face à ce qu'il ne veut pas entendre, il adopte une attitude minérale ou bovine. Il ne se sent tout bonnement pas concerné. Il est probable que ma tactique sous cet aspect pèche par délicatesse. Je suis prudent et, dans le fond, j'essaie de ne pas blesser ses sentiments. Le Brûlé est peut-être mon ennemi, mais c'est un bon ennemi, et il n'y a pas beaucoup de choix. Que se passerait-il si je lui parlais avec clarté, si je lui disais ce que le Loup et l'Agneau m'ont raconté et que je lui demandais une explication ? Probablement, au bout du compte, je devrais choisir entre sa parole et celle des Espagnols. Je préfère ne pas le faire. Alors nous parlons des jeux et des joueurs, un sujet sans fin qui semble intéresser le Brûlé. Je crois que si je l'emmenais avec moi à Stuttgart, non, à Paris !, il se transformerait en vedette des matchs ; la sensation de ridicule, une sensation stupide, je le sais, mais réelle, dont j'ai parfois souffert en arrivant dans un club et en voyant de loin des personnes adultes s'échinant à résoudre des problèmes militaires qui sont pour le reste des gens des choses mortes et enterrées, cette sensation s'évanouirait en sa seule présence. Son visage passé au feu confère de la souveraineté à l'acte de jouer. Lorsque je lui demande si ça lui plairait de venir avec moi à Paris, ses yeux s'enflamment et ce n'est qu'après qu'il remue la tête négativement. Tu connais Paris, Brûlé ? Non, il n'y est jamais allé. Ça te plairait d'y aller ? Ça lui plairait, mais il ne peut pas. Ça lui plairait de jouer avec d'autres adversaires, de nombreuses parties, « l'une après l'autre », mais il ne peut pas. Il n'a que moi, et il s'en arrange. Bon, ce n'est pas peu de chose, c'est moi le champion. Ça le conforte. Mais ça lui plairait, de toute façon, de jouer contre d'autres adversaires, même s'il ne pense pas acheter le jeu (du moins, il n'a rien dit à ce propos) et même, à un moment de son discours, j'ai l'impression que nous sommes en train de parler d'affaires différentes. Je me renseigne, dit-il. Je dois faire un effort pour comprendre qu'il fait allusion aux photocopies. Je ne peux pas éviter de rire.

— Tu continues à aller à la bibliothèque, Brûlé ?

— Oui.

— Et tu n'en sors que des bouquins de guerre ?

— Maintenant, oui, avant, non.

— Avant quoi ?

— Avant de commencer à jouer avec toi.

— Et quel genre de livres tu sortais avant, Brûlé ?

— Des poèmes.

— Des livres de poésie ? Comme c'est beau. Et quel genre de livres c'est ?

Le Brûlé me regarde comme s'il faisait face à un plouc :

— Vallejo, Neruda, Lorca... Tu les connais ?

— Non. Et tu apprenais les poésies par cœur ?

— J'ai une très mauvaise mémoire.

— Mais tu te souviens de quelque chose ? Tu peux me réciter quelque chose pour que je m'en fasse une idée.

— Non, je me souviens rien que de sensations.

— Quel genre de sensations ? Dis-m'en une.

— Le désespoir...

— Rien que celle-là ? C'est tout ?

— Le désespoir, la hauteur, la mer, des choses non fermées, des choses grand ouvertes, comme si la poitrine éclatait.

— Oui, je comprends. Et depuis quand tu as abandonné les poèmes, Brûlé ? Depuis que nous avons commencé le Troisième Reich ? Si je l'avais su, je n'aurais pas joué. Moi aussi, j'aime la poésie.

— Qu'est-ce que tu aimes comme poète ?

— Moi, j'aime Goethe, Brûlé.

Et ainsi de suite, jusqu'à ce que ce soit l'heure de partir.

17 septembre

Je suis sorti de l'hôtel à cinq heures de l'après-midi, après avoir parlé par téléphone avec Conrad, rêvé du Brûlé et fait l'amour avec Clarita. J'avais des bourdonnements plein la tête, ce que j'ai attribué au fait de ne rien avoir avalé, et j'ai donc dirigé mes pas vers la partie ancienne de la ville, prêt à manger dans un restaurant auquel j'avais déjà jeté un coup d'œil. Malheureusement, il était fermé et je me suis soudain retrouvé en train de déambuler dans des ruelles que je n'avais jamais foulées, dans un quartier aux rues étroites mais propres, dans la partie arrière de la zone commerciale et du port des pêcheurs, de plus en plus plongé dans mes pensées, livré au simple plaisir des lieux, ne ressentant plus la faim, éprouvant l'envie de prolonger la promenade jusqu'à la tombée de la nuit. Je me trouvais dans cette disposition d'esprit, lorsque j'ai entendu quelqu'un m'appeler par mon nom. M. Berger. Je me suis retourné et j'ai vu que c'était un jeune homme dont, bien qu'il m'ait été vaguement familier, je n'ai pas reconnu le visage. Sa manière de saluer est chaleureuse. J'ai pensé qu'il pouvait s'agir de l'un des amis que mon frère et moi avions eus il y a une dizaine d'années. Une telle possibilité me rend par avance heureux. Un rayon de soleil lui frappe juste la figure et le jeune homme ne peut s'empêcher de cligner des yeux. Les mots sortent à gros bouillons de sa bouche et je ne comprends difficilement que le quart de ce qu'il dit. Ses deux mains tendues me tiennent par les coudes, comme s'il voulait s'assurer que je n'allais pas m'esquiver. La situation semble partie pour durer indéfiniment. Enfin, exaspéré, je lui avoue que je n'arrive pas à me rappeler qui il est. Je suis le gars de la Croix-Rouge, celui qui vous a aidé pour les paperasseries relatives à votre ami. Nous nous sommes connus dans des circonstances tellement tristes ! D'un geste décidé, il tire de la poche une sorte de carte froissée qui prouve son identité en tant que membre de la Croix-Rouge maritime. Comme tout est tiré au clair, nous soupirons tous deux, et nous rions. Dans la foulée, je suis invité à prendre une bière, ce que j'ai accepté sans réticence. Ce n'est pas avec une mince surprise que je me rends compte que nous n'allions pas nous rendre dans un bar, mais chez le secouriste, à quelques pas de l'endroit où nous sommes, dans la même rue, à un troisième étage sombre et poussiéreux.

Ma chambre au Del Mar était plus vaste que cette maison dans son ensemble, mais la bonne volonté de mon hôte suppléait aux carences matérielles. Il s'appelait Alfons et, selon ses dires, suivait des cours du soir : le tremplin qui permet ensuite de s'installer ensuite à Barcelone. Son but : devenir designer ou peintre, mission impossible de quelque côté qu'on aborde la question, à en juger par ses vêtements, par les affiches qui masquaient jusqu'au plus petit pan de mur, par le ramassis de meubles, le tout d'un mauvais goût abominable. Mais il faut dire aussi que la personnalité du secouriste avait quelque chose de singulier. Nous n'avions pas échangé plus de trois mots, moi assis dans un fauteuil recouvert d'une couverture aux motifs indiens et lui sur une chaise, probablement de son invention, lorsqu'il a demandé, à brûle-pourpoint, si moi « aussi » j'étais artiste. J'ai répondu de manière vague que j'écrivais des articles. Où ça ? À Stuttgart, à Cologne, des fois à Milan, à New York... Je le savais, a dit le secouriste. Comment est-ce qu'il pouvait le savoir ? À la tête que j'avais. Je lis sur les têtes des gens, pareil que si c'étaient des livres. Quelque chose dans son ton ou peut-être dans les mots qu'il a employés m'a alerté. J'ai essayé de changer de sujet, mais il ne voulait parler que d'art et je l'ai laissé faire.

Alfons était un type ennuyeux, mais j'ai découvert au bout d'un moment qu'on n'était pas mal là, à boire en silence, à l'abri de ce qui se passait dans la ville, c'est-à-dire de ce qui se tramait dans les esprits du Brûlé, du Loup, de l'Agneau, du mari de Frau Else, grâce à l'aura de fraternité que le secouriste avait implicitement déployé autour de nous. Sous notre peau, nous étions des collègues et comme dit le poète : nous nous étions reconnus dans l'obscurité — dans ce cas précis, c'est lui qui m'avait reconnu grâce à son don particulier — et nous nous étions étreints.

Bercé par ses histoires de bavard invétéré auxquelles je ne prêtais pas la moindre attention, j'ai repassé dans ma mémoire les faits saillants de la journée. En premier lieu, par ordre chronologique, la conversation téléphonique avec Conrad, brève, car c'était lui qui appelait, et qui, pour l'essentiel, a porté sur les mesures disciplinaires que mon bureau comptait prendre si je ne me montrais pas au cours des prochaines quarante-huit heures. En deuxième lieu, Clarita, qui, après avoir rangé la chambre, a accepté sans trop de minauderies de faire l'amour avec moi, Clarita, si menue que, si j'avais pu regarder le lit depuis le plafond, dans une sorte de projection astrale, je n'aurais pu voir que mon dos et peut-être le bout de ses pieds. Et, pour finir, le cauchemar, dont la jeune femme de ménage était en partie responsable, car, une fois achevée notre session, avant même qu'elle ne s'habille et retourne à son travail, je me suis retrouvé enveloppé dans une somnolence étrange, comme si j'étais sous narcotique, et j'ai fait le rêve suivant. Je marchais sur le Paseo Maritimo à minuit, et je savais qu'Ingeborg m'attendait dans ma chambre. La rue, les bâtiments, la plage, même la mer, à supposer que ce soit possible, étaient beaucoup plus grands que dans la réalité, comme si la ville avait été transformée dans la perspective de recevoir des géants. En revanche, les étoiles, même si elles étaient aussi nombreuses qu'elles le sont d'habitude pendant les nuits d'été, étaient sensiblement plus petites, des pointes d'épingles qui ne faisaient que donner un air maladif à la voûte céleste. J'avais beau marcher d'un pas rapide, mais nulle part à l'horizon n'apparaissait l'hôtel Del Mar. À un certain moment, alors que j'avais déjà perdu espoir, le Brûlé surgissait de la plage, l'allure lasse, une boîte en carton sous le bras. Sans me saluer, il s'asseyait sur le parapet et faisait un signe en direction de la mer, en direction de l'obscurité. Même si j'avais maintenu une prudente distance, une dizaine de mètres, les lettres et les couleurs orangées de la boîte en carton étaient parfaitement visibles et familières : c'était le Troisième Reich, oui, mon Troisième Reich. Que faisait le Brûlé, à cette heure-ci, avec mon jeu ? Est-ce qu'il serait allé à l'hôtel et Ingeborg, par dépit, le lui en aurait fait cadeau ? Est-ce qu'il l'avait volé ? J'ai préféré attendre sans poser la moindre question, car je devinais que dans l'obscurité, entre la mer et le Paseo, il y avait quelqu'un d'autre, et j'ai pensé que nous aurions bien le temps, le Brûlé et moi, de résoudre nos affaires en privé. Je suis donc resté silencieux et j'ai attendu. Le Brûlé a ouvert la boîte et commencé à déplier le jeu sur le parapet. Il va abîmer les pions, ai-je pensé, mais j'ai continué à garder le silence. La brise nocturne a agité le plateau deux ou trois fois. Je ne me souviens pas à quel moment le Brûlé a disposé les unités sur des positions que je n'avais jamais vues auparavant. L'Allemagne est dans de sales draps. C'est toi qui conduis l'Allemagne, a dit le Brûlé. J'ai pris place sur le parapet, face à lui, et j'ai étudié la situation. Oui, dans de sales draps, tous les fronts sur le point de se rompre, l'économie naufragée, sans force aérienne, sans marine de guerre, avec une armée de terre insuffisante pour de si grands ennemis. Une petite lumière rouge s'est allumée dans ma tête. Quel est l'enjeu ? ai-je demandé. C'est le championnat d'Allemagne ou le championnat d'Espagne ? Le Brûlé a remué la tête négativement et a de nouveau fait un signe en direction de l'endroit où les vagues se brisaient, en direction du lieu où se dressait, énorme et ténébreuse, la forteresse de pédalos. Quel est l'enjeu ? ai-je insisté, les yeux mouillés de larmes. J'avais l'impression, horrible, que la mer s'approchait du Paseo, sans hâte et sans repos, inéluctablement. La seule chose qui importe, a répondu le Brûlé, en évitant de me regarder. La situation de mes armées ne laissait pas de place à beaucoup d'espoir, mais j'ai fait un effort pour jouer avec la plus grande précision possible et j'ai consolidé les fronts. Je ne pensais pas me rendre sans me battre.

— Qu'est-ce que c'est la seule chose qui importe ? ai-je dit tout en surveillant le mouvement de la mer.

— La vie.

Les armées du Brûlé ont commencé à défoncer méthodiquement mes lignes.

Celui qui perdra, perdra la vie ? Il devait être fou, ai-je pensé, tandis que la marée continuait à monter, démesurée, comme jamais je ne l'avais vue en Espagne, ni nulle part ailleurs.

— Le vainqueur dispose de la vie du vaincu.

Le Brûlé a enfoncé mon front en quatre endroits différents et a pénétré en Allemagne par Budapest.

— Je ne veux pas ta vie, Brûlé, n'exagérons pas, ai-je dit en déplaçant mon unique réserve dans la région de Vienne.

La mer léchait désormais le bord du parapet. J'ai commencé à ressentir des tremblements dans tout le corps. Les ombres des bâtiments étaient en train d'engloutir le peu de lumière qui éclairait encore le Paseo.

— Et puis, ce scénario est fait exprès pour que l'Allemagne perde !

Le niveau de l'eau s'est élevé jusqu'aux marches de la plage et l'eau s'est répandue sur toute la largeur du trottoir ; réfléchis bien à ton prochain coup, m'a averti le Brûlé et il a commencé à s'éloigner, en pataugeant, en direction de l'hôtel Del Mar ; c'était là le seul bruit qu'on entendait. Comme une bourrasque sont passées par ma tête les images d'Ingeborg seule dans la chambre, de Frau Else seule dans un couloir entre la buanderie et la cuisine, de la pauvre Clarita, quittant le travail par la porte de service, fatiguée et maigre comme un manche à balai. L'eau était noire et m'arrivait à présent aux chevilles. Une sorte de paralysie m'empêchait de bouger les bras et les jambes, de telle sorte que je ne pouvais pas réorganiser mes pions sur la carte, ni me mettre à courir derrière le Brûlé. Le dé, d'un blanc lunaire, montrait le 1 tourné vers le haut. Je pouvais bouger le cou et parler (du moins, murmurer), mais pas faire grand-chose de plus. L'eau a eu tôt fait de s'emparer du plateau sur le parapet et celui-là, avec les *force pools* et les pions, a commencé à flotter et à s'éloigner de moi. Vers où iraient-ils ? Vers l'hôtel ou vers la partie ancienne de la ville ? Quelqu'un les trouverait-il un jour ? Et, si c'était le cas, serait-on capable de reconnaître dans cette carte la carte des batailles du Troisième Reich et, parmi ces pions, les corps blindés et les corps d'infanterie, l'aviation, la marine du Troisième Reich ? Évidemment non. Les pions, il y en avait plus de cinq cents, flotteraient ensemble pendant les premières minutes, puis, inévitablement, se sépareraient, et finiraient par se perdre au fond de la mer ; la carte et les *force pools*, plus grands, offriraient une résistance plus importante et il serait même possible que le mouvement des vagues les fasse échouer entre des éboulis de rochers où ils pourriraient paisiblement. L'eau est montée jusqu'à mon cou et j'ai pensé que finalement il ne s'agissait que de morceaux de carton. Je ne peux pas dire que j'étais angoissé. Calme, sans espoir de salut, j'attendais l'instant où l'eau me recouvrirait. Alors ont surgi, dans l'aire éclairée par les lampadaires, les pédalos du Brûlé. Adoptant l'une des multiples formations en coin (un pédalo en tête, six de deux puis trois fermant la marche), ils glissaient sans bruit, synchronisés et élégants à leur manière, comme si le déluge avait été le moment le plus approprié à un défilé militaire. Ils n'ont pas cessé d'évoluer à gauche, à droite, sur ce qui auparavant avait été la plage sans que j'aie pu détacher mon regard stupéfait d'eux une seconde ; si des êtres pédalaient et les dirigeaient, ce devait sans doute être des esprits parce que moi, je ne les ai pas vus. Finalement, ils se sont éloignés vers la haute mer, ils ne sont pas allés bien loin, et ont modifié leur formation. Maintenant, ils étaient rangés en file indienne et, d'une manière mystérieuse, ils n'avançaient pas, ne reculaient pas, ils ne bougeaient même pas dans cette mer de fous illuminée par une tempête d'éclairs lointains. La nouvelle formation adoptée était tellement parfaite que, de ma position, je ne pouvais apercevoir que le mufle de la première machine. Sans avoir le moindre pressentiment, j'ai observé comment les pales fendaient l'eau, comment le mouvement avait de nouveau repris. Ils fonçaient droit sur moi ! Pas très rapides, mais écrasants et lourds comme les vieux dreadnoughts du Jutland. Juste avant d'être heurté par le flotteur du premier pédalo, que suivraient les neuf autres machines, avant d'avoir ma tête réduite en bouillie, je me suis réveillé.

Conrad avait raison, non pas d'insister pour que je rentre, mais lorsqu'il dépeignait ma situation comme le produit d'un dérangement nerveux. Mais n'exagérons pas, les cauchemars m'ont toujours été familiers ; le seul coupable, c'est moi, et peut-être cet imbécile de Charly parce qu'il est mort noyé. Mais Conrad voyait le dérangement dans le fait que, pour la première fois, j'étais en train de perdre un Troisième Reich. Je suis en train de perdre, c'est vrai, mais toujours en jouant proprement. Et, comme exemple de cela, j'ai lâché quelques éclats de rire. (L'Allemagne, selon Conrad, a perdu avec fair-play ; la preuve c'est qu'elle n'a pas eu recours aux gaz toxiques, même contre les Russes, ah ah ah.)

Avant que je m'en aille, le secouriste a demandé où était enterré Charly. Je lui ai dit que je n'en avais aucune idée. On pourrait aller sur sa tombe un de ces après-midi, a-t-il suggéré. Je peux me renseigner auprès de la Comandancia de Marina. De soupçonner que Charly ait pu être enterré en ville a déclenché dans ma tête comme une bombe à retardement. Ne le fais pas, ai-je dit. Le secouriste, ce n'est qu'alors que je l'ai remarqué, était soûl et excité. Nous devons, il a insisté sur ce mot, rendre un dernier hommage à notre ami. Ce n'était pas ton ami, ai-je dit entre les dents. C'est pareil, c'est comme s'il l'était, nous, les artistes, nous sommes frères où que nous soyons, vivants ou morts, sans limites d'âge ni de temps. On a dû l'envoyer en Allemagne très probablement, ai-je dit. Le visage du secouriste s'est congestionné puis il a lâché un éclat de rire profond qui l'a presque renversé par terre. C'est un mensonge puant ! On envoie des pommes de terre, mais pas les morts, et encore moins en été. Notre ami est ici, il a pointé l'index en direction du sol, en un geste qui n'admettait pas de réplique. J'ai dû le tenir par les épaules et lui ordonner d'aller se coucher. Il voulait absolument m'accompagner jusqu'à la rue, sous prétexte que je pouvais trouver la porte principale fermée. Et, demain, je chercherais à savoir où est enterré notre frère. Ce n'était pas notre frère, ai-je répété avec lassitude, même si je comprenais qu'en cet instant précis, à cause d'on ne sait quelle monstrueuse déformation, son monde se composait exclusivement de nous trois, uniques sujets dans un océan immense et inconnu. Sous ce nouvel éclairage, le secouriste avait l'air d'un héros et d'un fou. Nous étions debout tous les deux, au milieu du palier, je l'ai fixé et son regard vitreux a remercié mon regard, sans du tout le comprendre. Nous avions l'air de deux arbres, mais le secouriste a commencé à agiter ses bras dans ma direction. Comme Charly. Alors, j'ai décidé de le pousser, pour voir ce qu'il allait se passer, et il s'est passé ce qui était le plus évident : le secouriste est tombé sur le sol et ne s'est plus relevé, les jambes repliées et le visage à moitié couvert par un bras, un bras blanc, vierge de soleil, comme le mien. Ensuite, j'ai tranquillement descendu les escaliers et je suis retourné à l'hôtel à temps pour me doucher et pour dîner.

Printemps 43. Le Brûlé fait son entrée un peu plus tard que d'habitude. La vérité est que jour après jour son heure d'arrivée est plus tardive. Si on continue ainsi, on commencera à jouer la phase finale à six heures du matin. Est-ce que cela a un sens ? À l'Ouest, je perds le dernier hexagone en Angleterre. Les dés continuent à le favoriser. À l'Est, la ligne du front court le long de Tallin-Vitebsk-Smolensk-Briansk-Kharkov-Rostov et Maïkop. En Méditerranée, je repousse une attaque américaine sur Oran, mais je ne peux pas passer à l'offensive ; en Égypte, tout reste pareil, le front se maintient sur les hexagones LL26 et MM26, à côté de la dépression de Qattara.

18 septembre

Comme un rayon de lumière, Frau Else apparaît au fond du couloir. Je viens de me lever et je m'apprête à aller prendre le petit déjeuner, mais la surprise me pétrifie.

— Je t'ai cherché pendant un moment, dit-elle en venant à ma rencontre.

— Où diable étais-tu passée ?

— J'étais à Barcelone, avec la famille, mon mari ne va pas bien, tu le savais déjà, mais toi non plus tu n'es pas bien et tu vas m'écouter.

Je la fais entrer dans ma chambre. Celle-ci sent mauvais, elle pue le tabac et le renfermé. Quand j'ouvre les rideaux, le soleil me fait douloureusement cligner des yeux. Frau Else observe les photocopies du Brûlé piquées sur le mur ; je suppose qu'elle va me faire des reproches parce que cela va à l'encontre du règlement de l'hôtel.

— C'est obscène, dit-elle, sans que je sache si elle faisait allusion au contenu des pages ou à ma volonté de les exhiber.

— Ce sont les dazibaos du Brûlé.

Frau Else se retourne. Elle est revenue plus belle

encore, même si cela semble impossible, qu'il y a une semaine.

— C'est lui qui les a mises là ?

— Non, c'est moi. Le Brûlé me les a offertes et… j'ai décidé que c'était mieux de ne pas les cacher. Pour lui, les photocopies sont comme le décor de notre jeu.

— Quel genre de jeu monstrueux est-ce que c'est ? Le jeu de l'expiation ? Quel manque de tact.

Les pommettes de Frau Else se sont peut-être affilées légèrement pendant son absence.

— Tu as raison, c'est un manque de tact, même si en réalité c'est de ma faute, j'ai été le premier à dégainer les photocopies ; bien sûr, les miennes étaient des articles sur le jeu ; bref, venant du Brûlé, c'est prévisible, chacun prend les marques qu'il peut.

— Compte rendu de la réunion du Conseil des ministres du 12 novembre 1938, a-t-elle lu de sa voix douce et bien timbrée. Et à toi, Udo, ça ne te fiche pas la nausée ?

— Parfois, ai-je dit, sans vouloir être plus précis. (Frau Else semblait de plus en plus agitée.) L'Histoire, en général, est quelque chose de sanglant, il faut l'admettre.

— Je ne parlais pas de l'Histoire, mais de tes allées et venues. Je me fiche de l'Histoire. Ce qui m'intéresse en revanche c'est l'hôtel et toi, ici, tu es un élément perturbateur.

Et elle a commencé à retirer avec beaucoup de précautions les photocopies.

J'ai supposé qu'il n'y avait pas que le veilleur de nuit qui lui avait raconté des histoires. Clarita aussi ?

— Je les emporte (Elle est de dos et soulève les photocopies.) Je ne veux pas que tu souffres.

Je lui ai demandé si c'était ça tout ce qu'elle avait à me dire. Frau Else tarde à me répondre, hoche la tête, s'approche de moi et dépose un baiser sur mon front.

— Tu me rappelles ma mère, ai-je dit.

Les yeux ouverts, Frau Else a collé un franc baiser sur ma bouche. Et maintenant ? Sans savoir très bien ce que je faisais, je l'ai prise dans mes bras et l'ai installée sur le lit. Frau Else s'est mise à rire. Tu as fait des cauchemars, a-t-elle dit, sans doute inspirée par le désordre complet qui régnait dans la chambre. Son rire, même s'il frisait sans doute l'hystérie, était pareil à celui d'une petite fille. Elle me caressait d'une main les cheveux tout en murmurant des paroles inintelligibles, et, lorsque je me suis étendu à côté d'elle, j'ai senti sur la joue le contraste entre le lin froid de son chemisier et sa peau tiède, douce au toucher. Pendant un instant, j'ai cru qu'elle allait se donner à moi, enfin, mais lorsque j'ai glissé ma main sous sa jupe, en cherchant à lui enlever ses dessous, tout a pris fin.

— Il est tôt, a-t-elle dit en s'asseyant sur le lit comme mue par un ressort d'une force que l'on n'aurait pas pu prédire.

— Oui, ai-je admis, je viens de me réveiller, mais quelle importance ?

Frau Else se redresse complètement et change de sujet tandis que ses mains parfaites, et rapides !, remettent en ordre ses vêtements comme des êtres séparés totalement de son corps. Elle parvient astucieusement à faire que mes paroles se retournent contre moi. Je viens de me réveiller ? Est-ce que j'avais une idée de l'heure qu'il était ? Est-ce qu'il me paraissait correct de me lever si tard ? Est-ce que je ne me rendais pas compte de la confusion que cela créait dans le service des chambres ? Tout en parlant, elle donne des coups de pied de temps à autre aux vêtements au sol et range les photocopies dans son sac à main.

Bref, il est clair que nous n'allons pas faire l'amour et mon unique consolation a été de constater qu'elle n'était pas encore au courant de mon histoire avec Clarita.

Lorsque nous nous quittons, dans l'ascenseur, nous sommes convenus d'un rendez-vous ce soir sur la place de l'Église.

Avec Frau Else, au restaurant Playamar, sur une route de l'intérieur, à quelque cinq kilomètres de la mer, neuf heures du soir.

— Mon mari a le cancer.

— Est-ce que c'est grave ? ai-je dit, avec la certitude totale d'être en train de poser une question ridicule.

— C'est incurable.

Frau Else me regarde comme si nous étions séparés par une vitre blindée.

— Combien de temps lui reste-t-il ?

— Peu de temps. Il ne tiendra peut-être pas jusqu'à la fin de l'été.

— C'est bientôt, la fin de l'été... Mais on dirait que le beau temps va se maintenir jusqu'en octobre, balbutié-je.

La main de Frau Else, sous la table, presse ma main. Son regard, au contraire, se perd dans le lointain. Ce n'est qu'à l'instant que la nouvelle commence à prendre forme dans ma tête ; le mari agonise ; voilà l'explication, ou le point de départ du déchaînement, de quantité de choses qui arrivent à l'intérieur de l'hôtel et à l'extérieur. L'étrange attitude d'attraction et de rejet de Frau Else. Le mystérieux conseiller du Brûlé. Les intrusions dans ma chambre et la présence vigilante que je devine dans l'hôtel. À travers ce prisme, le rêve où apparaissait Florian Linden était-il un avertissement qui m'incitait à me méfier du mari de Frau Else ? La vérité, c'est que ce serait décevant si tout se réduisait à une simple affaire de jalousie.

— Qu'est-ce qu'ils ont en commun, ton mari et le Brûlé ?

Je lui pose cette question après un laps de temps durant lequel nous n'avons fait qu'entrelacer nos doigts qui se tressent subrepticement : le restaurant Playamar est un lieu fréquenté et Frau Else a, en peu de temps, salué plusieurs personnes.

— Rien.

Alors j'essaie de lui dire qu'elle se trompe, que tous les deux projettent de me couler, que son mari a volé les règles dans ma chambre pour que le Brûlé apprenne à bien jouer, que la stratégie dont les Alliés se servent ne peut pas être le produit d'un seul esprit, que son mari a passé des heures dans ma chambre à étudier le jeu. Je ne peux pas. Au lieu de cela, je lui promets que je ne partirai pas avant que sa situation soit éclaircie (c'est-à-dire jusqu'à la disparition de son mari), que je resterai à son côté, qu'elle peut compter sur moi pour ce qu'elle voudra, que je comprends qu'elle ne désire pas faire l'amour, que je l'aiderai à être forte.

Frau Else me presse la main au point de la triturer, c'est ainsi qu'elle me remercie.

— Qu'est-ce qu'il se passe ? dis-je en retirant ma main le plus discrètement possible.

— Tu dois t'en aller en Allemagne. Tu dois prendre soin de toi, pas de moi.

Ses yeux, alors qu'elle fait cette déclaration, s'emplissent de larmes.

— L'Allemagne, c'est toi, dis-je.

Frau Else éclate d'un rire irrésistible, sonore, puissant, qui attire vers notre table les regards de tout le restaurant. Moi aussi, je choisis de rire sans réserve : je suis un romantique incurable. Un snob incurable, corrige-t-elle. D'accord.

Sur le chemin du retour, j'arrête la voiture devant une sorte de parador. Par un sentier de gravier, on arrive à une pinède où, répartis de manière anarchique, se trouvent des tables en pierre, des bancs et des poubelles. La vitre baissée, nous entendons une musique lointaine que Frau Else reconnaît comme provenant d'une boîte de nuit de la ville. Comment est-ce possible alors que l'agglomération est tellement éloignée ? Nous descendons de la voiture et Frau Else me guide en me tenant par la main jusqu'à une rambarde en ciment. L'auberge est située au sommet d'une colline et de là on voit les lumières des hôtels et les publicités fluorescentes des rues commerciales. J'essaie de l'embrasser, mais Frau Else me refuse ses lèvres. Paradoxalement, une fois revenue à la voiture, c'est elle qui prend l'initiative. Nous restons une heure à nous embrasser en écoutant de la musique à la radio. La brise fraîche, qui pénétrait par les fenêtres de la voiture à demi ouvertes, sentait les fleurs et les plantes aromatiques et l'endroit était idéal pour faire l'amour, mais j'ai préféré ne pas m'avancer davantage de ce côté-là.

Je m'aperçois soudain qu'il est plus de minuit, et cependant Frau Else, les joues rougies à force de baisers, ne semblait pas pressée de s'en aller.

Nous avons trouvé le Brûlé sur les marches du perron. J'ai garé la voiture sur le Paseo Maritimo et nous sommes descendus ensemble. Le Brûlé ne nous a pas vus jusqu'au moment où nous avons été pratiquement contre lui. Il avait la tête enfoncée entre ses épaules et regardait le sol d'un air absorbé ; malgré la carrure de son dos, l'impression qu'il donnait vu de loin était celle d'un enfant irrémissiblement perdu. Salut, ai-je dit, en essayant de laisser manifester de la joie, même si, dès l'instant où Frau Else et moi étions descendus de la voiture, une tristesse vague et récurrente avait envahi mon esprit. Le Brûlé a levé des yeux ovins et nous a souhaité le bonsoir. Pour la première fois, même si ça a été brièvement, Frau Else s'est tenue à mon côté, tous les deux debout, comme si nous étions des fiancés et que ce qui intéressait l'un intéressait aussi l'autre. Ça fait longtemps que tu es là ? Le Brûlé nous a regardés et a haussé les épaules. Comment vont les affaires ? a dit Frau Else. Moyen. Frau Else a ri de son meilleur rire, son rire cristallin, celui qui rendait la nuit douce.

— Tu es le dernier à arrêter la saison. Tu as du travail pour l'hiver ?

— Pas encore.

— Si on repeint le bar, je t'appellerai.

— D'accord.

J'ai ressenti un peu d'envie : Frau Else savait comment parler au Brûlé, il n'y avait pas de doute à ce sujet.

— Il est tard et demain je dois me lever tôt. Bonsoir.

Depuis le perron, nous avons vu que Frau Else s'arrêtait un instant à la réception où, on pouvait le supposer, elle a parlé avec quelqu'un, et qu'ensuite elle continuait à marcher le long du couloir plongé dans la pénombre, attendait l'ascenseur, disparaissait…

— Qu'est-ce qu'on fait maintenant ? La voix du Brûlé m'a fait sursauter.

— Rien. Dormir. On jouera une autre fois, ai-je dit avec dureté.

Le Brûlé a mis un certain temps à digérer mes paroles. Je reviendrai demain, a-t-il dit sur un ton où j'ai perçu du ressentiment. Il s'est mis debout d'un bond, on aurait dit un gymnaste. Pendant un instant, nous nous sommes fixés comme si nous étions des ennemis mortels.

— Demain, peut-être, ai-je dit en tâchant de maîtriser le tremblement soudain de mes jambes et le désir de me jeter sur lui et de l'étrangler.

Dans une bagarre dans les règles, les forces seraient quasiment à égalité. Il est plus lourd et plus petit, moi je suis plus agile et plus grand ; tous les deux nous avons de longs bras ; il est habitué à l'effort physique, ma volonté est ma meilleure arme. Le facteur décisif est peut-être le lieu de la bagarre. Sur la plage ? Ça semblerait le lieu le plus adéquat, sur la plage et la nuit, mais là, je le crains, l'avantage reviendrait au Brûlé. Alors, où ?

— Si je ne suis pas trop occupé, ai-je ajouté avec mépris.

Le Brûlé a répondu par le silence et est parti. En traversant le Paseo Maritimo, il a lancé un coup d'œil en arrière, comme pour s'assurer que j'étais toujours sur le perron. Si, à cet instant, avait surgi de l'obscurité une voiture à cent cinquante kilomètres/heure !

Depuis le balcon, on n'aperçoit pas la plus faible lueur dans la forteresse de pédalos. Évidemment, moi aussi j'ai éteint mes lumières, sauf celle des toilettes. L'ampoule, au-dessus du miroir, répand une clarté aquatique qui, par l'entrebâillement de la porte, éclaire à peine un morceau de moquette.

Plus tard, après avoir tiré les rideaux, je rallume les lumières et passe en revue un par un les différents aspects de ma situation. Je suis en train de perdre la guerre. J'ai certainement perdu mon travail. Chaque jour qui passe éloigne un peu plus Ingeborg d'une improbable réconciliation. Pendant son agonie, le mari de Frau Else s'emploie à me haïr, à me harceler avec la malignité d'un malade en phase terminale. Conrad m'a envoyé peu d'argent. L'article qu'au départ j'ai pensé écrire à l'hôtel Del Mar est mis de côté et oublié... Le panorama n'est pas encourageant.

Je me suis mis au lit à trois heures du matin, sans me déshabiller, et j'ai repris la lecture du livre de Florian Linden.

Je me suis réveillé la poitrine oppressée, peu avant cinq heures. Je ne savais pas où je me trouvais et j'ai eu besoin de quelques secondes pour comprendre que j'étais encore dans la ville.

À mesure que l'été s'éteint (je veux dire à mesure que ses signes s'éteignent), on commence à entendre dans l'hôtel Del Mar des bruits qu'auparavant on ne soupçonnait même pas : les tuyauteries semblent maintenant *vides* et plus *larges*. Le bruit régulier et sourd de l'ascenseur a cédé la place à des crissements et des courses entre le crépi et les murs. Le vent qui secoue le cadre et les gonds de la fenêtre est plus fort chaque nuit. Les robinets du lavabo chuintent et tressaillent avant de lâcher l'eau. L'odeur des couloirs, parfumés à la lavande artificielle, elle aussi se dégrade plus vite et s'imprègne d'une touffeur pestilentielle qui provoque d'horribles accès de toux au petit matin.

Impossible de les ignorer, ces accès de toux ! Impossible de les ignorer, ces bruits de pas nocturnes que les tapis ne parviennent pas complètement à amortir ! Pourtant si, vaincu par la curiosité, on jette un coup d'œil dans le couloir, qu'est-ce qu'on voit ? Rien.

19 septembre

À mon réveil, je trouve Clarita dans la chambre, elle est au pied de mon lit, avec son uniforme de femme de chambre, et elle me regarde. Je ne sais pas pourquoi sa présence me rend heureux. Je souris et lui demande de venir me rejoindre dans le lit, bien que, sans que je m'en rende compte, je le fasse en allemand. Comment Clarita me comprend, c'est un mystère, ce qui est sûr, c'est que d'abord elle ferme prudemment la porte de l'intérieur et qu'ensuite elle se blottit à mon côté, sans rien enlever, sauf les chaussures. Comme lors de notre rencontre antérieure, sa bouche a un goût de tabac noir, ce qui est très attirant chez une petite femme dans son genre. La tradition voudrait qu'émane de ses lèvres un arrière-goût de chorizo et d'ail, ou de chewing-gum à la menthe. Lorsque je la baise, sa jupe se retrousse jusqu'à la ceinture et s'il n'y avait pas ses genoux qui me pressent les flancs avec ardeur, je dirais qu'elle ne sent rien. Pas un gémissement, ni un murmure, Clarita fait l'amour de la manière la plus discrète du monde. Lorsque nous avons terminé, comme la première fois, je lui demande si ça lui a plu. Elle répond affirmativement de la tête et, immédiatement, saute hors du lit, se lisse la jupe, enfile ses dessous et ses chaussures et, pendant que je me dirige vers la salle de bains pour me laver, elle, efficace, s'affaire à mettre de l'ordre dans la chambre, en faisant attention, c'est vrai, à ne pas envoyer valser les pions.

— Tu es nazi ?

J'entends sa voix pendant que je m'essuie le pénis avec du papier hygiénique.

— Qu'est-ce que tu as dit ?

— Est-ce que tu es nazi ?

— Non, je ne le suis pas. Je serais plutôt antinazi. Qu'est-ce qui te fait penser ça ? Le jeu ? (sur la boîte du jeu du Troisième Reich, il y a quelques svastikas dessinés).

— Le Loup m'a raconté que tu étais nazi.

— Le Loup se trompe.

Je l'ai fait entrer dans la salle de bains pour pouvoir continuer à parler avec elle pendant que je me douchais. Il me semble que Clarita est tellement ignorante que, si je lui disais que les nazis gouvernent, par exemple, la Suisse, elle le croirait.

— Personne ne s'étonne que tu mettes autant de temps à faire une chambre ? Personne ne remarque ton absence ?

Clarita est assise sur la cuvette, le dos voûté comme si se lever du lit la faisait rechuter, en proie à une maladie inconnue. Une maladie contagieuse ? Les chambres sont faites d'habitude en matinée, informe-t-elle. (Je suis un cas particulier.) Personne ne va remarquer son absence et personne ne la contrôle, elle en a bien assez avec le travail et le peu d'argent pour en plus supporter des contrôles. Même pas de Frau Else ?

— Frau Else est différente, dit Clarita.

— Pourquoi est-elle différente ? Elle te laisse faire ce que tu veux ? Elle ferme les yeux sur tes affaires ? Elle te protège ?

— Mes affaires sont *mes* affaires, pas vrai ? Qu'est-ce que Frau Else a à voir avec mes affaires ?

— Je voulais dire est-ce qu'elle fermait les yeux sur tes histoires, tes aventures amoureuses.

— Frau Else comprend les gens.

Sa voix irritée couvre difficilement le bruit de l'eau de la douche.

— Ça la rend différente ?

Clarita ne répond pas. Mais elle n'a pas non plus l'intention de s'en aller. Séparés par le vilain rideau de plastique blanc avec des pois jaunes, nous étions tous deux immobiles, tous deux dans l'attente ; j'ai ressenti pour elle une profonde tristesse, éprouvé le désir de l'aider. Mais comment pouvais-je l'aider, si j'étais incapable de m'aider moi-même ?

— Je suis en train de te harceler, excuse-moi, ai-je dit en sortant de la douche.

Mon corps partiellement réfléchi dans le miroir et celui de Clarita se recroquevillant imperceptiblement sur la cuvette de la salle de bains, comme s'il ne s'agissait pas de celui d'une jeune fille (quel âge avait-elle, seize ans ?) mais du corps de plus en plus froid d'une vieille femme, sont parvenus, par leur superposition, à m'émouvoir jusqu'aux larmes.

— Tu es en train de pleurer.

Clarita a souri stupidement. J'ai essuyé mon visage et mes cheveux avec la serviette et je suis sorti de la salle de bains pour m'habiller. Derrière Clarita est restée à passer la serpillière sur le carrelage mouillé.

Dans une des poches de mon jean, j'avais un billet de cinq mille pesetas, mais je ne l'ai pas trouvé. Comme j'ai pu, j'ai réuni trois mille pesetas en monnaie et je les ai données à Clarita. Celle-ci a accepté l'argent, sans rien dire.

— Toi qui sais tout, Clarita (je l'ai prise par la taille comme si j'allais recommencer à la peloter), est-ce que tu sais dans quelle chambre dort le mari de Frau Else ?

— Dans la plus grande chambre de l'hôtel. La chambre sombre.

— Sombre, pourquoi ? Le soleil n'y rentre pas ?

— Les rideaux sont toujours tirés. Monsieur est très malade.

— Il va mourir, Clarita ?

— Oui… Si tu le tues pas avant.

Pour une raison dont j'ignore l'origine, Clarita éveille en moi des instincts bestiaux. Jusqu'à présent, je me suis bien comporté avec elle, jamais je ne lui ai fait de mal. Mais elle possède l'étrange faculté, par sa seule présence, de farfouiller parmi les images endormies de mon esprit. Des images brèves et terribles comme des fulgurations, que je crains et fuis. Comment conjurer cette puissance qu'elle est capable de déchaîner si soudainement en moi ? En l'obligeant à s'agenouiller et à me sucer la verge et à me lécher le cul ?

— Tu plaisantes, bien sûr.

— Oui, c'est une plaisanterie, dit-elle en regardant le sol tandis qu'une goutte de sueur, en un parfait équilibre, glisse jusqu'à la pointe de son nez.

— Dis-moi alors où dort ton patron.

— Au premier étage, au fond du couloir, au-dessus des cuisines... On peut pas se perdre...

Après le repas, je téléphone à Conrad. Aujourd'hui, je ne suis pas sorti de l'hôtel. Je ne veux pas rencontrer par hasard (jusqu'à quel point est-ce du hasard ?) le Loup et l'Agneau, ou le secouriste, ou M. Pere... Conrad ne se montre pas surpris par mon appel, comme les fois précédentes. Je détecte dans sa voix une nuance de lassitude, comme s'il craignait d'entendre justement ce que je vais lui demander. Cela va sans dire, il ne me refuse rien. J'ai besoin qu'il envoie de l'argent et c'est ce qu'il fera. Je demande des nouvelles de Stuttgart, de Cologne, des préparatifs et il les donne sommairement, sans ajouter les commentaires piquants et moqueurs que j'aimais tant. Je ne sais pas pourquoi je me retiens de lui demander des nouvelles d'Ingeborg. Lorsque, enfin, je réunis des forces et je le fais, la réponse ne réussit qu'à me déprimer. Je soupçonne obscurément Conrad de mentir. Son manque de curiosité est un symptôme nouveau ; il ne me prie même pas de revenir, ni ne pose de questions sur la partie. Calme-toi, dit-il à un certain moment, d'où je déduis que, de mon côté, la conversation n'a pas manqué de hauts et de bas, demain je te fais virer ton argent. Je le remercie. Lorsque nous prenons congé, nos paroles sont quasiment un murmure.

Je rencontre de nouveau Frau Else, dans un couloir de l'hôtel. Nous nous arrêtons en proie à un trouble réel ou feint, quelle importance, à quelque chose comme cinq mètres l'un de l'autre, les mains sur les hanches, pâles, tristes, nous transmettant par le regard le désespoir que nous ressentons au fond de nos allées et venues. Comment va ton mari ? De la main, Frau Else montre le rai de lumière sous une porte, ou peut-être l'ascenseur, je ne le sais pas. Ce que je sais c'est que, emporté par un élan irrépressible et douloureux (un élan qui prend naissance dans mon estomac retourné), j'ai franchi la distance et l'ai étreinte sans craindre que nous ne soyons découverts, désirant seulement me fondre en elle, elle qui n'oppose presque pas de résistance, quelques secondes ou toute la vie. Udo, tu es fou ? Tu as failli me casser une côte. J'ai baissé la tête et ai demandé pardon. Qu'est-ce qu'il t'est arrivé aux lèvres ? Je ne le sais pas. La température des doigts de Frau Else qui se posent sur mes lèvres est au-dessous de zéro et je regimbe. Tu te fais saigner, dit-elle. Après lui avoir promis que je m'appliquerai un pansement dans la chambre, nous convenons d'un rendez-vous dix minutes plus tard, au restaurant de l'hôtel. C'est moi qui invite, dit Frau Else, connaissant mes nouvelles difficultés économiques. Si tu n'es pas là dans dix minutes, j'enverrai deux serveurs, les plus brutaux, te chercher. J'y serai.

Été 43. Débarquement anglo-américain à Dieppe et Calais. Je ne m'attendais pas à ce que le Brûlé passe à l'offensive aussi rapidement. Il faut souligner que les têtes de pont obtenues ne sont pas trop solides ; il a mis un pied en France, mais il lui en coûtera de s'implanter et de pénétrer. À l'Est, la situation empire ; après une nouvelle retraite stratégique, le front demeure établi entre Riga, Minsk, Kiev et les hexagones Q39, R39 et

S39. Dnipropetrovsk passe aux mains des rouges. Le Brûlé a la supériorité aérienne aussi bien en Russie qu'en Occident. En Afrique et dans la zone de la Méditerranée, la situation reste inchangée, même si je me doute que cela sera diamétralement opposé au cours de la prochaine phase. Détail curieux : pendant que nous jouons, je me suis endormi. Combien de temps ? Je ne le sais pas. Le Brûlé a touché mon épaule deux ou trois fois et a dit réveille-toi. Alors je me suis réveillé et je n'ai plus pu me rendormir.

20 septembre

J'ai quitté la chambre à sept heures du matin. J'avais passé des heures entières sur le balcon à attendre l'aube. Lorsque le soleil s'est montré, j'ai fermé le balcon, tiré les rideaux et, debout dans l'obscurité, j'ai désespérément cherché une occupation pour tuer le temps. Prendre une douche. Me changer. Ça paraissait d'excellents exercices pour commencer la journée, mais j'ai continué à rester là, immobilisé au milieu de ma respiration agitée. À travers les petits rideaux, la clarté diurne a commencé à filtrer. J'ai ouvert de nouveau le balcon et j'ai regardé un long moment la plage et les contours encore vagues de la forteresse de pédalos. Heureux ceux qui ne possèdent rien. Heureux ceux qui avec cette vie gagnent un futur rhumatisme, ceux qui sont chanceux aux dés et se sont résignés à ne pas avoir de femmes. Pas âme qui vive sur la plage à cette heure-ci, mais j'ai entendu des voix qui provenaient d'un autre balcon, une discussion en français. Il n'y a que des Français pour parler à cor et à cri avant sept heures du matin ! J'ai fermé de nouveau les rideaux et j'ai essayé de me déshabiller pour me mettre sous la douche. Je n'ai pas pu. La salle de bains était éclairée comme une salle de torture. J'ai ouvert avec effort le robinet et je me suis lavé les mains. Lorsque j'ai essayé de me mouiller le visage, j'ai découvert que mes bras étaient ankylosés et j'ai décidé de remettre à plus tard cette opération. J'ai éteint la lumière et je suis sorti. Le couloir était désert et seulement éclairé aux extrémités par des ampoules à demi cachées d'où jaillissait un faible éclat ocre. Sans faire de bruit, je suis descendu par l'escalier jusqu'au premier palier du rez-de-chaussée. De là, j'ai pu voir, réfléchie dans l'énorme miroir de la pièce, la nuque du veilleur de nuit qui émergeait du bord du comptoir. Il dormait, cela ne faisait pas de doute. J'ai rebroussé chemin jusqu'au premier étage où j'ai tourné vers le fond (direction nord-ouest), l'oreille guettant les bruits caractéristiques de la cuisine, à supposer que les cuisiniers soient arrivés, ce qui était hautement discutable. Le silence, au début de ma traversée du couloir, était total, mais, au fur et à mesure que je m'aventurais plus avant, j'ai commencé à distinguer un ronflement asthmatique qui rompait, par brefs intervalles, la monotonie des portes et des murs. Parvenu à l'extrémité du couloir, j'avais devant moi une porte en bois, avec une plaque de marbre en son milieu, où s'étalait en lettres noires un poème (ou du moins est-ce ce que j'ai cru) de quatre vers, écrits en catalan et dont je n'ai pas compris la signification. Épuisé, j'ai appuyé de la main sur le jambage et j'ai poussé en avant. La porte s'est ouverte sans rencontrer le moindre obstacle. C'était la chambre, vaste, plongée dans la pénombre, telle que l'avait décrite Clarita. C'est à peine si l'on pouvait deviner le contour d'une fenêtre, et l'air était lourd, mais je n'ai pas perçu d'odeurs de médicaments. Je me disposais à refermer la porte que j'avais ouverte si témérairement, lorsque j'ai entendu une voix qui surgissait de tous les angles à la fois et d'aucun en particulier. Une voix qui était un condensé de qualités contradictoires : glacée et chaude, menaçante et affectueuse :

— Avancez, disait-elle en allemand.

J'ai fait quelques pas à l'aveuglette, les mains tâtant le papier peint des murs, après avoir surmonté un instant d'hésitation pendant lequel j'ai été tenté de claquer la porte brusquement et de fuir.

— Qui êtes-vous ? Entrez donc. Vous allez bien ?

La voix avait l'air de sortir d'un magnétophone, même si je savais bien que c'était le mari de Frau Else qui parlait, trônant dans son lit gigantesque et soustrait aux regards.

— Je suis Udo Berger, ai-je dit, planté dans l'obscurité. Je craignais, en continuant à avancer, de m'affaler à plat ventre sur le lit ou sur un autre meuble.

— Ah, le jeune Allemand, Udo Berger, Udo Berger, vous allez bien ?

— Oui. Parfaitement bien.

D'un impensable recoin de la chambre, quelques murmures d'assentiment. Et ensuite :

— Vous pouvez me voir ? Que désirez-vous ? À quoi dois-je l'honneur de votre visite ?

— J'ai cru que nous devions parler. Du moins, nous connaître, échanger des idées de façon civilisée, ai-je dit dans un murmure.

— Très bien pensé !

— Mais je ne peux pas vous voir. Je ne peux

rien voir... et, de cette manière, c'est assez difficile de maintenir un dialogue.

J'ai alors entendu le bruit d'un corps qui rampait entre des draps amidonnés, suivi d'un gémissement et d'un juron, puis, à quelque trois mètres de l'endroit d'où je me trouvais, s'est allumée une veilleuse. Sur le flanc, le pyjama bleu marine boutonné jusqu'au cou, le mari de Frau Else souriait : est-ce que vous êtes lève-tôt, ou est-ce que vous ne vous êtes pas encore couché ? J'ai dormi deux ou trois heures, ai-je dit. Dans ce visage, rien ne pouvait évoquer l'ancienne image d'il y avait dix ans. Il avait vieilli vite et mal.

— Vous vouliez me parler du jeu ?

— Non, de votre femme.

— Ma femme, ma femme, comme vous pouvez le voir, elle n'est pas là.

J'ai pris brusquement conscience qu'en effet Frau Else était absente. Son mari s'est enfoui sous les draps jusqu'au menton, tandis que moi, dans un acte réflexe, je parcourais du regard le reste de la chambre, craignant une plaisanterie de mauvais goût ou un piège.

— Où est-elle ?

— Ça, estimé jeune homme, c'est quelque chose qui ne doit pas nous intéresser, vous et moi. Ce que fait ou ne fait pas ma femme est une question qui ne concerne qu'elle.

Frau Else se trouvait-elle entre les bras d'un autre ? Un amant secret dont elle n'avait rien dit ? Probablement quelqu'un du coin, un autre patron d'hôtel, le patron d'un restaurant de fruits de mer ? Un type plus jeune que son mari, mais plus âgé que moi ? Ou alors était-il possible que Frau Else soit en train de rouler sur des routes secondaires, en guise de thérapie, pour oublier ses problèmes ?

— Vous avez commis plusieurs erreurs, a dit le mari de Frau Else. L'erreur principale, ça a été d'attaquer aussi tôt l'Union soviétique.

Mon regard de haine a paru le déconcerter un bref instant, mais il s'est repris immédiatement.

— Si, dans ce jeu, il était possible d'esquiver la guerre contre l'URSS, a-t-il poursuivi, moi je ne la commencerais jamais ; je parle, évidemment, depuis la perspective allemande. L'autre grande erreur, ça a été de sous-estimer la résistance que pouvait offrir l'Angleterre, là, vous avez perdu du temps et de l'argent. Ça en aurait valu la peine si vous aviez engagé dans cette tentative au moins cinquante pour cent de votre puissance, mais vous ne pouviez pas vous le permettre, car à l'Est vous aviez les mains liées.

— Combien de fois êtes-vous allé dans ma chambre sans que je le sache ?

— Pas beaucoup…

— Et vous n'avez pas honte de l'admettre ? Vous trouvez éthique que le patron d'un hôtel fouine dans les chambres de ses hôtes ?

— Ça dépend. Tout est assez relatif. Vous trouvez éthique d'essayer d'avoir une liaison avec ma femme ?

Un sourire complice et malveillant, émergeant de dessous les draps, s'est dessiné sur ses joues. Et en plus, plusieurs fois, et sans aucun succès.

— C'est différent. Moi, je ne m'efforce pas de cacher quoi que ce soit. Je suis inquiet pour votre femme. Sa santé m'inquiète. Je l'aime. Je suis prêt à faire face à tout…

J'ai remarqué qu'il avait rougi.

— Moins de baratin. Moi aussi, je suis inquiet, et c'est à cause du jeune homme avec qui vous jouez.

— Le Brûlé ?

— Le Brûlé, oui, le Brûlé, le Brûlé, vous n'avez pas idée dans quel guêpier vous vous êtes fourré. Un type dangereux comme un python !

— Le Brûlé ? Vous dites ça à cause des offensives soviétiques ? Je crois qu'une grande partie du mérite, c'est à vous qu'elle revient. Dans le fond, qui a élaboré sa stratégie ? Qui lui a conseillé où il devait défendre et où il devait attaquer ?

— Moi, moi et moi, mais pas complètement. Ce garçon est intelligent. Faites attention ! Surveillez la Turquie ! Retirez-vous d'Afrique ! Réduisez vos fronts, mon vieux !

— C'est ce que je suis en train de faire. Vous croyez qu'il pense envahir la Turquie ?

— L'armée soviétique tend à se renforcer de plus en plus, et peut s'offrir ce luxe. Diversification opérationnelle ! Personnellement, je ne le crois pas nécessaire, mais enfin, l'avantage de tenir la Turquie est évident : le contrôle des détroits et le passage de la flotte de la mer Noire à la Méditerranée. Un débarquement soviétique en Grèce, suivi de débarquements anglo-américains en Italie et en Espagne, et vous vous verriez obligé de vous enfermer derrière vos frontières. Capitulation.

Il a saisi sur la table de nuit les photocopies que Frau Else avait emportées de ma chambre et les a brandies. Des taches rouges sont apparues sur ses joues. J'ai eu l'impression qu'il était en train de me menacer.

— Vous oubliez que, moi aussi, je peux passer à l'offensive.

— Je vous trouve sympathique ! Vous ne vous rendez jamais ?

— Jamais.

— Je m'en doutais. Je veux dire : à cause de l'obstination que vous avez montrée avec ma femme. Moi, de mon temps, si je prenais un râteau, même Rita Hayworth je la laissais en plan. Vous savez ce que signifient toutes ces feuilles ? Oui, des photocopies de livres de guerre, plus ou moins, mais ce n'est pas moi qui ai suggéré au Brûlé quoi que ce soit de tout ça. Moi, j'aurais conseillé l'*Histoire de la Seconde Guerre mondiale*, de Lidell Hart, un livre simple et juste, ou la *Guerre en Russie* d'Alexander Werth. Au contraire, c'est une initiative qu'il a eue. Et je crois que son sens est clair, aussi bien ma femme que moi, nous nous en sommes aperçus immédiatement. Pas vous ? J'aurais dû l'imaginer. Eh bien, sachez que j'ai toujours eu un grand ascendant sur les jeunes gens. Parmi ces jeunes, le Brûlé occupe une place particulière, et c'est pourquoi maintenant ma femme me tient un peu pour responsable, moi, qui suis malade !, de ce qui pourrait vous arriver.

— Je ne comprends rien. Si nous sommes en train de parler du Troisième Reich, je dois vous informer qu'en Allemagne je suis le champion national de ce sport.

— Un sport ! De nos jours, on appelle n'importe quoi sport. Ce n'est en rien un sport. Et, évidemment, je ne suis pas non plus en train de parler du Troisième Reich, mais des projets que ce pauvre garçon a pour vous. Pas dans le jeu — c'est ce que c'est, ni plus ni moins — mais dans la vie réelle !

J'ai haussé les épaules, je n'étais pas disposé à

contrarier un malade. J'ai exprimé mon incrédulité en lâchant un rire amical ; après ça, je me suis senti mieux.

— Bien sûr, j'ai dit à ma femme que je ne pouvais pas faire grand-chose. Au point où il en est, ce garçon n'écoute que ce qu'il veut, il est entièrement plongé là-dedans et je ne crois pas qu'il fasse machine arrière.

— Frau Else s'inquiète pour moi excessivement. Elle est très gentille, de toute façon.

Le visage du mari a pris une expression rêveuse et absente.

— Très gentille, elle l'est, oui monsieur. Trop... Je regrette seulement de ne pas lui avoir donné deux ou trois enfants.

La remarque m'a paru de mauvais goût. J'ai remercié le ciel pour la vraisemblable stérilité de ce pauvre type. Une grossesse aurait peut-être rompu l'équilibre classique du corps de Frau Else, la souveraineté qui régnait dans les chambres, même si elle ne s'y trouvait pas physiquement.

— Et dans le fond, comme n'importe quelle femme, elle désire être mère. Enfin, j'espère qu'elle aura plus de chance avec le suivant (il m'a fait un clin d'œil et je jurerais que, sous les draps, il m'a fait un geste obscène). Ne vous faites pas d'illusion, ce ne sera pas vous, plus tôt vous vous en rendrez compte, mieux ce sera, comme ça vous ne souffrirez pas et vous ne la ferez pas souffrir. Même si elle éprouve pour vous beaucoup d'estime, c'est irréfutable. Elle m'a raconté que vous aviez l'habitude de venir au Del Mar avec vos parents. Comment s'appelle votre père ?

— Heinz Berger. Je venais avec mes parents et mon frère aîné. Tous les étés.

— Je ne me souviens pas de vous.

Je lui ai dit que ça n'avait pas d'importance. Le mari de Frau Else a paru se concentrer de toutes ses forces sur le passé. J'ai pensé qu'il se trouvait mal. Ça m'a inquiété.

— Et vous, vous vous souvenez de moi ?

— Oui.

— Comment j'étais, quelle image gardez-vous ?

— Vous étiez grand et très mince. Vous mettiez des chemises blanches et Frau Else avait l'air heureuse à votre côté. Ce n'est pas grand-chose.

— C'est suffisant.

Il a soupiré et son visage s'est détendu. J'avais mal aux jambes à force de me tenir debout. J'ai estimé que je devrais m'en aller, dormir un peu ou prendre la voiture et partir à la recherche d'une crique solitaire où je pourrais piquer une tête et ensuite me reposer sur le sable propre.

— Attendez, il faut que je vous avertisse encore de quelque chose. Éloignez-vous du Brûlé. Tout de suite !

— Je le ferai, ai-je dit d'un ton las, lorsque je foutrai le camp d'ici.

— Et qu'est-ce que vous attendez pour retourner dans votre patrie ? Vous ne vous rendez pas compte que… le malheur et la malchance cernent cet hôtel ?

J'ai fait l'hypothèse qu'il disait cela à cause de la mort de Charly. Cependant, si les maux guettaient un hôtel c'était le Costa Brava, où avait logé Charly, et pas le Del Mar. Mon sourire aimable a agacé le mari de Frau Else.

— Est-ce que vous imaginez ce qui arrivera le soir où tombera Berlin ?

J'ai soudain compris que la malchance dont il s'agissait était la guerre.

— Ne me sous-estimez pas, ai-je dit, en essayant de deviner le paysage de cours intérieures qui devaient se déployer certainement de l'autre côté des rideaux. Pourquoi n'avaient-ils pas choisi une chambre avec vue sur la mer ?

Le mari de Frau Else a étiré le cou comme un ver. Il était pâle, sa peau était lustrée par la fièvre.

— Vous vous faites des illusions, vous croyez que vous pouvez encore vaincre ?

— Je peux essayer. Je reprends des forces facilement. Je peux lancer des offensives qui vont arrêter les Russes. J'ai encore un grand potentiel de choc...

J'ai parlé et parlé, de l'Italie, de la Roumanie, de mes forces blindées, de la réorganisation de ma force aérienne, de la manière dont je pensais et pouvais faire disparaître les têtes de pont en France, et de même de la défense de l'Espagne, et, lentement, je sentais que l'intérieur de ma tête était pris dans la glace et que le froid descendait vers le palais, la langue, la gorge, et que même les paroles sorties de ma bouche exhalaient de la vapeur au cours de leur trajet vers le lit du malade. J'ai entendu celui-ci dire : rendez-vous, faites vos valises, payez votre note, d'accord ?, et partez. J'ai compris avec horreur qu'il voulait seulement m'aider. Qu'à sa manière, et parce qu'on le lui avait demandé, il veillait sur moi.

— À quelle heure votre femme reviendra-t-elle ?

Ma voix, involontairement, a eu une intonation désespérée. De l'extérieur parvenaient des chants d'oiseaux et des bruits en sourdine de moteurs et de portes. Le mari de Frau Else a fait semblant de ne pas comprendre et dit qu'il avait sommeil. Comme pour confirmer ses dires, il a fermé pesamment les paupières.

J'ai craint qu'il ne s'endorme pour de bon.

— Qu'est-ce qu'il se passera après la chute de Berlin ?

— D'après ce que je saisis de la situation, dit-il sans ouvrir les yeux, d'une voix traînante, il ne se contentera pas de recevoir des félicitations.

— Qu'est-ce que vous croyez qu'il fera ?

— Il fera ce qu'il y a de plus logique, Herr Udo Berger, de plus logique. Réfléchissez, que fait le vainqueur, quels sont ses attributs ?

J'ai avoué mon ignorance. Le mari de Frau Else s'est placé confortablement sur le côté dans le lit, de telle manière que je ne pouvais observer que son profil amaigri et anguleux. J'ai découvert qu'il ressemblait ainsi au Quichotte. Un Quichotte prostré, quotidien et terrible comme le Destin. Cette découverte a réussi à m'inquiéter. C'était peut-être cela qui avait attiré Frau Else.

— C'est dans tous les livres d'histoire (sa voix avait un timbre faible et las), même dans les livres allemands. Il va entamer le procès des criminels de guerre.

Je lui ai ri au nez :

— Le jeu finit par Victoire décisive, Victoire tactique, Victoire marginale ou Égalité, pas avec des procès ou des stupidités de ce genre, ai-je récité.

— Ah, mon garçon, dans les cauchemars de ce pauvre garçon, le procès est peut-être l'acte le plus important du jeu, le seul pour lequel il vaille la peine de passer autant d'heures à jouer. Pendre les nazis !

J'ai tiré sur les doigts de ma main droite, jusqu'à entendre le bruit de chacun des os.

— C'est un jeu de stratégie, ai-je murmuré, de haute stratégie, qu'est-ce c'est que cette histoire de fous que vous êtes en train de me raconter ?

— Je vous conseille seulement de faire vos valises et de disparaître. Finalement, Berlin, le seul et véritable Berlin, est tombé il y a longtemps, n'est-ce pas ?

Nous avons tous les deux tristement acquiescé de la tête. La sensation que nous parlions de sujets différents et même opposés était de plus en plus patente.

— Qui est-ce qu'il pense juger ? Les pions des corps SS ?

Le mari de Frau Else a eu l'air de trouver amusante ma sortie et a souri de manière canaille, en se redressant à demi sur le lit.

— Je crains que ce ne soit vous qui inspiriez sa haine.

Le corps du malade s'est soudain transformé en un seul battement de cœur, un battement irrégulier, grand, clair.

— C'est moi qu'il va faire asseoir sur le banc des accusés ?

Même si j'essayais de conserver mon maintien calme, ma voix tremblait d'indignation.

— Oui.

— Et comment pense-t-il le faire ?

— Sur la plage, comme les hommes, avec une paire de couilles.

Son sourire canaille s'est davantage élargi et en même temps approfondi.

— Il va me violer ?

— Ne soyez pas stupide. Si c'est ça que vous êtes en train de chercher, vous vous êtes trompé de film.

J'avoue que j'étais perdu.

— Qu'est-ce qu'il va me faire, alors ?

— Ce qu'on fait d'habitude aux porcs nazis, les cogner jusqu'à les réduire en bouillie. Les saigner dans la mer ! Vous envoyer au Walhalla avec votre ami, le surfeur !

— Charly n'était pas un nazi, que je sache.

— Vous non plus, mais pour le Brûlé, à ce stade de la guerre, ça n'a pas d'importance. Vous avez rasé la riviera anglaise et les champs de blé ukrainiens, pour le dire poétiquement, vous n'attendez pas que lui maintenant s'y prenne avec des pincettes.

— C'est vous qui lui avez soufflé ce plan diabolique ?

— Non, absolument pas. Mais je trouve ça amusant !

— Vous êtes en partie coupable ; sans vos conseils, le Brûlé n'aurait pas eu la moindre chance.

— Vous vous trompez ! Le Brûlé a dépassé mes conseils. D'une certaine manière, il me rappelle l'Inca Atahualpa, un prisonnier des Espagnols qui a appris à jouer aux échecs en une seule nuit, en observant chez ses ravisseurs la façon de déplacer les pièces

— Le Brûlé est latino-américain ?

— Vous brûlez, vous brûlez..

— Et les brûlures de son corps ?...

— Bingo !

D'énormes gouttes de sueur baignaient le visage du malade lorsque j'ai pris congé de lui. J'aurais souhaité me jeter dans les bras de Frau Else et n'entendre que des paroles de consolation le restant de la journée. Au lieu de cela, lorsque je l'ai rencontrée, beaucoup plus tard, avec mon moral en berne, je me suis limité à lui murmurer des injures et des reproches. Où est-ce que tu as passé la nuit ? avec qui ? etc. Frau Else a essayé de me foudroyer du regard (d'autre part, elle n'a pas été surprise outre mesure que j'aie parlé avec son mari), mais moi j'étais insensibilisé à tout.

Automne 43, et nouvelle offensive du Brûlé. Je perds Varsovie et Bessarabie. L'ouest et le sud de la France tombent entre les mains des Anglo-Américains. Il est possible que ce soit la fatigue qui inhibe ma capacité de riposte.

— Tu vas gagner, Brûlé, ai-je dit à voix basse.

— Oui, on dirait bien.

— Et qu'est-ce qu'on fera après ? (Mais la peur m'oblige à prolonger la question pour ne pas écouter une réponse concrète.) Où est-ce qu'on va fêter ton initiation en tant que joueur de guerre ? Dans peu de temps, je vais recevoir de l'argent d'Allemagne et on pourrait sortir faire la fête dans une boîte, avec des filles, du champagne !, quelque chose dans ce style…

Le Brûlé, indifférent à tout ce qui est étranger au fait de déplacer ses deux énormes rouleaux compresseurs, répond à la fin, d'une phrase, à laquelle, ensuite, je trouve des propriétés symboliques : surveille ce que tu as en Espagne.

Fait-il allusion aux trois corps d'infanterie allemands et au corps d'infanterie italien qui, apparemment, sont restés isolés en Espagne et au Portugal, maintenant que les Alliés contrôlent le sud de la France ? La vérité est que si *je voulais*, je pourrais les évacuer pendant le Redéploiement stratégique par les ports méditerranéens, ce que je ne ferai pas, au contraire, peut-être vais-je les renforcer pour créer une menace ou une diversion sur le flanc ; cela retardera du moins l'avancée anglo-américaine vers le Rhin. Cette possibilité stratégique, le Brûlé devrait la connaître, s'il est aussi bon qu'il en a l'air. Ou voulait-il dire autre chose ? Quelque chose de personnel ? Qu'est-ce que j'ai en Espagne ? Moi !

21 septembre

— Tu es en train de t'endormir, Udo.

— La brise de la mer me fait du bien.

— Tu bois beaucoup et tu dors peu, ce n'est pas bien.

— Mais tu ne m'as jamais vu soûl.

— C'est encore pire : ça veut dire que tu te soûles tout seul. Que tu manges et que tu vomis tes propres démons sans solution de continuité.

— Ne t'inquiète pas, j'ai un estomac énorme énorme énorme.

— Tu as des cernes horribles, et tu es de plus en plus pâle chaque jour, comme si tu étais en train de te transformer en l'Homme invisible.

— C'est la couleur naturelle de ma peau.

— Tu as l'air souffreteux. Tu n'écoutes rien, tu ne vois personne, tu sembles résigné à rester en ville pour toujours.

— Chaque jour que je passe ici me coûte de l'argent. Personne ne me fait de cadeau.

— Il ne s'agit pas de ton argent mais de ta santé. Si tu me donnais le numéro de téléphone de tes parents, je les appellerais pour qu'ils viennent te chercher.

— Je peux m'occuper de moi-même.

— On ne dirait pas, tu es capable de passer d'une attitude irritée à une attitude passive comme si de rien n'était. Hier, tu as crié après moi et aujourd'hui tu te contentes de sourire comme un attardé mental, sans pouvoir quitter cette table de toute la matinée.

— Je confonds le matin et l'après-midi. Ici, on respire bien. Le temps a changé, il fait humide et lourd… Il n'y a que dans ce coin minuscule que l'on est bien…

— Tu serais mieux dans ton lit.

— Ne t'inquiète pas si je laisse ma tête retomber. C'est la faute du soleil. Il vient et va. À l'intérieur, ma volonté reste intacte.

— Mais tu parles en dormant !

— Je ne dors pas, j'ai seulement l'air de dormir.

— Je crois que je vais être obligée de faire venir un médecin pour qu'il jette un coup d'œil sur toi.

— Un médecin ami ?

— Un bon médecin allemand.

— Je ne veux pas que qui que ce soit vienne. La vérité, c'est que j'étais tranquillement assis, à prendre la brise de la mer, et que tu es venue me faire des sermons sans que je t'invite, spontanément, juste pour le plaisir.

— Tu ne vas pas bien, Udo.

— En revanche, toi tu es une sacrée allumeuse, vas-y qu'on s'embrasse, vas-y qu'on se pelote, mais rien de plus. Vaine présence et vaine promesse.

— N'élève pas le ton.

— Maintenant j'élève le ton, très bien, tu vois bien que je ne suis pas en train de dormir.

— On pourrait essayer de parler comme de bons amis.

— Vas-y, tu sais que ma tolérance et ma curiosité n'ont pas de limites. Mon amour non plus.

— Tu veux savoir comment t'appellent les serveurs ? Le dingue. Ils n'ont pas tort, quelqu'un qui passe la journée sur la terrasse, emmitouflé dans une couverture comme un vieux rhumatisant, la tête dodelinant de sommeil, et qui la nuit se transforme en seigneur de la guerre pour recevoir un travailleur de tout en bas de l'échelle, défiguré de surcroît, n'est pas un type ordinaire. Il y en a qui pensent que tu es un dingue homosexuel et d'autres que tu es un dingue extravagant.

— Un dingue extravagant ! Comme c'est stupide, tous les dingues sont extravagants. Ça, tu l'as entendu dire, ou tu viens de l'inventer ? Les serveurs méprisent ce qu'ils ne peuvent pas comprendre.

— Les serveurs te haïssent. Ils croient que tu portes la poisse à l'hôtel. Lorsque je les écoute parler, je pense que ça ne leur déplairait pas que tu meures noyé comme ton ami Charly.

— Par chance, je ne me baigne presque jamais. Il fait plus mauvais chaque jour. De toute façon, ce sont des sentiments charmants.

— Ça arrive chaque été. Il y a toujours un client qui attire toutes les haines. Mais pourquoi toi ?

— Parce que je suis en train de perdre la partie et que personne ne s'apitoie sur le vaincu.

— Peut-être parce que tu n'as pas traité correctement le personnel... Ne t'endors pas, Udo.

— Les armées de l'Est coulent à pic, ai-je dit au Brûlé. Comme dans le résultat historique, le flanc roumain se désagrège et il n'y a pas de réserves pour contenir l'énorme vague de pions russes qui pénètrent par les Carpates, par les Balkans, par la plaine hongroise, par l'Autriche… C'est la fin de la 17e armée, de la 1re armée blindée, de la 6e armée, de la 8e armée…

— Au prochain tour… murmure le Brûlé, brûlant comme une torche gonflée de nervures résineuses.

— Je vais perdre au prochain tour ?

— Dans le fond, vraiment dans le fond, je t'aime, dit Frau Else.

— C'est l'hiver le plus froid de la guerre et rien ne pourrait être pire. Je suis dans une ornière profonde, dont je ne pourrai peut-être pas sortir. La confiance est mauvaise conseillère, m'entends-je dire d'une voix impartiale.

— Où est-ce qu'elles sont, les photocopies ? demande le Brûlé.

— Frau Else les a remises à ton maître, ai-je répondu tout en sachant que le Brûlé n'a ni maître ni rien d'approchant. Ça aurait pu être moi, qui lui ai appris à jouer ! Mais même pas ça.

— J'ai pas de maître, dit le Brûlé, comme c'était prévisible.

Le soir, avant la partie, je me suis laissé tomber sur le lit, épuisé, et j'ai rêvé que j'étais un détective (Florian Linden ?) qui, suivant une piste, pénètre dans un temple pareil à celui d'*Indiana Jones et le Temple maudit*. Qu'est-ce que j'allais faire là-bas ? Je l'ignore. La seule chose que je sais, c'est que je parcourais couloirs et galeries sans aucune sorte de restriction mentale, presque avec plaisir, et que le froid de l'intérieur me remettait en mémoire le froid de l'enfance et un hiver chimérique où tout, même si ce n'était que pour un instant, était blanc et infiniment immobile. Dans le centre du temple, qui devait être creusé dans le cœur de la colline dominant la ville, éclairé par un cône de lumière, j'ai trouvé un homme qui jouait aux échecs. Sans que personne me le dise, j'ai su que c'était Atahualpa. En m'approchant, par-dessus l'épaule du joueur, j'ai vu que les pièces noires étaient roussies. Qu'est-ce qui s'était passé ? Le chef indien s'est retourné pour m'étudier sans grand intérêt et a dit que quelqu'un avait jeté les pièces noires au feu. Pour quelle raison, par méchanceté ? Au lieu de répondre, Atahualpa a déplacé la reine blanche sur une case à l'intérieur du dispositif de défense des noirs. Ils vont la manger ! ai-je pensé. Ensuite, je me suis dit que c'était égal puisque Atahualpa jouait seul. Au tour suivant, la reine blanche a été éliminée par un fou. À quoi ça sert de jouer seul, si on triche ? ai-je demandé. L'Indien, cette fois-ci, ne s'est même pas retourné, du bras tendu en direction du fond du temple il a indiqué un espace sombre suspendu entre la voûte et le sol en granit. J'ai fait quelques pas, m'approchant de l'endroit désigné, et j'ai vu une énorme cheminée en briques rouges et aux garnitures de fer forgé, dans laquelle subsistaient encore quelques braises d'un feu qui avait dû consumer des centaines de souches. Parmi les cendres, çà et là, émergeaient les arêtes déformées de différents types de pièces d'échecs. Qu'est-ce que ça voulait dire ? Le visage brûlant d'indignation et de rage, je me suis retourné et j'ai crié à Atahualpa de jouer avec moi. Il n'a pas daigné lever la tête de l'échiquier. En l'observant avec plus d'attention, je me suis aperçu qu'il n'était pas aussi âgé que je l'avais cru tout d'abord ; les doigts sarmenteux et les cheveux longs et sales, voilant presque totalement son visage, avaient contribué à me tromper. Joue avec moi si tu es un homme, ai-je crié en voulant échapper au rêve. Dans mon dos, je sentais la présence de la cheminée comme un organisme vivant, froid-chaud, qui m'était étranger et qui était étranger à l'Indien absorbé dans ses pensées. Pourquoi détruire un magnifique travail artisanal ? ai-je dit. L'Indien a ri, mais le rire n'est pas sorti de sa gorge. Lorsque la partie a pris fin, il s'est levé et, portant comme un plateau l'échiquier et ses pièces, il s'est approché de la cheminée. J'ai compris qu'il allait alimenter le feu et j'ai décidé que la chose la plus intelligente à faire était de voir et d'attendre. Des braises, des flammes ont ressurgi, langues de feu rapides, qui n'ont guère tardé à disparaître, à peine rassasiées par une si maigre ration. Les yeux d'Atahualpa fixaient maintenant la voûte du temple. Qui es-tu ? a-t-il dit. J'ai entendu une réponse fantastique sortir de ma bouche : je suis Florian Linden et je recherche l'assassin de Karl Schneider, aussi appelé Charly, touriste dans cette ville. L'Indien m'a lancé un regard dédaigneux et a regagné le centre éclairé où, comme par magie, un autre échiquier et d'autres pièces l'attendaient. Je l'ai entendu grogner quelque chose d'inintelligible ; je l'ai prié de répéter ; celui-là, c'est la mer qui l'a tué, c'est sa tendresse et sa stupidité qui l'ont tué, les sèches paroles en espagnol ont rebondi contre les murs de la caverne. J'ai compris que le rêve n'avait plus de sens, qu'il approchait de sa fin et j'ai précipité mes dernières questions. Les pièces du jeu d'échecs étaient-elles offertes à un dieu ? Pour quelle raison jouait-il seul ? Quand tout cela finirait-il ? (J'ignore encore la signification de cette question.) Qui d'autre connaissait l'existence du temple et le moyen d'en sortir ? L'Indien a joué son premier coup et a soupiré. Où est-ce que tu crois que nous sommes ? a-t-il demandé à son tour. J'ai avoué que je ne le savais pas avec certitude, mais je me doutais que nous nous trouvions sous la colline de la ville. Tu te trompes, a-t-il dit. Où sommes-nous ? Ma voix prenait progressivement des accents hystériques. J'avais peur, je l'admets, et je voulais sortir. Les yeux brillants d'Atahualpa m'ont observé à travers les cheveux qui lui tombaient sur le visage, comme une cascade d'eaux usées. Tu ne t'es pas rendu compte ? Comment est-ce que tu es arrivé ici ? Je ne le sais pas, ai-je dit, je marchais sur la plage… Atahualpa a ri comme pour lui seul : nous sommes sous les pédalos, a-t-il dit, peu à peu, avec de la chance, le Brûlé va les louer, même si avec le mauvais temps qu'il fait, ce n'est pas certain, et tu pourras t'en aller. Mon dernier souvenir est que je me suis jeté sur l'Indien en poussant des cris… Je me suis réveillé juste à temps pour descendre accueillir le Brûlé mais pas pour prendre une douche. J'avais l'impression que l'intérieur de mes cuisses et que mes aines étaient brûlants. En Pologne et sur le front Ouest, j'ai commis deux erreurs de poids. En Méditerranée, le Brûlé a balayé les rares corps d'armée que j'avais laissés symboliquement dans la partie ouest de la Libye et en Tunisie. Au cours de la prochaine phase, je perdrai l'Italie. Et, lorsque nous arriverons en été 44, j'aurai probablement perdu la partie. Que se passera-t-il alors ?

22 septembre

L'après-midi, ou le matin, à ce moment-là, je ne le savais pas, disons : en me levant pour aller prendre le petit déjeuner !, j'ai trouvé Frau Else, son mari et un type que je n'avais jamais vu, assis à une table dans un coin écarté du restaurant, en train de boire le thé et de grignoter de petits gâteaux. Le type, élancé, blond, très bronzé, était celui qui menait la danse et Frau Else et son mari, régulièrement, s'amusaient à ses plaisanteries ou à ses traits d'esprit, se penchant l'un vers l'autre jusqu'à ce que leurs têtes se rejoignent, et agitant leurs mains, comme pour demander que l'avalanche de bonnes histoires cesse. Après avoir hésité sur l'opportunité de me joindre au groupe, je me suis hissé sur un tabouret à côté du comptoir et j'ai commandé un café au lait. Le serveur, de manière inhabituelle, s'est appliqué à me l'apporter à une vitesse surprenante, ce qui n'a produit que des effets contraires : le café a été renversé, le lait était trop chaud. Pendant que j'attendais, j'ai pris ma tête entre mes mains et j'ai essayé d'échapper au cauchemar. Ça n'a pas marché, alors, dès que j'ai eu réglé, j'ai filé à toute vitesse m'enfermer dans ma chambre.

J'ai dormi un moment et, lorsque je me suis réveillé, j'avais des vertiges et des nausées. J'ai demandé une communication avec Stuttgart. J'avais besoin de parler avec quelqu'un, et qui était mieux placé que Conrad ? Peu à peu, j'ai retrouvé mon calme, mais chez Conrad personne n'a décroché. J'ai annulé l'appel et, pendant quelque temps, j'ai arpenté ma chambre de long en large, sans m'arrêter, jetant un coup d'œil, chaque fois que je passais à côté de la table, au dispositif de défense allemand, sortant sur le balcon, donnant des coups, non, de petits coups, contre les murs et les portes, luttant contre le poulpe de nerfs qui s'étirait à l'intérieur de mon estomac.

Le téléphone a sonné peu après. C'était un appel d'en bas, qui annonçait une visite. J'ai dit que je ne voulais recevoir personne, mais la réceptionniste a insisté. Mon visiteur n'avait pas l'intention de s'en aller sans me voir. C'était Alfons. Quel Alfons ? On a donné un nom qui ne me rappelait rien. J'ai entendu des voix et des discussions. Le designer avec lequel je m'étais soûlé ! J'ai formellement indiqué que je ne désirais pas le voir, qu'on ne lui permette pas de monter. On pouvait à présent entendre dans l'écouteur, avec une absolue netteté, la voix de mon visiteur qui se plaignait du manque d'éducation, du manque de bonnes manières, du manque d'amitié, etc. J'ai raccroché.

Une ou deux minutes se sont écoulées et des hurlements déchirants qui provenaient de la rue m'ont fait sortir sur le balcon. Au milieu du Paseo Maritimo, le designer s'égosillait à gueuler contre la façade de l'hôtel. Le pauvre garçon était myope, ai-je déduit, et il ne m'a pas vu. J'ai mis un moment à comprendre qu'il ne disait que fils de pute, encore et encore. Il avait les cheveux en désordre et portait un veston long couleur moutarde, avec d'énormes épaulettes. Pendant quelques instants, j'ai craint qu'il ne se fasse renverser, mais, par chance, le Paseo Maritimo était presque désert à cette heure-là.

Le moral à zéro, je suis retourné au lit, mais je n'ai plus pu m'endormir. Les insultes avaient cessé depuis un bon moment, même si dans ma tête résonnaient des paroles mystérieuses et blessantes. Je me demandais qui était l'inconnu bavard avec Frau Else. Son amant ? Un ami de la famille ? Le médecin ? Non, les médecins sont plus silencieux, plus discrets. Je me demandais si Conrad avait revu Ingeborg. Je les imaginais tous les deux, main dans la main, se promenant le long d'une avenue automnale. Si Conrad était moins timide ! Le tableau, selon moi plein de possibilités, emplissait mes yeux de larmes de douleur et de bonheur. Combien je les aimais, dans le fond, tous les deux.

Abîmé dans ces réflexions, j'ai soudain pris conscience que l'hôtel était plongé dans un silence hivernal. J'ai commencé à devenir nerveux et repris mes allées et venues dans la chambre. Sans espoir d'avoir les idées plus nettes, j'ai étudié la situation stratégique : je pourrais résister tout au plus trois tours, avec beaucoup de chance quatre. J'ai toussé, parlé à voix haute, cherché entre les pages de mes carnets une carte postale, que j'ai noircie ensuite, en écoutant le bruit du stylo qui glisse sur la superficie cartonnée. J'ai récité les vers de Goethe :

Et tant que tu ne comprendras rien
Au sens des mots : Meurs et Deviens,
Tu seras un obscur passager
Sur cette terre enténébrée.

(Und solang du das nicht hast,
Dieses : Stirb und werde !
Bist du nur ein trüber Gast
Auf der dunklen Erde.)

Tout a été inutile. J'ai essayé de pallier la solitude, la vulnérabilité, en téléphonant à Conrad, à Ingeborg, à Franz Grabowski, mais personne n'a répondu. Pendant quelques instants, j'ai pensé qu'il ne restait plus une âme à Stuttgart. J'ai commencé à faire des appels au hasard, en ouvrant l'agenda comme un éventail. C'est le destin qui a composé le numéro de Mathias Müller, le coq présomptueux de Marches forcées, l'un de mes ennemis déclarés. Lui était là. La surprise, j'imagine, a été partagée.

La voix de Müller, d'une virilité surjouée, s'accordait avec son désir de ne pas extérioriser d'émotions. C'est donc ainsi, avec froideur, qu'il m'a souhaité la bienvenue à la maison. Évidemment, il croit que je suis revenu. Évidemment aussi, il s'attend à ce que mon appel obéisse à une invitation de caractère professionnel, par exemple la préparation commune des communications de Paris. Je le détrompe. Je suis encore en Espagne. J'ai entendu quelque chose à ce propos, ment-il. Il adopte tout de suite une position défensive, comme si le fait que je lui téléphone d'Espagne constituait en soi un piège ou une insulte. Je t'ai appelé au hasard, ai-je dit. Silence. Je suis enfermé dans ma chambre et je fais des appels au hasard, c'est toi le gagnant. J'ai commencé à rire aux éclats et Müller a essayé en vain de m'imiter. Il n'a réussi qu'à produire un hybride de croassement.

— C'est moi, le gagnant, a-t-il répété.

— C'est ça. Ça aurait pu tomber sur n'importe quel habitant de Stuttgart, mais c'est sur toi que c'est tombé.

— C'est tombé sur moi. Alors, tu prenais les numéros dans un annuaire téléphonique ou sur ton agenda ?

— Sur mon agenda.

— Alors, je n'ai pas eu tant de chance que ça.

La voix de Müller, à l'improviste, subit une transformation remarquable. J'ai l'impression d'être en train de parler avec un gamin de dix ans qui dirait toutes les incongruités qui lui passeraient par la tête. Hier, j'ai vu Conrad au club, dit-il, il a beaucoup changé, tu le savais ? Conrad ? Comment je pourrais le savoir puisque ça fait des siècles que je suis en Espagne ? On dirait que cet été on lui a mis le grappin dessus. Le grappin dessus ? Oui, on l'a pêché, harponné, flingué, éliminé, réduit. Il est tombé amoureux, conclut-il. Conrad amoureux ? Un ah ah d'acquiescement se fait entendre à l'autre extrémité de la ligne, puis nous gardons tous les deux un silence embarrassé, comme si nous comprenions que nous avions trop parlé. Finalement, Müller a dit : l'Éléphant est mort. Qui diable était l'Éléphant ? Mon chien, a-t-il dit, puis il a ouvert les vannes à un torrent de sons onomatopéiques : oïnk oïnk oïnk. C'était un porc ! Est-ce que son chien aboyait comme un porc ? Au revoir, ai-je dit précipitamment, et j'ai raccroché.

À la tombée de la nuit, j'ai appelé la réception et demandé après Clarita. La réceptionniste a dit qu'elle n'était pas là. J'ai cru percevoir une trace de dégoût dans la réponse. Qui est à l'appareil ? Le soupçon d'avoir affaire à Frau Else imitant une autre voix s'est insinué dans ma poitrine comme un film d'horreur avec des piscines emplies de sang. C'est Nuria, la réceptionniste, a dit la voix. Comment allez-vous, Nuria ? l'ai-je saluée en allemand. Très bien, merci, et vous-même ? a-t-elle répondu en allemand à son tour. Bien, bien, magnifiquement. Ce n'était pas Frau Else. Mon corps, convulsé de bonheur, a roulé sur le lit et a fini par tomber sur le sol et par se faire mal. Le visage plongé dans la moquette, j'ai laissé couler toutes les larmes accumulées pendant l'après-midi. Ensuite je me suis lavé, je me suis rasé, et j'ai continué à attendre.

Printemps 44. Je perds l'Espagne et le Portugal, l'Italie (sauf Trieste), la dernière tête de pont sur le flanc ouest du Rhin, la Hongrie, Königsberg, Dantzig, Cracovie, Breslau, Poznan, Lodz (à l'est de l'Oder, je ne conserve que Kolberg), Belgrade, Sarajevo, Raguse (de la Yougoslavie, je ne conserve que Zagreb), quatre corps blindés, dix corps d'infanterie, quatorze facteurs aériens…

23 septembre

Un bruit provenant de la rue me tire de mon sommeil d'un seul coup. Je me redresse sur le lit et ne parviens pas à entendre quoi que ce soit. Pourtant, la sensation d'avoir été appelé est forte et vague. Je sors sur le balcon en caleçon : le soleil n'est pas encore levé, ou alors il est déjà couché et, à la porte de l'hôtel, il y a une ambulance garée, tous feux allumés. Entre la porte arrière de l'ambulance et le perron se trouvent trois personnes qui parlent à voix basse, mais en faisant des mouvements de mains exagérés. Leurs voix parviennent au balcon en se réduisant à un murmure inintelligible. Sur l'horizon plane une lumière bleu foncé, avec des stries phosphorescentes, comme prélude à l'orage. Le Paseo Maritimo est vide, à l'exception d'une ombre qui se perd sur le trottoir longeant la mer en direction de la zone des campings, qui, à cette heure (mais quelle heure est-il ?), ressemble à une coupole couleur gris laiteux, un bulbe à la courbe de la plage. À l'autre extrémité, les lumières du port ont décru ou n'ont pas fini de s'allumer dans leur totalité. L'asphalte du Paseo Maritimo est mouillé, ce qui laisse facilement deviner qu'il a plu. Soudain, un ordre met en branle les hommes qui attendent. Simultanément s'ouvrent les portes de l'hôtel et celles de l'ambulance, et une civière descend le perron, portée par deux infirmiers. À leur côté, un peu en deçà, à la hauteur de la tête du gisant, attentionnés, apparaissent Frau Else, vêtue d'un long manteau rouge, et le type bavard à la peau bronzée, suivis de la réceptionniste, du veilleur de nuit, de la grosse dame de la cuisine. Sur la civière, enfoui jusqu'au cou sous une couverture, se trouve le mari de Frau Else. La descente des marches se fait, c'est du moins ce qu'il me semble, avec une extrême prudence. Tout le monde fixe le malade. Celui-ci, allongé sur le dos, l'expression désolée, murmure des instructions concernant la descente des marches. Personne n'en tient compte. C'est juste alors que nos regards se rencontrent dans l'espace transparent (et tremblant) qui existe entre le balcon et la rue.

Comme ça :

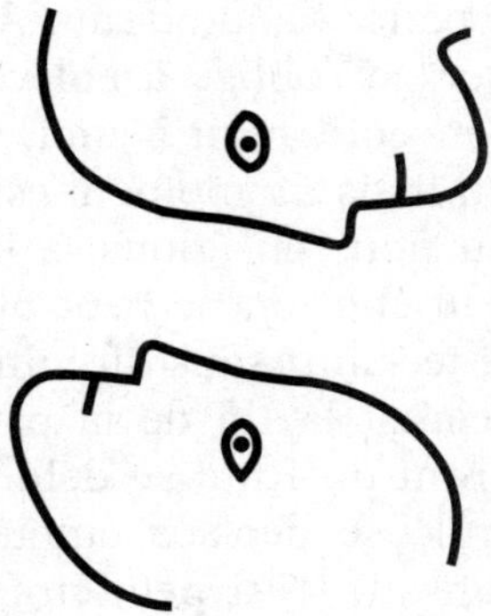

Ensuite, les portes se referment, l'ambulance se met en marche, sirène lancée, bien que sur le

Paseo on n'aperçoive pas une seule voiture, et la lumière qui traverse le rez-de-chaussée diminue en intensité, et le silence enveloppe une nouvelle fois l'hôtel Del Mar.

Été 44. Comme Krebs, Freytag-Loringhoven, Gerhard Boldt, je calligraphie les communiqués de guerre, quoique je la sache perdue. L'orage n'a pas mis longtemps à éclater et maintenant la pluie frappe le balcon ouvert comme une main très longue et osseuse, obscurément maternelle, qui voudrait m'avertir des dangers de l'orgueil. Les portes de l'hôtel ne sont pas surveillées et le Brûlé n'a donc eu aucun problème à monter tout seul jusqu'à ma chambre. La mer est en train de monter, murmure-t-il dans la salle de bains où je l'ai entraîné, pendant qu'il se sèche la tête avec une serviette. C'est le moment idéal pour lui cogner dessus, mais je ne bouge pas un seul muscle. La tête du Brûlé, enveloppée dans la serviette, exerce sur moi une fascination froide et lumineuse. Sous ses pieds se forme une petite flaque d'eau. Avant de commencer à jouer, je l'oblige à enlever le tee-shirt mouillé et à en enfiler un à moi. Il est un peu étroit pour lui, mais au moins il est sec. Comme si au point où nous en étions le fait que je lui fasse un cadeau était on ne peut plus naturel, le Brûlé passe le tee-shirt sans dire un mot. C'est la fin de l'été et c'est la fin de la partie. Le front d'Oder et le front du Rhin se défont au premier assaut. Le Brûlé se déplace autour de la table comme s'il dansait. C'est peut-être justement ce qu'il fait. Mon dernier cercle défensif se trouve sur Berlin-Stettin-Brême-Berlin, le reste, y compris les armées de Bavière et le nord de l'Italie, n'a plus d'approvisionnement. Où est-ce que tu dormiras cette nuit, Brûlé ? ai-je dit. Chez moi, répond le Brûlé. Les autres questions, peu nombreuses, se coincent dans la gorge. Nous nous disons au revoir, puis je m'installe sur le balcon et contemple la nuit pluvieuse. Assez vaste pour nous avaler tous. Demain je serai vaincu, il n'y a pas de doute.

24 septembre

Je me suis réveillé tard, sans appétit. C'est mieux comme ça, parce qu'il ne me reste pas beaucoup d'argent. La pluie n'a pas faibli. À la réception, lorsque je demande des nouvelles de Frau Else, on me dit qu'elle se trouve à Barcelone ou à Gérone, au « Grand Hôpital », auprès de son mari. Au sujet de la gravité de l'état de celui-ci, le commentaire est sans équivoque : il est en train de mourir. Mon petit déjeuner a consisté en un café au lait et un croissant. Il n'y avait plus qu'un serveur au restaurant pour s'occuper de cinq vieux Surinamiens et de moi. L'hôtel Del Mar, soudain, s'est vidé.

Au milieu de l'après-midi, je me suis aperçu que ma montre ne marche plus. J'ai essayé de la remonter, de taper dessus, mais rien n'y a fait. Depuis combien de temps est-elle arrêtée ? Est-ce que cela a un sens ? C'est ce que j'espère. Entre les barreaux du balcon, j'observe les rares piétons qui parcourent d'un pas pressé le Paseo Maritimo. Marchant en direction du port, j'ai distingué le Loup et l'Agneau, ils portent tous les deux des vestes en jean. J'ai levé la main pour les saluer, mais, évidemment, ils ne m'ont pas vu.

On aurait dit deux chiots, sautant par-dessus les flaques, se poussant l'un l'autre et riant.

Peu après, je suis descendu à la salle à manger. Il y avait là, encore une fois, les vieux Surinamiens, tous rassemblés autour d'une grande poêle débordante de riz jaune et de fruits de mer. Je me suis assis à une table proche et j'ai commandé un hamburger et un verre d'eau. Les Surinamiens parlaient à toute vitesse, en hollandais ou dans leur langue maternelle, je l'ignore, et le bourdonnement de leurs voix a réussi à me calmer pendant quelques instants. Lorsque le serveur est arrivé avec le hamburger, je lui ai demandé s'il n'y avait que ces gens-là dans l'hôtel. Non, il y a d'autres clients qui font des excursions en autocar pendant la journée. Des personnes du troisième âge, a-t-il dit. Troisième âge ? Comme c'est étrange. Et ces gens arrivent plus tard ? Ils arrivent tard et font la nouba, a dit le serveur. Après avoir mangé, je suis retourné dans ma chambre, j'ai pris une douche chaude et je me suis couché.

Je me suis réveillé suffisamment tôt pour faire mes valises et demander un appel en pcv pour l'Allemagne. J'ai laissé sur la table de nuit les romans que j'avais emportés pour lire sur la plage (et que je n'avais même pas feuilletés), pour que Frau Else les trouve à son retour. Je n'ai gardé que le roman de Florian Linden. Au bout d'un moment, la réceptionniste m'a informé que je pouvais parler. Conrad avait accepté l'appel. En peu de mots, je lui ai dit que j'étais content de parler avec lui, et que, si j'avais de la chance, nous nous verrions bientôt. Au début, Conrad s'est montré un peu brusque et distant, mais il n'a guère tardé à saisir la gravité de ce qui se préparait. C'est l'adieu final ? a-t-il demandé d'une façon assez affectée. J'ai dit que non, même si ma voix avait un ton de plus en plus hésitant. Avant de raccrocher, nous nous sommes rappelé les veillées au club, les parties épiques et mémorables, et nous avons ri à gorge déployée lorsque je lui ai mentionné ma conversation téléphonique avec Mathias Müller. Occupe-toi d'Ingeborg, telles ont été mes paroles d'adieu. C'est ce que je ferai, a promis Conrad solennellement.

J'ai entrouvert la porte et j'ai attendu. Le bruit de l'ascenseur a précédé l'arrivée du Brûlé. Cela crevait les yeux, la chambre offrait un aspect différent de celui des nuits précédentes, les valises étaient à côté du lit, à un endroit bien visible, mais le Brûlé ne leur a même pas lancé un coup d'œil. Nous nous sommes assis, moi sur le lit et lui à proximité de la table, et pendant un moment il ne s'est rien passé, comme si nous avions acquis le pouvoir d'entrer et de sortir d'un iceberg à volonté. (Maintenant, lorsque je pense à cela, le visage du Brûlé ressurgit dans ma mémoire blanc, enfariné, lunaire, encore que sous la mince pellicule de peinture se devinent les cicatrices.) Il avait l'initiative et, comme il n'avait pas besoin de tenir des comptes, il n'avait pas pris son carnet, mais tous les BRP du monde étaient à lui, il a lancé les armées russes sur Berlin et il l'a conquise. À l'aide des armées anglo-américaines, il s'est chargé de mettre en morceaux les unités que j'aurais pu envoyer pour reprendre la ville. La victoire, c'était aussi facile que ça. Lorsque ça a été mon tour de jouer, j'ai essayé de déplacer la réserve blindée de l'aire de Brême et je me suis écrasé contre le mur des Alliés. De fait, ça a été un mouvement symbolique. Immédiatement après, j'ai reconnu la défaite et je me suis rendu. Et maintenant, quoi ? Le Brûlé a poussé un soupir de géant et est sorti sur le balcon. De là, il m'a fait des signes pour que je le rejoigne. La pluie et le vent redoublaient de violence, ployant les palmiers du Paseo. Le doigt du Brûlé a indiqué quelque chose devant, par-dessus le contrefort. Sur la plage, où se dressait la forteresse de pédalos, j'ai vu une lumière, vacillante et irréelle comme un feu Saint-Elme. Une lumière à l'intérieur des pédalos ? Le Brûlé a rugi comme la pluie. Je n'ai pas honte d'avouer que j'ai pensé à Charly, un Charly transparent venu de l'au-delà pour s'apitoyer sur ma ruine. J'ai dû frôler la démence, c'est très certain. Le Brûlé a dit : « On y va, on peut pas reculer », et je l'ai suivi. Nous avons descendu les escaliers de l'hôtel, sommes passés par la réception éclairée et vide, pour finalement nous retrouver au milieu du Paseo. La pluie qui a alors fouetté mon visage a eu l'effet d'un excitant. Je me suis arrêté et j'ai crié : qui est là ? Le Brûlé n'a pas répondu et a continué à s'avancer le long de la plage. Je me suis mis à courir derrière lui sans réfléchir. Devant moi, soudain, a surgi la masse des pédalos assemblés. Était-ce un effet de la pluie ou des vagues de plus en fortes, je ne sais pas, mais on avait l'impression que les engins s'enfonçaient peu à peu dans le sable. Étions-nous tous en train de nous enfoncer ? Je me suis souvenu de la nuit au cours de laquelle j'avais rampé subrepticement jusqu'ici pour écouter les conseils guerriers de l'inconnu qu'ensuite j'ai pris pour le mari de Frau Else. Je me suis souvenu de la chaleur d'alors et je l'ai comparée à la cha leur que maintenant je ressentais dans tout le corps. La lumière que nous avions vue du balcon clignotait avec furie à l'intérieur de la cahute. Je me suis appuyé des deux mains, dans un geste qui amalgamait résolution et lassitude en même temps, sur une arête de flotteur et, par les fentes, j'ai essayé de deviner qui pouvait se trouver à côté de la lumière ; ça a été inutile. J'ai essayé, en poussant de toutes mes forces, de démâter la structure et je n'ai réussi qu'à couvrir mes mains d'égratignures faites contre la surface de bois et de vieilles armatures métalliques. La forteresse avait la consistance du granit. Le Brûlé, que j'avais cessé de surveiller pendant quelques secondes, tournait le dos aux pédalos, plongé dans la contemplation de la tempête. Qui est là ? S'il vous plaît, répondez, ai-je crié. Sans attendre une improbable réponse, j'ai tenté d'escalader la cahute, mais j'ai fait un faux pas et je suis tombé sur le dos sur le sable. Quand je me suis redressé, j'ai vu que le Brûlé était là. J'ai pensé que je ne pouvais plus rien faire. La main du Brûlé a saisi mon cou et m'a soulevé. J'ai agité deux ou trois fois les bras, de manière absolument inutile, et essayé de lui donner des coups de pied, mais mes membres avaient acquis la consistance du coton. Bien que je ne croie pas que le Brûlé m'entendait, j'ai murmuré que moi, je n'étais pas nazi, que ce n'était pas de ma faute. Par ailleurs, je ne pouvais rien faire, la force et la détermination du Brûlé, que lui insufflaient la tempête et la marée, étaient irrésistibles. À partir de cet instant, mes souvenirs sont vagues et fragmentés. J'ai été soulevé comme un pantin et, contrairement à ce que je pensais (mort par eau), traîné de force vers l'ouverture de la cahute de pédalos. Je n'ai pas opposé de résistance, je n'ai pas continué à supplier, je n'ai pas fermé les yeux, sauf lorsque, empoigné par le cou et l'entrejambe, j'ai entamé le voyage vers l'intérieur ; à cet instant là, c'est vrai, j'ai fermé les yeux et je me suis vu moi-même, installé dans un autre jour moins noir, mais pas lumineux, comme l'« obscur passager sur cette terre enténébrée », et j'ai vu le Brûlé s'éloigner de la ville et du pays, sur un chemin zigzagant, fait de dessins animés et de cauchemars (mais de quel pays ? d'Espagne ? de la Communauté européenne ?), comme l'éternel souffrant. J'ai ouvert les yeux lorsque je me suis senti échouer sur le sable, à quelques centimètres d'une lampe de camping-gaz. Je n'ai pas tardé à comprendre, alors que je me tordais comme un ver, que j'étais seul et qu'il n'y avait jamais eu quelqu'un à côté de la lampe ; que celle-ci était restée allumée sous la tempête, justement pour que je l'aperçoive du balcon de l'hôtel. Dehors, marchant en cercles autour de la forteresse, le Brûlé riait. Je pouvais entendre le bruit de ses pas qui s'enfonçaient dans le sable, et son rire clair, heureux, comme celui d'un enfant. Combien de temps suis-je resté là, à genoux entre les maigres biens du Brûlé ? Je ne le sais pas. Lorsque je suis sorti, il ne pleuvait plus et l'aube commençait à pointer à l'horizon. J'ai éteint la lampe et je me suis hissé hors du trou. Le Brûlé était assis, les jambes croisées, regardant devant lui, loin de ses pédalos. Il aurait pu, parfaitement, être mort et continuer à tenir en équilibre. Je me suis approché, pas très près, et je lui ai dit adieu.

25 septembre. Bar Casanova. La Jonquera

Aux premières lueurs du jour, j'ai abandonné l'hôtel Del Mar ; j'ai roulé lentement en voiture sur le Paseo Maritimo, en ayant soin que le bruit du moteur n'importune personne. À la hauteur de l'hôtel Costa Brava, j'ai tourné et me suis garé dans la zone réservée aux voitures, où, au début de nos vacances, Charly nous avait montré sa planche à voile. Pendant que je me dirigeais vers les pédalos, je n'ai vu personne, sauf deux joggers en survêtement qui se perdaient en direction des campings. La pluie avait cessé depuis un moment ; on devinait à la pureté de l'air que la journée allait être ensoleillée. Le sable cependant était toujours humide. En arrivant auprès des pédalos, j'ai tendu l'oreille, au cas où un bruit indiquerait la présence du Brûlé, et j'ai cru percevoir un ronflement très faible qui provenait de l'intérieur, mais je n'en suis pas sûr. Dans un sachet en plastique, j'avais apporté le Troisième Reich. Avec précaution, je l'ai posé sur la bâche qui recouvrait les embarcations et je suis retourné à la voiture. À neuf heures du matin, j'ai quitté la ville. Les rues étaient à demi désertes, ce qui m'a fait penser qu'il devait v avoir une festivité locale. Tout le monde paraissait être au lit. Sur l'autoroute, la circulation est devenue plus dense, avec des véhicules immatriculés en France et en Allemagne qui suivaient la même direction que moi.

À présent, je suis à la Jonquera…

30 septembre

J'ai passé trois jours sans voir personne. Hier, enfin, j'ai fait un crochet par le club, intimement convaincu que voir mes anciens amis n'allait pas être une bonne idée, du moins pour le moment. Conrad était assis à l'une des tables les plus à l'écart. Il avait les cheveux plus longs et des cernes profonds dont je n'avais plus souvenir. Pendant un moment, je suis resté à le regarder sans rien dire tandis que les autres s'approchaient pour me saluer. Salut, champion ! Avec quelle simplicité et quelle chaleur j'étais reçu, et pourtant la seule chose que j'ai ressentie ça a été de l'amertume ! Quand il m'a vu, au milieu de l'agitation, Conrad s'est approché sans hâte et m'a tendu la main. C'était un accueil moins enthousiaste que celui des autres, mais plus sincère, qui a eu un effet balsamique sur mon esprit ; il m'a fait me sentir chez moi. Ils sont tous retournés à leurs tables et de nouveaux combats se sont engagés. Conrad s'est fait remplacer et m'a demandé si je voulais discuter dans le club ou à l'extérieur. J'ai dit que je préférais marcher. Nous avons passé du temps ensemble, à boire du café et à parler de tout et de n'importe quoi sauf de qui était important, chez moi, jusqu'à minuit passé, heure à laquelle je lui ai proposé de l'accompagner jusqu'à chez lui. Nous avons fait tout le trajet en silence. Je n'ai pas voulu monter. J'avais sommeil, ai-je expliqué. Au moment où nous nous séparions, Conrad a dit que, si j'avais besoin d'argent, je n'hésite pas à le lui en demander. Nous nous sommes de nouveau serré la main, plus longuement et plus sincèrement que la première fois.

Ingeborg

Aucun des deux n'avait l'intention de faire l'amour et, au bout du compte, nous avons fini ensemble dans le lit. Ce qui y a contribué : la disposition sensuelle des meubles, tapis et objets divers avec lesquels Ingeborg a redécoré sa chambre spacieuse, et la musique d'une chanteuse américaine dont le nom m'échappe, et aussi l'après-midi, de couleur indigo, paisible comme peu d'après-midi de dimanche le sont. Cela ne veut pas dire que nous ayons renoué notre relation de couple ; la décision de continuer à être des amis est irrévocable de part et d'autre, et cela sera sûrement plus profitable que notre ancien lien. La différence entre l'une et l'autre situation, pour être sincère, n'est pas grande. Évidemment, j'ai dû lui raconter deux ou trois choses qui se sont passées en Espagne après son départ. J'ai parlé essentiellement de Clarita et de la découverte du corps de Charly. Les deux histoires l'ont fortement impressionnée. En contrepartie, elle m'a fait une révélation dont je ne sais pas si je la trouve plutôt pathétique ou plutôt amusante. Conrad, pendant mon absence, a essayé d'entamer une liaison avec elle. Cela va sans dire, toujours dans la plus absolue correction. Et que s'est-il passé ? ai-je dit, surpris. Rien. Il t'a embrassée ? Il a essayé, mais je lui ai donné une gifle. Ingeborg et moi avons beaucoup ri, mais, ensuite, cela m'a fait de la peine.

Hanna

J'ai parlé au téléphone avec Hanna. Elle m'a dit que Charly était arrivé à Oberhausen dans un sac en plastique de cinquante centimètres, plus ou moins pareil à un sac-poubelle grand format, c'est ce que lui avait raconté le frère aîné de Charly, qui s'est chargé de recevoir les restes et de régler les formalités bureaucratiques. Le fils de Hanna va très bien. Hanna est heureuse, c'est ce qu'elle dit, et elle pense retourner en Espagne pour des vacances. « Charly, il aurait aimé ça, tu crois pas ? » J'ai répondu que oui, sans doute que oui. Et toi, qu'est-ce qui t'est vraiment arrivé ? dit Hanna. La pauvre Ingeborg a tout avalé, mais moi, je suis plus vieille, c'est pas vrai ? Il ne m'est rien arrivé, ai-je dit. Et à toi, qu'est-ce qui t'est arrivé ? Après quelques instants (on entend des voix, Hanna n'est pas seule), elle dit : à moi ?... Ce qui m'arrive toujours.

20 octobre

Demain, je commence à travailler en tant qu'employé d'une entreprise de fabrication de cuillères, fourchettes, couteaux et articles similaires. Le temps de travail est le même que celui que j'avais auparavant et le salaire est légèrement supérieur.

Depuis mon retour, je me suis abstenu de jouer. (Je mens, j'ai joué aux cartes avec Ingeborg et sa colocataire, la semaine passée.) Personne de mon entourage ne s'en est aperçu, car je continue à aller au club deux fois par semaine. Les membres attribuent mon manque d'intérêt à une sursaturation ou au fait que je suis trop occupé *à écrire* sur les jeux. Qu'ils sont loin de la vérité ! La communication que j'allais présenter à Paris, c'est Conrad qui est en train de la rédiger. Mon unique contribution sera de la traduire en anglais. Mais maintenant que je commence une nouvelle étape de ma vie professionnelle, même cela n'est pas certain.

Von Seeckt

Aujourd'hui, après une longue promenade à pied, j'ai dit à Conrad que, à bien y réfléchir et pour tout résumer, nous étions tous pareils à des fantômes qui appartenaient à un état-major fantôme s'exerçant sur des plateaux de jeux de guerre. Les manœuvres à échelle. Tu te souviens de von Seeckt ? Nous avons l'air d'être ses officiers, nous nous jouons de la légalité, nous sommes des ombres qui jouent avec des ombres. Tu as une veine très poétique ce soir, a dit Conrad. Évidemment, il n'a rien compris. J'ai ajouté que je n'irais probablement pas à Paris. Au début, Conrad a pensé qu'il s'agissait d'une impossibilité professionnelle et il n'a rien trouvé à dire, mais lorsque j'ai avoué que la raison était autre, il a réagi comme s'il s'agissait d'une offense personnelle et, pendant un bon moment, il a refusé de m'adresser la parole. C'est comme si tu me laissais seul face aux lions, a-t-il dit. J'ai ri de bon cœur : nous sommes les déchets de von Seeckt, mais nous nous aimons, pas vrai ? Finalement, Conrad a ri aussi, mais tristement.

Frau Else

J'ai parlé avec Frau Else par téléphone. Une conversation froide et énergique. Comme si tous les deux ne trouvions pas mieux à faire que de crier. Mon mari est mort ! Moi, je vais bien, que faire d'autre ! Clarita est au chômage ! Il fait beau temps ! Il y a encore des touristes en ville, mais l'hôtel Del Mar est fermé ! Je vais bientôt partir en vacances en Tunisie ! J'ai supposé que les pédalos ne devaient plus être là. Au lieu de demander directement des nouvelles du Brûlé, j'ai posé une question stupide. J'ai dit : la plage est vide ? Bien sûr, vide, le contraire serait étonnant ! Vide, bien sûr ! Comme si l'automne nous avait rendus sourds. Qu'est-ce que ça peut faire. Avant de raccrocher, Frau Else m'a rappelé que j'avais oublié quelques livres dans son hôtel, qu'elle pensait me les envoyer par courrier. Je ne les ai pas oubliés, ai-je dit, je les ai laissés pour que tu les aies. Je crois qu'elle a été un peu troublée. Ensuite, nous nous sommes dit bonsoir et nous avons raccroché.

Le congrès

J'ai décidé d'accompagner Conrad au congrès et de *regarder*. Les premiers jours ont été ennuyeux et, même si à l'occasion j'ai servi de traducteur dans les échanges entre les camarades allemands, français et anglais, je m'échappais dès que j'avais du temps libre, et passais le reste de la journée à faire de longues promenades dans Paris. Toutes les communications et tous les discours ont été lus, avec un plus ou moins grand bonheur, tous les jeux ont été joués et tous les projets touchant à une fédération européenne de joueurs ont été esquissés et patiemment endurés. Je suis arrivé, pour ma part, à la conclusion que quatre-vingts pour cent des rapporteurs avait besoin d'une assistance psychiatrique. Pour me consoler, je me répétais qu'ils étaient inoffensifs, je me le suis répété tant et plus et, à force, j'ai fini par l'accepter, parce que c'était ce que je pouvais faire de mieux. Le plat de résistance a été l'arrivée de Rex Douglas et des Américains. Rex est un type de quarante et quelques années, élancé, robuste, avec une chevelure épaisse et d'un châtain brillant (est-ce qu'il se met de la gomina ? allez savoir), qui prodigue de l'énergie où qu'il aille. On peut affirmer qu'il a été la star indiscutable du congrès et le premier promoteur de toutes les idées qui ont été lancées, si bizarres ou stupides aient-elles été. En ce qui me concerne, j'ai préféré ne pas le saluer, bien qu'il serait plus juste de dire que je n'ai pas fait l'effort de m'approcher de lui, sans cesse entouré qu'il était d'une nuée d'organisateurs du congrès et d'admirateurs. Le jour de l'arrivée de Rex, Conrad a échangé quelques mots avec lui et, le soir, chez Jean-Marc, où nous étions logés, il n'a fait que nous dire combien il trouvait l'Américain intelligent et intéressant. Il paraît que ce dernier a même joué une partie d'Apocalypse, le nouveau jeu que sa maison d'édition a lancé sur le marché, mais cet après-midi-là je n'étais pas présent et je n'ai pas pu le voir. Mon occasion est arrivée l'avant-dernière journée du congrès. Rex se trouvait avec un groupe d'Allemands et d'Italiens et moi j'étais à quelque cinq mètres, à la table d'exposition du groupe de Stuttgart, lorsque j'ai entendu qu'on m'appelait. Voici Udo Berger, le champion de notre pays. À mesure que je me suis approché, les gens se sont écartés et je me suis retrouvé face à face avec Rex Douglas. J'ai voulu dire quelque chose, mais les seules paroles que j'ai pu prononcer ont été heurtées et incohérentes. Rex m'a tendu la main. Il ne s'est pas souvenu de notre brève correspondance, ou peut-être a-t-il préféré ne pas en faire état en public. Il a tout de suite repris la conversation avec le groupe de Cologne et je suis resté quelques instants à écouter, les yeux à demi fermés. Ils parlaient du Troisième Reich et des stratégies à employer avec les nouvelles variantes que Beyma avait ajoutées. On faisait une partie de Troisième Reich, et moi je ne m'étais même pas approché du coin de jeu ! De ce qu'ils ont dit, j'ai inféré que le gars de Cologne s'occupait des Allemands et que le cours de la guerre était arrivé au point mort.

— Ce n'est pas bon pour toi, a brusquement dit Douglas.

— Oui, si nous nous accrochons à ce qui a été conquis, ce qui va être une entreprise difficile, a dit le gars de Cologne.

Les autres ont acquiescé. On a chanté les louanges d'un joueur français, dirigeant l'équipe qui avait l'URSS et, tout de suite après, on a commencé à faire des plans pour le dîner, un autre repas, comme tous les autres, de fraternité. Sans que personne s'en aperçoive, je me suis peu à peu éloigné du groupe. Je suis retourné au stand de Stuttgart, vide, avec seulement les projets menés par Conrad, je l'ai un peu mis en ordre, j'ai placé une revue ici, un jeu là, et j'ai quitté sans faire de bruit l'enceinte du congrès.

DU MÊME AUTEUR

Aux Éditions Christian Bourgois

ÉTOILE DISTANTE, 2002.

NOCTURNE DU CHILI, 2002.

LA LITTÉRATURE NAZIE EN AMÉRIQUE, 2003.

DES PUTAINS MEURTRIÈRES, 2003.

LE GAUCHO INSUPPORTABLE, 2004.

APPELS TÉLÉPHONIQUES, 2004.

ANVERS, 2004.

LA PISTE DE GLACE, 2005.

LES DÉTECTIVES SAUVAGES, 2006 (Folio n° 5049).

2666, 2008 (Folio n° 5205).

CONSEILS D'UN DISCIPLE DE MORRISSON À UN FANATIQUE DE JOYCE, 2009.

LE SECRET DU MAL, 2009.

LE TROISIÈME REICH, 2010 (Folio n° 5548).

ENTRE PARENTHÈSES, 2011.

UN PETIT ROMAN LUMPEN, 2012.

LES CHIENS ROMANTIQUES, 2012.

TROIS, 2012.

Aux Éditions Les Allusifs

AMULETO, 2004.

MONSIEUR PAIN, 2004.

COLLECTION FOLIO

Dernières parutions

5235. Carlos Fuentes	*En bonne compagnie* suivi de *La chatte de ma mère*
5236. Ernest Hemingway	*Une drôle de traversée*
5237. Alona Kimhi	*Journal de Berlin*
5238. Lucrèce	*« L'esprit et l'âme se tiennent étroitement unis »*
5239. Kenzaburô Ôé	*Seventeen*
5240. P.G. Wodehouse	*Une partie mixte à trois* et autres nouvelles du green
5241. Melvin Burgess	*Lady*
5242. Anne Cherian	*Une bonne épouse indienne*
5244. Nicolas Fargues	*Le roman de l'été*
5245. Olivier Germain-Thomas	*La tentation des Indes*
5246. Joseph Kessel	*Hong-Kong et Macao*
5247. Albert Memmi	*La libération du Juif*
5248. Dan O'Brien	*Rites d'automne*
5249. Redmond O'Hanlon	*Atlantique Nord*
5250. Arto Paasilinna	*Sang chaud, nerfs d'acier*
5251. Pierre Péju	*La Diagonale du vide*
5252. Philip Roth	*Exit le fantôme*
5253. Hunter S. Thompson	*Hell's Angels*
5254. Raymond Queneau	*Connaissez-vous Paris ?*
5255. Antoni Casas Ros	*Enigma*
5256. Louis-Ferdinand Céline	*Lettres à la N.R.F.*
5257. Marlena de Blasi	*Mille jours à Venise*
5258. Éric Fottorino	*Je pars demain*
5259. Ernest Hemingway	*Îles à la dérive*
5260. Gilles Leroy	*Zola Jackson*
5261. Amos Oz	*La boîte noire*
5262. Pascal Quignard	*La barque silencieuse (Dernier royaume, VI)*

5263.	Salman Rushdie	*Est, Ouest*
5264.	Alix de Saint-André	*En avant, route !*
5265.	Gilbert Sinoué	*Le dernier pharaon*
5266.	Tom Wolfe	*Sam et Charlie vont en bateau*
5267.	Tracy Chevalier	*Prodigieuses créatures*
5268.	Yasushi Inoué	*Kôsaku*
5269.	Théophile Gautier	*Histoire du Romantisme*
5270.	Pierre Charras	*Le requiem de Franz*
5271.	Serge Mestre	*La Lumière et l'Oubli*
5272.	Emmanuelle Pagano	*L'absence d'oiseaux d'eau*
5273.	Lucien Suel	*La patience de Mauricette*
5274.	Jean-Noël Pancrazi	*Montecristi*
5275.	Mohammed Aïssaoui	*L'affaire de l'esclave Furcy*
5276.	Thomas Bernhard	*Mes prix littéraires*
5277.	Arnaud Cathrine	*Le journal intime de Benjamin Lorca*
5278.	Herman Melville	*Mardi*
5279.	Catherine Cusset	*New York, journal d'un cycle*
5280.	Didier Daeninckx	*Galadio*
5281.	Valentine Goby	*Des corps en silence*
5282.	Sempé-Goscinny	*La rentrée du Petit Nicolas*
5283.	Jens Christian Grøndahl	*Silence en octobre*
5284.	Alain Jaubert	*D'Alice à Frankenstein (Lumière de l'image, 2)*
5285.	Jean Molla	*Sobibor*
5286.	Irène Némirovsky	*Le malentendu*
5287.	Chuck Palahniuk	*Pygmy* (à paraître)
5288.	J.-B. Pontalis	*En marge des nuits*
5289.	Jean-Christophe Rufin	*Katiba*
5290.	Jean-Jacques Bernard	*Petit éloge du cinéma d'aujourd'hui*
5291.	Jean-Michel Delacomptée	*Petit éloge des amoureux du silence*
5292.	Mathieu Terence	*Petit éloge de la joie*
5293.	Vincent Wackenheim	*Petit éloge de la première fois*
5294.	Richard Bausch	*Téléphone rose* et autres nouvelles

5295. Collectif — *Ne nous fâchons pas ! Ou L'art de se disputer au théâtre*
5296. Collectif — *Fiasco ! Des écrivains en scène*
5297. Miguel de Unamuno — *Des yeux pour voir*
5298. Jules Verne — *Une fantaisie du docteur Ox*
5299. Robert Charles Wilson — *YFL-500*
5300. Nelly Alard — *Le crieur de nuit*
5301. Alan Bennett — *La mise à nu des époux Ransome*
5302. Erri De Luca — *Acide, Arc-en-ciel*
5303. Philippe Djian — *Incidences*
5304. Annie Ernaux — *L'écriture comme un couteau*
5305. Élisabeth Filhol — *La Centrale*
5306. Tristan Garcia — *Mémoires de la Jungle*
5307. Kazuo Ishiguro — *Nocturnes. Cinq nouvelles de musique au crépuscule*
5308. Camille Laurens — *Romance nerveuse*
5309. Michèle Lesbre — *Nina par hasard*
5310. Claudio Magris — *Une autre mer*
5311. Amos Oz — *Scènes de vie villageoise*
5312. Louis-Bernard Robitaille — *Ces impossibles Français*
5313. Collectif — *Dans les archives secrètes de la police*
5314. Alexandre Dumas — *Gabriel Lambert*
5315. Pierre Bergé — *Lettres à Yves*
5316. Régis Debray — *Dégagements*
5317. Hans Magnus Enzensberger — *Hammerstein ou l'intransigeance*
5318. Éric Fottorino — *Questions à mon père*
5319. Jérôme Garcin — *L'écuyer mirobolant*
5320. Pascale Gautier — *Les vieilles*
5321. Catherine Guillebaud — *Dernière caresse*
5322. Adam Haslett — *L'intrusion*
5323. Milan Kundera — *Une rencontre*
5324. Salman Rushdie — *La honte*
5325. Jean-Jacques Schuhl — *Entrée des fantômes*
5326. Antonio Tabucchi — *Nocturne indien* (à paraître)

5327. Patrick Modiano	*L'horizon*
5328. Ann Radcliffe	*Les Mystères de la forêt*
5329. Joann Sfar	*Le Petit Prince*
5330. Rabaté	*Les petits ruisseaux*
5331. Pénélope Bagieu	*Cadavre exquis*
5332. Thomas Buergenthal	*L'enfant de la chance*
5333. Kettly Mars	*Saisons sauvages*
5334. Montesquieu	*Histoire véritable et autres fictions*
5335. Chochana Boukhobza	*Le Troisième Jour*
5336. Jean-Baptiste Del Amo	*Le sel*
5337. Bernard du Boucheron	*Salaam la France*
5338. F. Scott Fitzgerald	*Gatsby le magnifique*
5339. Maylis de Kerangal	*Naissance d'un pont*
5340. Nathalie Kuperman	*Nous étions des êtres vivants*
5341. Herta Müller	*La bascule du souffle*
5342. Salman Rushdie	*Luka et le Feu de la Vie*
5343. Salman Rushdie	*Les versets sataniques*
5344. Philippe Sollers	*Discours Parfait*
5345. François Sureau	*Inigo*
5346 Antonio Tabucchi	*Une malle pleine de gens*
5347. Honoré de Balzac	*Philosophie de la vie conjugale*
5348. De Quincey	*Le bras de la vengeance*
5349. Charles Dickens	*L'Embranchement de Mugby*
5350. Epictète	*De l'attitude à prendre envers les tyrans*
5351. Marcus Malte	*Mon frère est parti ce matin...*
5352. Vladimir Nabokov	*Natacha et autres nouvelles*
5353. Conan Doyle	*Un scandale en Bohême* suivi de *Silver Blaze. Deux aventures de Sherlock Holmes*
5354. Jean Rouaud	*Préhistoires*
5355. Mario Soldati	*Le père des orphelins*
5356. Oscar Wilde	*Maximes et autres textes*
5357. Hoffmann	*Contes nocturnes*
5358. Vassilis Alexakis	*Le premier mot*
5359. Ingrid Betancourt	*Même le silence a une fin*

5360.	Robert Bobert	*On ne peut plus dormir tranquille quand on a une fois ouvert les yeux*
5361.	Driss Chraïbi	*L'âne*
5362.	Erri De Luca	*Le jour avant le bonheur*
5363.	Erri De Luca	*Première heure*
5364.	Philippe Forest	*Le siècle des nuages*
5365.	Éric Fottorino	*Cœur d'Afrique*
5366.	Kenzaburô Ôé	*Notes de Hiroshima*
5367.	Per Petterson	*Maudit soit le fleuve du temps*
5368.	Junichirô Tanizaki	*Histoire secrète du sire de Musashi*
5369.	André Gide	*Journal. Une anthologie (1899-1949)*
5370.	Collectif	*Journaux intimes. De Madame de Staël à Pierre Loti*
5371.	Charlotte Brontë	*Jane Eyre*
5372.	Héctor Abad	*L'oubli que nous serons*
5373.	Didier Daeninckx	*Rue des Degrés*
5374.	Hélène Grémillon	*Le confident*
5375.	Erik Fosnes Hansen	*Cantique pour la fin du voyage*
5376.	Fabienne Jacob	*Corps*
5377.	Patrick Lapeyre	*La vie est brève et le désir sans fin*
5378.	Alain Mabanckou	*Demain j'aurai vingt ans*
5379.	Margueritte Duras François Mitterrand	*Le bureau de poste de la rue Dupin* et autres entretiens
5380.	Kate O'Riordan	*Un autre amour*
5381.	Jonathan Coe	*La vie très privée de Mr Sim*
5382.	Scholastique Mukasonga	*La femme aux pieds nus*
5383.	Voltaire	*Candide ou l'Optimisme. Illustré par Quentin Blake*
5384.	Benoît Duteurtre	*Le retour du Général*
5385.	Virginia Woolf	*Les Vagues*
5386.	Nik Cohn	*Rituels tribaux du samedi soir et autres histoires américaines*
5387.	Marc Dugain	*L'insomnie des étoiles*

5388. Jack Kerouac *Sur la route. Le rouleau original*
5389. Jack Kerouac *Visions de Gérard*
5390. Antonia Kerr *Des fleurs pour Zoë*
5391. Nicolaï Lilin *Urkas ! Itinéraire d'un parfait bandit sibérien*
5392. Joyce Carol Oates *Zarbie les Yeux Verts*
5393. Raymond Queneau *Exercices de style*
5394. Michel Quint *Avec des mains cruelles*
5395. Philip Roth *Indignation*
5396. Sempé-Goscinny *Les surprises du Petit Nicolas. Histoires inédites-5*
5397. Michel Tournier *Voyages et paysages*
5398. Dominique Zehrfuss *Peau de caniche*
5399. Laurence Sterne *La Vie et les Opinions de Tristram Shandy, Gentleman*
5400. André Malraux *Écrits farfelus*
5401. Jacques Abeille *Les jardins statuaires*
5402. Antoine Bello *Enquête sur la disparition d'Émilie Brunet*
5403. Philippe Delerm *Le trottoir au soleil*
5404. Olivier Marchal *Rousseau, la comédie des masques*
5405. Paul Morand *Londres* suivi de *Le nouveau Londres*
5406. Katherine Mosby *Sanctuaires ardents*
5407. Marie Nimier *Photo-Photo*
5408. Arto Paasilinna *Le potager des malfaiteurs ayant échappé à la pendaison*
5409. Jean-Marie Rouart *La guerre amoureuse*
5410. Paolo Rumiz *Aux frontières de l'Europe*
5411. Colin Thubron *En Sibérie*
5412. Alexis de Tocqueville *Quinze jours dans le désert*
5413. Thomas More *L'Utopie*
5414. Madame de Sévigné *Lettres de l'année 1671*
5415. Franz Bartelt *Une sainte fille et autres nouvelles*
5416. Mikhaïl Boulgakov *Morphine*

5417. Guillermo Cabrera Infante	*Coupable d'avoir dansé le cha-cha-cha*
5418. Collectif	*Jouons avec les mots. Jeux littéraires*
5419. Guy de Maupassant	*Contes au fil de l'eau*
5420. Thomas Hardy	*Les Intrus de la Maison Haute* précédé d'un autre conte du Wessex
5421. Mohamed Kacimi	*La confession d'Abraham*
5422. Orhan Pamuk	*Mon père et autres textes*
5423. Jonathan Swift	*Modeste proposition et autres textes*
5424. Sylvain Tesson	*L'éternel retour*
5425. David Foenkinos	*Nos séparations*
5426. François Cavanna	*Lune de miel*
5427. Philippe Djian	*Lorsque Lou*
5428. Hans Fallada	*Le buveur*
5429. William Faulkner	*La ville*
5430. Alain Finkielkraut (sous la direction de)	*L'interminable écriture de l'Extermination*
5431. William Golding	*Sa majesté des mouches*
5432. Jean Hatzfeld	*Où en est la nuit*
5433. Gavino Ledda	*Padre Padrone. L'éducation d'un berger Sarde*
5434. Andrea Levy	*Une si longue histoire*
5435. Marco Mancassola	*La vie sexuelle des super-héros*
5436. Saskia Noort	*D'excellents voisins*
5437. Olivia Rosenthal	*Que font les rennes après Noël ?*
5438. Patti Smith	*Just Kids*

Composition Nord Compo
Impression Maury-Imprimeur
45330 Malesherbes
le 18 février 2013.
Dépôt légal : février 2013.
Numéro d'imprimeur : 179972.

ISBN 978-2-07-045046-6. / Imprimé en France.

248294